Stephanie Kleiner / Robert Suter (Hrsg.)

Stress und Unbehagen
Glücks- und Erfolgspathologien in der zweiten Hälfte des 20. Jahrhunderts

Glück und Erfolg

Band 2

Stephanie Kleiner / Robert Suter (Hrsg.)

Stress und Unbehagen

Glücks- und Erfolgspathologien in der zweiten Hälfte des 20. Jahrhunderts

Neofelis Verlag

Inhalt

Stephanie Kleiner / Robert Suter (†)

Stress und Unbehagen

Glücks- und Erfolgspathologien in der zweiten Hälfte des 20. Jahrhunderts – eine Einleitung

> In December 2009, JH was diagnosed with burnout. Three years later, he said, "Burnout is the worst thing that ever happened to me, but it's also been one of the most beautiful things. [...] For me, burnout has been like a gift," JH says. "For 35 years I just didn't know how to really live. I am starting to appreciate how much I was missing before."[1]

In einer 2015 veröffentlichten Studie, die als Mischung aus Fallchronik, Ratgeber und populärwissenschaftlicher Abhandlung angelegt ist, skizziert der Philosoph und Blogger Finn Janning den Burnout des dänischen Künstlers und Bildhauers Jeppe Hein (*1974) als eine Parabel von Scheitern und Umkehr, von Unglück und Selbsteinsicht. Angetrieben von Erfolgshunger und Leistungsdruck und befeuert von den Marktanforderungen des internationalen Kunstbetriebs gerät Hein in eine Spirale aus Selbstverausgabung und -entfremdung:

> He was following the rules of the game, even when some of these rules were not suitable for him. Success in the art world, like everywhere else, is a matter of money, status, and recognition. All of this can be measured in exhibition catalogues, articles, etc. [...] Everything that could make his

1 Finn Janning: *The Happiness of Burnout. The Case of Jeppe Hein*. London: König 2015, S. 8, 52. Ganz besonderer Dank geht an Eva Johach und Alexander Schmitz für Ihre wertvollen Hinweise und Anmerkungen!

> performance visible for someone else was valuable. If a random person asked him what he was doing, then he would reply, "JH. Google me!"[2]

Der Text von Jannings schildert Burnout als prototypische Zeitkrankheit, wobei das individuelle Leiden stets anspielungsreich – wenn auch auf indirekte Weise – mit kulturkritischen Gesellschaftsdiagnosen unterlegt wird; denn es sind die Anforderungen einer gegenwärtigen „performance society"[3], die zu Heins Burnout führen:

> He doesn't have an off-position, only an on-position and occasionally a sleep mode or standby. It's like ... he has turned himself into a performer. However, not a performer who acts, i. e., who does something. Rather, he has turned himself into an activity.[4]

Heins Zusammenbruch resultiert maßgeblich aus der Logik einer Kontrollgesellschaft, in der man – so Gilles Deleuze programmatisch – „nie mit irgend etwas fertig wird"[5]. In den flexiblen Dienstleistungsökonomien wird die Ausrichtung an Deadlines zum zentralen Gestaltungsprinzip:

> For JH, every day was a deadline. He was always attending an opening, meeting a collector, doing an interview, sending out material in order to do the aforementioned, etc. He was constantly mobilizing energy regardless of the activity. "I couldn't say no", he admits. "I couldn't relax and just enjoy what I had accomplished." Thus, he used up his store of energy. [...] So, if his projects didn't receive the desired feedback, if his body began to ache, then he had already used up all of his resources to fight back because he was busy following the rules of the game. He would just work more (i. e. frenetically). He was fighting fire with fire.[6]

2 Janning: *The Happiness of Burnout*, S. 46.
3 Ebd., S. 118.
4 Ebd., S. 11.
5 Gilles Deleuze: Postskriptum über die Kontrollgesellschaften. In: Ders.: *Unterhandlungen 1972–1990.* Frankfurt am Main: Suhrkamp, S. 254–262, hier S. 257.
6 Janning: *The Happiness of Burnout*, S. 81.

Als Kreativarbeiter und Künstler wird Hein somit zur Symbolfigur eines „flexiblen Kapitalismus"[7]: Projektförmig-deregulierte und netzwerkartige Arbeitsverhältnisse, die Ökonomisierung von Kreativität sowie steigende Anforderungen an Mobilität und taktisches Selbstmanagement sind für ihn zur Selbstverständlichkeit geworden. Auch und gerade die Kunst ist auf diese Weise in die Mechanismen der Kontrollgesellschaft mit ihren „offenen Kreisläufe[n] der Bank" eingebunden, unterliegt doch auch künstlerisches Schaffen den Gesetzen des Marketing und des „schnellen Umsatz[es]".[8] Überindividuelle Regelwerke des globalen Kunstbetriebs und eines neoliberal organisierten Gesellschaftsmodells werden zwar kritisch benannt und als mitursächlich für Heins Burnout ausgemacht. Aber diese Ebene spielt für das Moment kathartischer Selbsterkenntnis und allmählicher Selbstanleitung zum Glück kaum eine Rolle; nicht äußere Umstände, sondern das individuelle Streben nach Erfolg und Zufriedenheit werden als ausschlaggebende Faktoren des Zusammenbruchs ausgemacht:

> Let us step back. What happened? What was JH doing all this time? Apparently not what he really loved – being creative. He was still creative but not enough. Too many compromises hindered him from flourishing creatively. Striving for recognition and love drained him. He was an artist who increasingly became a businessman doing too many things that weren't good for him: strategizing, preoccupied about a future outcome, behaving tactically. It was all so inartistic.[9]

In der Logik der Fallerzählung, die konsequent zwei Redepositionen ineinander blendet und zwischen einer distanziert-erklärenden Autorinstanz auf der einen sowie einer in die Empfindungswelt Heins eintauchenden personalen Erzählperspektive auf der anderen Seite changiert, wird der Burnout zum neuralgischen Umschlagpunkt: Als Hein ihn erreicht, erkennt er sein individuelles Fehlverhalten

7 Richard Sennett: *Der flexible Mensch. Die Kultur des neuen Kapitalismus*. Berlin: Berlin-Verlag 1998.

8 Deleuze: Postskriptum über die Kontrollgesellschaften, S. 260.

9 Ebd., S. 47.

(das so ehrgeizige wie unbedingte Streben nach Anerkennung und Erfolg, die anhaltende Erschöpfung eigener Ressourcen) und ergreift Maßnahmen, die eine glücklicher gestaltete Zukunft einleiten sollen. Hein unterzieht sich einer Therapie, in der er vornehmlich Techniken der ‚Entschleunigung' und der ‚Achtsamkeit' einübt und angehalten wird, die Spirale der Selbstentfremdung durch ein gezieltes ‚Verankern' im ‚Jetzt' zu durchbrechen: „It was here he learned what would later become a mantra for him: right here, right now".[10]

Die individuelle Passion Heins wird somit zur Beispielerzählung, die potentielle Leserinnen und Leser zu läuternder Selbsterkenntnis führen will.[11] Anhand einer exemplarischen Lebens- und Leidensgeschichte – explizit wird die Fallchronik als „story", aber auch als Manifest positiver Lebensenergie charakterisiert („to convey the energy of how one human being deals with life"[12]) – werden nicht nur die Schattenseiten der gegenwärtigen Leistungs- und Multioptionsgesellschaft umrissen, in der das selbstverschuldete Scheitern und der drohende soziale Abstieg überall lauern können. Zugleich wird dieser Chronik individuellen Scheiterns eine gelingende Variante der Selbstfindung, ein erfolgreicher *pursuit of happiness* hinzugefügt. Hier folgt der Text einem klassischen Erzählmuster, das dem Lesepublikum aus unzähligen Ratgebern, Romanen und Filmen bekannt sein dürfte: Der Schlüssel zu Glück und Erfolg, so die im Grund wenig überraschende, ja nahezu triviale Pointe des Texts, liegt in der je individuell zu leistenden Neujustierung subjektiver Erwartungen und Ansprüche. Indem JH – gleichzeitig Held und Jedermann – das Wagnis therapeutischer Introspektion auf sich nimmt und sein bisheriges Erfolgsstreben als Ursache seines Zusammenbruchs erkennen lernt, zugleich aber auch probate Achtsamkeitspraktiken trainiert („right here, right now"), beschreitet er den Pfad heilender Selbsttransformation.

10 Deleuze: Postskriptum über die Kontrollgesellschaften, S. 59.

11 Vgl. etwa ebd., S. 118: „His [= JHs, S. K.] story is just one of many dealing with the stress, burnout, depression, or anxiety that keep emerging in today's performance society. However, I believe that by describing lives, it is possible to convey the energy of how one human being deals with life, how one human being overcomes setbacks, how one human being struggles towards a richer life. This is a story about a famous artist, but in reality it could have been a story about most of us, regardless of profession".

12 Ebd.

In der Folge – so das Fazit des scheinbar neutralen Chronisten Jannings – stellt sich ein noch größerer beruflicher und kommerzieller Erfolg ein: Anerkennend schildert eine Schlüsselszene des Textes Jannings Besuch der Ausstellung *A Smile for You*, die Hein nach seinem Zusammenbruch und seiner Genesung in Stockholm realisieren kann. Fielen Glück und Erfolg vordem auseinander, bringt der Burnout beide Ebenen miteinander in Einklang:

> A Tibetan singing bowl sends out good vibrations, good karma to the spectators. [...] A frame with white neon letters asks, "Are you really happy?" I ask JH about this question. "The question: Are you really happy? Actually, it is not that important, but when the spectators read it, then they start to think. And then they look at themselves in the mirror that hangs on the other wall, and notice how they disappear," JH said. "What does that mean?" I asked. "Happiness is about being here right now." [...] The people attending the opening seem quieter than at other openings. [...] Once in a while they touch the Tibetan singing bowls. The bells ring and ring [...]. The sounds are healing and energizing. [...] I hear a girl saying, "He is better than before."[13]

Diese Szene ist in zweierlei Hinsicht bemerkenswert: Offensichtlich soll sie erstens Zeugnis ablegen von der durchlebten Selbsttransformation Jeppe Heins, die Janning explizit als Weg zu Glück, innerer Zufriedenheit und beruflichem Erfolg ausweist. Die Korrektur individueller Glücks- und Erfolgserwartungen kann nur nach dem so leidvollen wie letzten Endes kathartischen Moment der Burnout-Erkrankung erfolgen, bewirkt dann aber Heins Transformation in eine Art ‚totales Subjekt', das die Rollen des Künstlers, des Geschäftsmannes *und* des Therapeuten widerspruchsfrei in sich vereinen kann. Wo Hein sich selbst und seine Kunst zuvor als entfremdeter, außengesteuerter Erfolgs-Künstler vermarkten musste, befähigt ihn der Burnout, ein neues Register zu finden: Die Ausstellung *A Smile for You* wird nun explizit in einem therapeutischen Setting angesiedelt, Heins Kunst wird zum Meta-Kommentar der eigenen Passionserfahrung und der gelingenden Heilung. Gerade hierdurch wird sie zu einer ‚Achtsamkeitskunst', die bei Besucherinnen und Besuchern

13 Ebd., S. 111–112.

ebenfalls ein Moment der Introspektion und Selbsttransformation in Gang zu setzen vermag. Tatsächlich – so die Schilderung – nimmt das Publikum diese besondere Atmosphäre wahr („The people attending the opening seem quieter than at other openings. [...] Once in a while they touch the Tibetan singing bowls.") Hein umgibt nun buchstäblich der Nimbus eines gezeichneten, aber geläuterten ‚Lebens-Künstlers', dessen Kunst zugleich über die Aura eines heilenden Zeremoniells verfügt.

Somit flicht diese Szene zweitens jene großen Narrative ineinander, in deren Horizont die Leitbegriffe *Glück* und *Erfolg* im 20. Jahrhundert wesentlich anzusiedeln sind: Beide sind einerseits eingebunden in eine kapitalistische Ökonomie des Wünschens und des Versprechens: Der durch den Burnout bewirkte Erfolg führt Hein nicht in ein Jenseits, ein Außerhalb, konkurrenzgeprägter Lebenswelten und Arbeitsrhythmen, sondern befähigt den Künstler zur Perfektionierung kreativer Potenziale („he is better than before") und einer ebenso souveränen wie kommerziell erfolgreichen Selbstvermarktung („[h]appiness is about being here right now"). Glück und Erfolg bleiben weiterhin Resultat einer prekären Mischung aus Kalkül und Selbstpreisgabe. Im Grunde werden die Funktionsprinzipien einer auf individuellem Optimierungswillen und demonstrativer Erfolgsinszenierung basierenden Leistungsgesellschaft bestätigt: Der Künstler ist nun imstande, *noch mehr* zu leisten, der Öffentlichkeit eine Serie *noch erfolgreicherer* Installationen darzubieten. Die Grenzen zwischen Glück und Erfolg, Leistung und Versagen, Anpassung und Selbsterlösung bleiben unbestimmt und durchlässig.

Kontinuierlich neu justiert werden diese paradoxen Prozesse andererseits durch eine therapeutische Rahmenerzählung, die die „deformierbare[n] und transformierbare[n]" Subjekte der Glücks- und Erfolgsökonomie dazu anhält, sich Praktiken fortwährender Selbstmodulation und -heilung anzueignen.[14] Individuelle Pathologien wie Depression, Burnout oder Stress sind konstitutive Elemente dieser therapeutischen Erzählung. Sie markieren den Einsatzpunkt einer wirksamen Intervention von außen und einer gelingenden Selbstintervention. Heins Achtsamkeitsmantra bringt dies auf den Punkt:

14 Deleuze: Postskriptum über die Kontrollgesellschaften, S. 260. Siehe zur Logik der Kontrollgesellschaft ebd., S. 256–260, hier S. 260.

Glück besteht in erster Linie darin, ganz im Hier und Jetzt ‚anzukommen' und ‚aufzugehen', sein Glück- und Erfolgsstreben flexibel an sich wandelnde Gegebenheiten anzupassen und dabei dennoch – so das Versprechen der *happiness industry* – auf der Grundlage konsequenter Selbst-Konditionierung ganz bei ‚sich selbst' zu bleiben.[15]

Für die Disposition des vorliegenden Bandes sind weniger die inhaltlichen Aussagen einer solchen Abhandlung interessant, sondern vielmehr ihr textuelles Arrangement und ihre epistemische Logik, die Glück und künstlerischen Erfolg in einer Weise analysieren und inszenieren, die charakteristisch ist für den Modus der Glücks- und Erfolgsreflexion im 20. Jahrhundert. Der Text blendet unterschiedliche stilistische Register und Analysetechniken ineinander und bedient sich unterschiedlicher Tonlagen: Von beißendem Kulturpessimismus geht er über zu Pathosformeln emphatischen Selbstbekenntnisses, an die sich wiederum eine distanziert-nüchterne und um analytische Sachlichkeit bemühte Wissenschaftsprosa anschließt. Indem die Studie zwischen wissenschaftlicher Abhandlung, populärem Sachbuch, Ratgeber, biographischer Skizze und kulturkritischem Pamphlet changiert, ist sie charakteristisch für ein hybrides Wissensfeld, das sich etablierten Konventionen der Genrebildung entzieht und gleichzeitig anschlussfähig bleibt für breite Rezipientenkreise. Subjektive und objektive Kriterien der Begriffsbestimmung der Leitkategorien *burnout* oder *happiness* lassen sich zudem kaum trennscharf unterscheiden, alltagsweltlich-populärkulturelle und wissenschaftlich-systematische Begriffsfassungen kursieren gemeinsam und überlagern einander, normative Setzungen stehen einem Ensemble von Psycho- und Soziotechniken gegenüber, die zur Realisierung individueller Glückspotenziale anleiten sollen. Glück und Erfolg – so eine nachfolgend weiter auszuführende These – bezeichnen somit ebenso wie Burnout oder Stress Grenzobjekte bzw. -konzepte, die zwischen verschiedenartigen wissenschaftlichen Disziplinen – etwa Psychologie, Ökonomie oder Soziologie – auf der einen, populär- bzw. als pseudowissenschaftlich verrufenen Wissensformen – etwa dem Ratgebergenre – sowie literarischen Bearbeitungen auf der anderen Seite angesiedelt sind.

15 Siehe hierzu William Davies: *The Happiness Industry. How the Government and Big Business Sold Us Well-being.* London / New York: Verso 2015.

Anknüpfend an konzeptionelle Deutungsangebote Susan Leigh Stars und Ilana Löwys bezeichnen Grenzobjekte bzw. Grenzkonzepte „vage konturierte Vorstellungen, die Experimentalzusammenhänge organisieren" und auf diese Weise ein „Feld eingeschränkten Rauschens erzeugen, in dem definierte Objekte und damit scharfe Begriffe überhaupt erst entstehen können".[16] Sie ermöglichen es Akteuren aus unterschiedlichen Disziplinen und sozialen Welten, sich mit ihren jeweils spezifischen Vorannahmen und Praktiken der Evidenzherstellung zu begegnen und zu interagieren – die sozialwissenschaftliche Annäherung an Glück, Erfolg und Lebenszufriedenheit etwa wurde von Ökonomen, (Sozial-)Psychologen, Demoskopen und Soziologen vorangetrieben. Charakteristisch war weiterhin, dass objektive und subjektive Kriterien in den Prozess der Wissenserzeugung einflossen und kaum je trennscharf auseinandergehalten werden konnten: Schon die Vielzahl semantischer Filiationen wie *well-being*, *quality-of-life*, *peak-experience* u.s.w. zeigt, wie sehr um konzeptionelle und theoretische Präzisierungen gerungen wurde, wie vage umgrenzt gerade der Begriff des ‚Glücks' oftmals blieb.

An Jannings *The Happiness of Burnout* lässt sich somit einerseits exemplarisch darlegen, in welcher Weise das Nachdenken und Schreiben über Glück und Erfolg zwischen unterschiedlichen Analyseebenen und Disziplinen oszilliert; andererseits verweist der Text programmatisch auf die Konjunktur von Phänomenen wie Stress, Angst und Burnout, die zum strategisch zu planenden *pursuit of happiness* anleiten und bei der phantasmatischen Suche in den gegenwärtig vielfach beklagten „Glücksstress" und Erfolgsdruck ausarten.[17]

16 Siehe grundlegend Susan Leigh Star / James R. Griesemer: Institutional Ecology, 'Translations' and Boundary Objects. Amateurs and Professionals in Berkeley's Museum of Vertebrate Zoology, 1907–39. In: *Social Studies of Science* 19,3 (1989), S. 387–420; Susan Leigh Star: This Is Not a Boundary Object. Reflections on the Origin of a Concept. In: *Science, Technology, and Human Values* 35,5 (2010), S. 601–617; Ilana Löwy: Unscharfe Begriffe und föderative Experimentalstrategien. Die immunologische Konstruktion des Selbst. In: Hans-Jörg Rheinberger / Michael Hagner (Hrsg.): *Die Experimentalisierung des Lebens. Experimentalsysteme in den biologischen Wissenschaften, 1850/1950*. Berlin: Akademie 1993, S. 188–205; dies.: Experimentalsysteme. In: Ebd., S. 7–27, hier S. 17.

17 Peter Plöger: *Glücksstress. Ohne Druck zufrieden leben*. München: Hanser 2016.

Der vermeintlich widersprüchliche Titel dieser Publikation, *The Happiness of Burnout*, umreißt mithin treffend, worum es uns in diesem zweiten Band über *Glück und Erfolg im 20. Jahrhundert* geht, in dem das Feld der im 20. Jahrhundert inflationär zirkulierenden Diskurse um Glück und Erfolg vermessen wird.[18] Die Publikation steht im Zusammenhang eines umfassenderen Projekts, das sich mit der Genese und historischen Situierung glücks- und erfolgsbezogener Praxeologien, Wissensformen und Subjektivierungsweisen im 20. Jahrhundert auseinandersetzt. Einerseits punktuell, historisch präzise nachfragend und andererseits zugleich netzwerkartig, historische Zusammenhänge offenlegend soll so die imaginäre Landschaft von Glücks- und Erfolgsvorstellungen im 20. Jahrhundert durchschritten werden. Indem er entsprechende Pathologisierungen in den Blick nimmt, widmet sich dieser zweite Band der Problematisierung von Glücks- und Erfolgskonzepten, wobei – so eine zentrale Annahme – vielfach gilt, dass Glück und Erfolg zugleich als Problem wie auch als Lösung individueller und kollektiver Konflikte konzipiert werden und somit jeweils neuartige Definitionen und Subjektivierungsweisen hervorbringen – das einleitende Fallbeispiel dokumentiert diese doppelte Suchbewegung. Die Autorinnen und Autoren des Bandes setzen sich mit einer Reihe von glücks- und erfolgsbezogenen Pathologien auseinander, die in der zweiten Hälfte des 20. Jahrhunderts für weite Teile der bürgerlichen Mittelschichten in Europa und den USA zu elementaren historischen Erfahrungen wurden. Hierbei ist bewusst ein interdisziplinärer Zugriff gewählt worden, der soziologische, historische, literatur-, kunst- und medienwissenschaftliche Annäherungen zusammenführt.

Ein disziplinär offener Zugang lohnt vor allem deshalb, weil Glück und Erfolg hochgradig amorphe Untersuchungsgegenstände bezeichnen, die oft quer zu etablierten Disziplinengrenzen liegen und kaum auf stabile Gattungsgefüge, methodische Operationalisierungen und etablierte Traditionen wissenschaftlichen Schreibens zurückgreifen können. Gleichwohl avancierten sie im Lauf des 20. Jahrhunderts zu handlungsleitenden teleologischen Kategorien, die bei der Gestaltung individueller Lebensläufe, mittelbar aber auch bei der Steuerung

18 Vgl. Stephanie Kleiner / Robert Suter (Hrsg.): *Guter Rat. Glück und Erfolg in der Ratgeberliteratur 1900–1940*. Berlin: Neofelis 2015.

kollektiven Verhaltens eine Rolle spielten. Vor allem aber fanden sie Eingang in verwandte Diskursfelder – besonders sichtbar wird dies an Phänomenbereichen wie Stress oder Burnout, die in der zweiten Hälfte des 20. Jahrhunderts zu zentralen Kategorien wurden, in denen individuelle wie auch kollektive Pathologien und Ängste bearbeitet wurden.[19]

Dieser Prozess wird besonders sichtbar im Kontext des um 1970 einsetzenden „signifikante[n] Therapeutisierungsschub[s]"[20], dem sich neben einer im engeren Sinne wissenschaftshistorischen und wissenssoziologischen Forschung[21] seit einiger Zeit vermehrt auch zeit- und

19 Stress und Burnout sind von Seiten der psychologischen, pädagogischen und soziologischen Forschung extensiv untersucht worden. Forschungsliteratur, die sich aus wissens-, medizin- und kulturgeschichtlicher Sicht mit Burnout, Depression und Stress auseinandersetzt, findet sich noch nicht in gleichem Maß, wenngleich das Thema seit einiger Zeit zunehmend auch hier große Beachtung gefunden hat (siehe exemplarisch Cornelius Borck: Kummer und Sorgen im digitalen Zeitalter. Stress als Erfolgsprodukt der fünfziger Jahre. In: *Archiv für Mediengeschichte* 4 (2004), S. 73–83; Alain Ehrenberg: *Das erschöpfte Selbst. Depression und Gesellschaft in der Gegenwart.* Frankfurt am Main: Campus 2004; Lea Haller: Stress, Cortison und Homöostase. Künstliche Nebennierenrindenhormone und physiologisches Gleichgewicht, 1936–1960. In: *NTM* 18 (2010), S. 169–195; dies. / Sabine Höhler / Heiko Stoff: Stress – Konjunkturen eines Konzepts. In: *Zeithistorische Forschungen/Studies in Contemporary History* 11,3 (2014), S. 359–381; Hans-Georg Hofer: Von gestressten Körpern und kaputten Autos. Hans Selye (1907–1982) und das ‚Allgemeine Adaptionssyndrom'. In: *Praxis. Schweizerische Rundschau für Medizin* 95,35 (2006), S. 1347–1350; Mark Jackson: *The Age of Stress. Science and the Search for Stability.* Oxford: Oxford UP 2013; Patrick Kury: *Der überforderte Mensch. Eine Wissensgeschichte vom Stress zum Burnout.* Frankfurt am Main: Campus 2012; ders.: Zivilisationskrankheiten an der Schwelle zur Konsumgesellschaft. Das Beispiel der Managerkrankheit in den 1950er und 1960er Jahren. In: Petra Overath (Hrsg.): *Die vergangene Zukunft Europas. Bevölkerungsforschung und -prognosen im 20. und 21. Jahrhundert.* Köln / Weimar / Wien: Böhlau 2011, S. 185–207; ders.: Von der Neurasthenie zum Burnout. Eine kurze Geschichte von Belastung und Anpassung. In: Sighard Neckel / Greta Wagner (Hrsg.): *Leistung und Erschöpfung. Burnout in der Wettbewerbsgesellschaft.* Berlin: Suhrkamp 2013, S. 107–128; Russell Viner: Putting Stress in Life. In: *Social Studies of Science* 29,3 (1999), S. 391–410.

20 Siehe Jens Elberfeld: Befreiung des Subjekts, Management des Selbst. Therapeutisierungsprozesse im deutschsprachigen Raum seit den 1960er Jahren. In: Ders. / Pascal Eitler (Hrsg.): *Zeitgeschichte des Selbst. Therapeutisierung, Politisierung, Emotionalisierung.* Bielefeld: Transcript 2015, S. 49–83, hier S. 52.

21 Vgl. vor allem die noch immer grundlegenden Arbeiten des britischen Soziologen Nikolas Rose, der sich bereits in den 1980er Jahren in einer Reihe einschlägiger, auf Michel Foucaults Gouvernementalitätsstudien rekurrierende Beiträge mit der Genese der ‚Psy-Disciplines' auseinandersetzte (z. B. Nikolas Rose: *The Psychological*

gesellschaftsgeschichtliche Untersuchungen widmen und der daher einen „Kernbereich[] der gegenwärtigen historischen Forschung zu sich wandelnden Selbstverhältnissen und Subjektivierungspraktiken" markiert.[22] Mit Maik Tändler lässt sich der „Psychoboom" seit den 1970er Jahren, der eine Konjunktur (psycho-)therapeutischen Wissens mit sich brachte, als „‚heiße' Experimentier- und Formierungsphase eines neuartigen, therapeutisch orientierten ‚Regime des Selbst'" interpretieren, der das „Ideal eines emotional expressiven und kommunikativen, zugleich authentischen und selbstbestimmten wie auch sozial flexibel anpassungsfähigen Subjekts" ins Zentrum rückte.[23] Im Gefolge dieser bis heute anhaltenden Entwicklung avancierten auch Glück und Erfolg zu Leitthemen, die besonders prominent in der Ratgeberliteratur, aber zusehends auch in der sozialwissenschaftlichen und -medizinischen Forschung verhandelt wurden. Im Begriff der Therapeutisierung verschränkten sich somit neuartige psychologisch-psychotherapeutische Wissensbestände über ‚den' Menschen mit „sich entsprechend wandelnden Vorstellungen von ‚Gesundheit' im engeren und ‚Glück' im weiteren Sinne".[24] Ein Großteil der Literatur, die sich mit Erfolgs- und Glückskonzepten auseinandersetzte, legte den Fokus dabei explizit auf das Scheitern individuellen

Complex. Psychology, Politics and Society in England, 1869–1939. London: Routledge & Kegan Paul 1984; ders.: *Governing the Soul. The Shaping of the Private Self.* London: Routledge 1990; ders.: *Inventing Our Selves. Psychology, Power, and Personhood.* Cambridge: Cambridge UP 1996). Vgl. für den deutschsprachigen Raum außerdem: Mitchell Ash / Ulrich Geuter (Hrsg.): *Geschichte der deutschen Psychologie im 20. Jahrhundert. Ein Überblick.* Opladen: WV 1985.

22 So Pascal Eitler / Jens Elberfeld: Von der Gesellschaftsgeschichte zur Zeitgeschichte des Selbst – und zurück. In: Dies. (Hrsg.): *Zeitgeschichte des Selbst*, S. 7–30, hier S. 20. Siehe zur Konjunktur der Therapeutisierung seit den 1970er Jahren weiterhin vor allem Sabine Maasen / Jens Elberfeld / Pascal Eitler / Maik Tändler (Hrsg.): *Das beratene Selbst. Zur Genealogie der Therapeutisierung in den ‚langen' Siebzigern.* Bielefeld: Transcript 2011; Uffa Jensen / Maik Tändler (Hrsg.): *Das Selbst zwischen Anpassung und Befreiung. Psychowissen und Politik im 20. Jahrhundert.* Göttingen: Wallstein 2012; Sven Reichardt: *Authentizität und Gemeinschaft. Linksalternatives Leben in den siebziger und frühen achtziger Jahren.* Berlin: Suhrkamp 2015; Eitler / Elberfeld (Hrsg.): *Zeitgeschichte des Selbst*; Maik Tändler: *Das therapeutische Jahrzehnt. Der Psychoboom in den siebziger Jahren.* Göttingen: Wallstein 2016.

23 Ebd., S. 11.

24 Siehe Eitler / Elberfeld: Von der Gesellschaftsgeschichte zur Zeitgeschichte des Selbst – und zurück, S. 20.

Glücks- und Erfolgsstrebens, um von hier aus Wege aus der Erfolglosigkeit aufzuzeigen und zur Gestaltung eines glücklichen Lebens beizutragen.

Glück und Erfolg erfüllten somit die Funktion eines sozialen Regulativs, das immer wieder zur Disposition gestellt wurde. Seine Neujustierung erfolgte unter anderem über Glücks- und Erfolgspathologien, welche die Frage nach den Vor- und Nachteilen glücklicher und/oder erfolgreicher Vergesellschaftung aufwarfen. Pathologien fungierten somit als zentrale Korrektive von Glücks- und Erfolgsdiskursen.

Die nachfolgenden Beiträge nehmen insbesondere die gemeinsamen epistemologischen Hintergründe jener spezifischen Glücks- und Erfolgspathologien in den Blick, die die westlichen Leistungs- und Konsumgesellschaften seit 1945 zunehmend umtrieben.[25] Beim Blick in die entsprechenden Diskurse lassen sich bei allen Unterschieden im Detail viele Gemeinsamkeiten, etwa in Gestalt der Psychosomatik von Stress[26] oder der Psychopathologie depressiver Erkrankungen, ausmachen.[27] Es lassen sich zudem vergleichbare historische Dynamiken konstatieren: Erfuhren Glück und Erfolg in den Nachkriegsjahren im Nexus sozialer Anpassung eine Problematisierung, wurde seit den 1960er Jahren zunehmend das individuelle Begehren (Selbstüberforderung, phantasmatische Anspruchshaltungen) selbst als Krankheitsgrund identifiziert. Das Hauptaugenmerk der Beiträge richtet sich auf die Umbruchphasen zwischen 1950 und 1990, als weite Teile der bürgerlichen Mittelschichten und Wohlstandsgesellschaften gängige Konzepte von Glück und Erfolg zunehmend in Frage gestellt sahen. Galt so etwa bis in die 1970er Jahre die Fähigkeit zur sozialen Anpassung als Schlüssel zu einem erfüllten Leben, setzten sich seitdem Selbstverwirklichung, Authentizität, Autonomie und Kreativität als Gradmesser von Glück und Erfolg durch.[28] Diese beiden Leitkonzepte wurden nun radikal privatisiert und an die Leistung und das Vermögen des einzelnen gekoppelt. Soziopolitische Utopien

25 Gernot Böhme (Hrsg.): *Kritik der Leistungsgesellschaft*. Bielefeld: Sirius 2010.

26 Siehe z. B. Kury: *Der überforderte Mensch*; Jackson: *The Age of Stress*.

27 Ehrenberg: *Das erschöpfte Selbst*; Neckel / Wagner: *Leistung und Erschöpfung*; Christoph Menke / Juliane Rebentisch (Hrsg.): *Kreation und Depression. Freiheit im gegenwärtigen Kapitalismus*. Berlin: Kadmos 2010.

28 Andreas Reckwitz: *Die Erfindung der Kreativität. Zum Prozess gesellschaftlicher Ästhetisierung*. Frankfurt am Main: Suhrkamp 2012.

einer guten Gesellschaft, die noch den Diskurs der 1950er, 1960er und 1970er Jahre beherrscht hatten, traten demgegenüber in den Hintergrund.[29] Das Ideal der Selbstverwirklichung und Autonomie, das etwa im Zuge der Frauenbewegung in einen politisch-emanzipativen Diskurs eingebettet war und explizit das Recht auf ein glückliches Leben einforderte,[30] verkehrte sich in der gesellschaftlichen Selbstbeschreibung des *flexiblen Kapitalismus* in den Zwang, permanent risikobereit und beweglich zu sein, sich somit als ein *unternehmerisches Selbst* zu entwerfen.[31] Anhand spezifischer Beispiele illustrieren die hier versammelten Texte, in welcher Weise das Umschlagen von Idealen in Zwänge, von Ansprüchen in Forderungen eine Deformation von Glücks- und Erfolgsidealen bewirkte, die sich unter anderem in Massenphänomenen wie Depression oder Burnout manifestieren. Somit wird deutlich gemacht, dass und in welcher Weise das Scheitern von Erfolgsprojekten und Glücksidealen auch Resultat gesellschaftlicher Prozesse war. In diesem Zusammenhang wird auf die in den kapitalistischen Leistungs- und Wettbewerbsgesellschaften der Nachkriegszeit konstitutiv enge „Verbindung von Glück, Leistung und Erfolg" hingewiesen, die im kalkulierten Streben nach Glück und Erfolg eine „Bedingung des Stresses" erkennt.[32]

Leistung, Status und Erfolg etwa wurden im Zeitalter der Manager zu Obsessionen der zusehends mobilen und konkurrenz- wie aufstiegsfixierten Mittelschichten.[33] Mit ihrem Imperativ der Selbstrationalisierung und -optimierung fügen sie sich ein in den „Modernisierungssog von Rationalisierung, Taylorisierung, Kapitalisierung des Lebens".[34] Mit den Folgen beschäftigte sich

29 Vgl. hierzu etwa Lewis Mumford: *The Conduct of Life*. New York: Harcourt Brace 1951; Erich Fromm: *Haben oder Sein. Die seelischen Grundlagen einer neuen Gesellschaft*. Stuttgart: DVA 1976.

30 Dorothy Thompson: *The Courage to Be Happy*. Boston: Houghton Mifflin 1957; Dora Russell: *The Right to Be Happy*. New York: Harper & Brothers 1927.

31 Ulrich Bröckling: *Das unternehmerische Selbst. Soziologie einer Subjektivierungsform*. Frankfurt am Main: Suhrkamp 2007.

32 Vgl. hierzu programmatisch den Beitrag von Heiko Stoff in diesem Band.

33 Siehe hierzu ausführlich Berthold Vogel: *Wohlstandskonflikte. Soziale Fragen, die aus der Mitte kommen*. Hamburg: Hamburger Edition 2009; Steffen Mau: *Lebenschancen. Wohin driftet die Mittelschicht?* Frankfurt am Main: Suhrkamp 2012.

34 Rudolf Helmstetter: Viel Erfolg. Eine Obsession der Moderne. In: *Merkur. Deutsche Zeitschrift für europäisches Denken* 67,8 (2013), S. 706–719.

ein weites Spektrum von Diskursen: Klagen über Phänomene wie Erschöpfung, Stress oder Depressionen bilden Hauptmotive der Literatur des 20. Jahrhunderts; in den Verhaltenslehren der Ratgeber finden sich Regeln für den richtigen Umgang mit ihnen; in kultur- und gesellschaftswissenschaftlichen Analysen werden sie als Belege für eine neuartige Verhaltensökonomie interpretiert, die Hinweise liefert für den Einsatzpunkt einer spezifisch modernen Kontrollmacht.[35] Dabei lässt sich in der zweiten Hälfte des 20. Jahrhundert beobachten, wie sich der Akzent der Pathologisierungen verschiebt: Erfolgskrankheiten etwa galten nicht mehr als Effekt eines übermäßig organisierten Lebens, sondern eben gerade jener Flexibilisierung, die zunächst einen Ausweg aus den Zwängen der organisierten Moderne versprochen hatte.[36] Es scheint in der Folge, als würden die Vertreter der freien Berufe, die sich am Vorbild der Bohème orientieren[37], einem stärkeren Erfolgsimperativ unterliegen als jene Karrieristen, die innerhalb von Organisationen einem vorgezeichneten Aufstiegsparcours folgen. Als Hintergrundfigur von Erfolgspathologien fungiert nicht mehr so sehr derjenige, der sein Karriere- oder Lebensziel verfehlt, als vielmehr der ständige Versager, dem es nicht gelingen will, den Anforderungen des Alltags gerecht zu werden. Wurde Stress in den frühen Nachkriegsjahren als Folgeerscheinung einer allzu rigiden Arbeitsbelastung problematisiert – etwa in den Debatten um die Managerkrankheit –, änderte sich dies im Zug der sich ab 1960 intensivierenden Stressforschung nachhaltig. Diese ging zunächst von den USA aus, wo sich Biologen und Physiologen wie Walter B. Cannon oder Hans Selye dem Phänomen Stress bereits in der Vorkriegszeit zugewandt hatten. Besonders intensiv hatte dabei das Militär die Ergebnisse der

35 Vgl. etwa das Modell der Kontrollgesellschaft bei Deleuze: Postskriptum über die Kontrollgesellschaften, bzw. Ulrich Bröcklings Analyse neoliberaler Gouvernementalität (ders.: *Das unternehmerische Selbst. Soziologie einer Subjektivierungsform*. Frankfurt am Main: Suhrkamp 2007).

36 Siehe dazu Oskar Negt: Flexibilität und Bindungsvermögen. Grenzen der Funktionalisierung. In: Alexander Meschnik / Mathias Stuhr (Hrsg.): *Arbeit als Lebensstil*. Frankfurt am Main: Suhrkamp 2003, S. 13–26; Robert Suter: Ein Bericht aus dem Herzen der Risikogesellschaft. Jürgen-Peter Stössels „wissenschaftlicher Tatsachenroman". In: *Zeithistorische Forschungen/Studies in Contemporary History* 3 (2014), S. 493–499.

37 Pierre-Michel Menger: *Kunst und Brot. Die Metamorphosen des Arbeitnehmers*. Konstanz: UVK 2006.

Stressforschung rezipiert.[38] Seit den 1960er Jahren wurde Stress allerdings zusehends im Horizont von Lebensqualität und Glück, von Prävention, Risikofaktorenanalyse und *well-being* diskutiert und als je individuell zu leistende Regulationsleistung charakterisiert. In der Folgezeit – so argumentieren Lea Haller, Sabine Höhler und Heiko Stoff – verschwammen die Grenzen zwischen „Stressmanagement" und „Glückstechnik" immer mehr und bildeten komplementäre Pole eines Diskursfeldes, innerhalb dessen sich die spätmodernen westlichen Gesellschaften, die sich „per se als instabil, wandelbar, innovativ und dynamisch" wahrnahmen, verorten konnten.[39]

Insbesondere seit den 1980er Jahren – so die Analyse Heiko Stoffs – wurde der Stressbegriff immer mehr zum „Kennwort des überforderten Menschen"[40], wobei gelingendes Selbstmanagement, Yoga und Meditationstechniken sowie konsequentes Fitnesstraining zusehends normative Praktiken markierten, die dabei helfen sollten, innerhalb eines flexibel-liberalen Kapitalismus sein „Glück zu machen"[41]. In seinem Beitrag zu diesem Band untersucht Stoff diesen Befund eingehend: Der Ausstieg aus der Leistungs- und Erfolgsgesellschaft – so seine Beobachtung – stellt keine Option mehr dar. Ein glückliches Leben ist nur möglich, wo beruflicher Erfolg und innere Zufriedenheit als Folge einer erfolgreichen Stressbewirtschaftung aufscheinen, wo der Künstler zur Symbolfigur des „flexible[n] Erfolgsmensch[en] der Jahrtausendwende" wird, zum „selbstregulierte[n] Wettbewerber im Kampf um Ressourcen und Chancen".[42]

Dass der Nexus zwischen Erfolg und Leistung, zwischen Glück und Stress in der zweiten Hälfte des 20. Jahrhunderts derart sichtbar werden konnte, ist nicht zuletzt auf die engmaschige Stressforschung zurückzuführen, die Mediziner, Psychologen und Biologen seit den 1950er Jahren gezielt vorantrieben. Infolgedessen wanderte auch der Glücksbegriff zusehends in das Feld der Humanwissenschaften; seine semantischen Filiationen wie *well-being* oder *flow* wurden hierbei zu

38 Siehe zur Wissenschaftsgeschichte der Stressforschung ausführlich Kury: *Der überforderte Mensch*; Jackson: *The Age of Stress.*

39 Siehe Haller / Höhler / Stoff: Stress, S. 360, 363.

40 So Heiko Stoff in seinem Beitrag in diesem Band.

41 Stefanie Duttweiler: *Sein Glück machen. Arbeit am Glück als neoliberale Herrschaftstechnologie.* Konstanz: UVK 2007.

42 Siehe den Beitrag von Heiko Stoff in diesem Band.

Leitbegriffen spätmoderner Glücksdiskurse. Insbesondere die Psychologie avancierte immer mehr zur Leitwissenschaft im Hinblick auf die methodische Erfassung menschlicher Glückspotenziale und leitete daraus einen Anspruch auf eine besondere epistemische Autorität ab. Der amerikanische Ideenhistoriker und Literaturwissenschaftler Howard Mumford Jones konstatierte bereits in einer 1953 publizierten Ideengeschichte des modernen Glücksbegriffs, dass Glück im 20. Jahrhundert vornehmlich eine Kategorie psychologischer Analyse bezeichne. Während Glück im 18. und 19. Jahrhundert im Feld von Politik und Nationalökonomie zu verorten war, wurde es im 20. Jahrhundert immer mehr zu einem Problem subjektiven psychischen Wohlbefindens, eine Entwicklung, die sich seit der Etablierung der Disziplin im späten 19. Jahrhundert abgezeichnet habe und die Jones namentlich mit der Person William James' verband:

> The appearance of Principles of Psychology in 1890 marks a turning point. Happiness [...] has been transferred from the sphere of law to the sphere of psychology. Not the public life of political science and economics, but the inner life of impulse and emotion – here in the twentieth century, most Americans seem to agree, is the sphere of felicity. James began, and the American translations of Freud and Jung and American interest in such Europeans as Nietzsche, Strindberg, Wedekind, Proust, and Joyce continued, the steady transplanting of the roots of happiness out of the world of Adam Smith and Benjamin Franklin into the world of the doctor, the psychiatrist, the personnel director, and the social psychologist. [...] In their hands the ancient doctrine that happiness means living in accordance with nature has taken a new form.[43]

Allerdings herrschte auch innerhalb des psychologischen Feldes keineswegs Konsens darüber, wie Glück und *well-being* genau definiert und empirisch fassbar gemacht werden konnten. Sozialpsychologische Versuche, mittels breit angelegter Panelumfragen und Survey-Studien Einstellungen breiter Bevölkerungskreise zu erfassen und von hier aus Wissen über den Zusammenhang zwischen subjektivem Wohlbefinden und sozioökonomischen Entwicklungen zu generieren,

43 Howard Mumford Jones: *The Pursuit of Happiness*. Cambridge: Harvard UP 1953, S. 146.

stellten eine prominente Variante zeitgenössischen Glückswissens dar. Qualitativ argumentierende ideengeschichtliche oder philosophische Ansätze begegneten Programmen einer quantitativ gestützten Glücksoptimierung allerdings mit Skepsis und plädierten demgegenüber, das „kleine Glück im Winkel" nicht „hochmütig" abzutun.[44] Die modernisierungstheoretisch aufgeladenen Modelle der umfassenden Glücksmaximierung konfrontierten sie mit Entwürfen eines ‚kleinen Glücksprogramms'; somit waren sie charakteristisch für eine ‚neue Ernsthaftigkeit', die das optimistische Fortschritts- und Modernisierungscredo der ‚langen' 1960er Jahre[45] in Zweifel zog und bereits vorauswies auf eine skeptische Phase „nach dem Boom".[46]

In einer bewusst grob gehaltenen Schematisierung lassen sich so drei ineinander übergreifende Dimensionen von Glücks- und Erfolgspathologisierungen unterscheiden, die von den Autorinnen und Autoren des Bandes thematisiert werden.

Erstens rückt eine historisch-epistemologische Seite von Glücks- und Erfolgspathologisierungen in den Blick, indem die konkreten Räume, Praktiken und Kommunikationssituationen untersucht werden, in denen pathologische Muster wie Erfolgsneurose, Managerkrankheit oder Burnout im Konnex von Selbstwahrnehmung und Fremdbeobachtung entstehen. Es geht hierbei vor allem um spezifische Settings – etwa die psychoanalytische Praxis oder den Fitnessparcours –, innerhalb derer Glücks- und Erfolgspathologien unmittelbar greifbar werden. Horst Gruner geht in seinem Beitrag etwa auf populäre Darstellungen von Burnout-Fällen zwischen 1980 und 2000 ein. Aus einer narratologischen Perspektive werden u. a. mittlerweile ‚klassische' Fallstudien der Burnout-Forschung analysiert – etwa der autobiographische Bericht des deutschamerikanischen Psychoanalytikers Herbert Freudenberger, der den Begriff *Burnout* in den 1970er Jahren maßgeblich prägte. Indem Gruner die ästhetischen

44 Herbert Kundler: *Anatomie des Glücks.* Köln: Kiepenheuer & Witsch 1971, S. 10.

45 Vgl. hierzu Detlef Siegfried: *Time is on my side. Konsum und Politik in der westdeutschen Jugendkultur der 60er Jahre.* Göttingen: Wallstein 2006.

46 Vgl. Anselm Doering-Manteuffel / Lutz Raphael: *Nach dem Boom. Perspektiven auf die Zeitgeschichte seit 1970.* Göttingen: Vandenhoeck & Ruprecht 2012; Anselm Doering-Manteuffel: Nach dem Boom. Brüche und Kontinuitäten der Industriemoderne seit 1970. In: *Vierteljahreshefte für Zeitgeschichte* 55 (2007), S. 559–581.

Konstruktionsprinzipien wie auch die epistemischen Prämissen repräsentativer Burnout-Fallserien in den Blick nimmt, kann er zeigen, in welcher Weise populärwissenschaftliche Formate der Wissensvermittlung – etwa Ratgeber – an der Herstellung und der massenmedialen Zirkulation eines Wissens über Burnout beteiligt waren. Die Fallstudie transportiert – so die Annahme Gruners – nicht nur praktisches Erfahrungswissen; ihr kommt vielmehr auch ein besonderer epistemischer Status zu. Da belastbare Methoden zur Erfassung und Klassifikation von Burnout nach wie vor nur in Ansätzen vorliegen, wird die Evidenz des Befundes *Burnout* – so Gruners Beobachtung – erst in der anekdotischen Vermittlung hervorgebracht.

Mit populärwissenschaftlichen Darstellungsverfahren beschäftigt sich auch Wim Peeters. Im Zentrum seiner Analyse steht das in den 1980er Jahren begründete Genre der Messie-Ratgeber, das Peeters einerseits im Hinblick auf seine soziale Funktion als affirmierendes und Orientierung stiftendes Medium der Selbstanleitung in den Blick nimmt. Hierbei rückt er besonders die charakteristischen Praktiken ins Zentrum, die von Seiten populärer Messie-Ratgeber empfohlen werden. Andererseits werden Messie-Texte in ihrer narratologischen Dimension untersucht. Indem er eine Poetologie des Messie-Ratgebers vorlegt, kann Peeters sichtbar machen, auf welchem Weg die Ratgeberliteratur des 20. Jahrhunderts die Nachfolge der Romanliteratur des 19. Jahrhunderts angetreten und dazu beigetragen hat, moderne Subjektivität hervorzubringen: Indem sie typische Erzählmuster wie Fallstudien, *stories* und Anekdoten zu einem Narrativ erfolgreich-autonomer Selbst- und Weltbeherrschung zusammenführt, ermöglicht sie es ihrem Leserkreis, sich als Heldinnen und Helden der eigenen Lebensgeschichte zu entwerfen.

Das Streben nach Fitness als besondere, paradox-pathologische Variation des *pursuit of happiness* rückt Niklaus Ingold in seinem Beitrag ins Zentrum. Ingold analysiert den Schweizer Dokumentarfilm *JE KA MI – oder Dein Glück liegt in dieser Welt* (1978), der den Fitnessboom der 1970er Jahre in satirischer Weise als zeitgenössische Obsession darstellte, die den gesunden, leistungsfähigen und -willigen Körper zur Norm erhob. Zugleich – so macht Ingolds Analyse deutlich – kritisierte der Film das mit dem neuen Körperkult einhergehende Präventionsregime, das zur rigiden Sorge um die eigene Gesundheit und zur zielstrebig-disziplinierten Praxis gesundheitsbewusster

Lebensführung aufrief. Die Grenzen zwischen einer Herrschaftstechnik der Gesundheitserziehung und einer „Gleichschaltung der Bevölkerung“[47] waren hierbei fließend, wie Ingold zeigen kann, da die Fixierung auf den fitten, leistungsbereiten Körper Segmente eines eugenischen Sprachgebrauchs aufgriff, so dass der Film auch zeitgenössische Ängste vor einem neuen Faschismus verhandelte.

Da Akte erfolgs- oder glücksversprechender Subjektivierung Iterabilität mit sich bringen, betrifft die zweite Dimension, die die Beiträge des Bandes ins Zentrum rücken: alterierende Subjektivierungsformen. So können Selbstbezeichnungen wie Burnout pathologisiert oder aber pathologische Muster, so bspw. der Herzinfarkt, als Auszeichnung für ein leistungsbewusstes Leben adaptiert werden; ebenso ereignen sich auf der Ebene der Subjektivierung mannigfaltige Abweichungen, die auch Ausdruckformen von Widerstand oder Kritik beinhalten können. Figuren wie Workaholics, Neurotiker, Herzinfarktpatienten, Narzissten, Depressive oder Hochstapler zeugen davon. Von Oblomow über Bartleby bis hin zum Klub der polnischen Wurstmenschen[48] existiert überdies eine Reihe immer wieder aktualisierter literarischer Orientierungsfiguren, die in solchen Situationen aufgerufen werden. Auch der Genealogie solcher Subjektivierungsformen und ihrer Vorbilder wird nachzugehen sein. Hier ist der Beitrag von Katja Rothe zu situieren, die die Figur der Asperger-Autistin Lisbeth Salander aus Stieg Larssons vielgelesener Kriminalroman-Trilogie ins Zentrum ihrer Analyse rückt. Der für spätmoderne und neoliberale Gesellschaften konstitutive Anspruch auf Vernetzung, Kommunikation und Teamplay wird in der Figur der Hackerin Salander als Zumutung und strategisches Kalkül der Gewinn- und Erfolgsmaximierung sichtbar. Die Figur der Autistin und subversiven Antiheldin weist diese Anforderungen einerseits brüsk zurück, beherrscht andererseits die Datenströme und die Gesetze der Cyber-Logik wie keine zweite. Damit bezeichnet sie für Rothe eine ambivalente Figur, in der sich das Glücksbedürfnis und die Ängste des *Homo Communicans* in spannungsreicher Weise widerspiegeln und brechen.

47 Vgl. den Beitrag von Niklaus Ingold in diesem Band.

48 Leszek Herman Oswiecimski: *Der Klub der polnischen Wurstmenschen*. Berlin: Versager 2002.

Subversive Verweigerung und das Streben nach einem alternativen Glücksmodell stehen auch im Zentrum von Wiebke Wiedes Beitrag, die sich mit der vermeintlich paradoxen Subjektivierungsform der ‚Glücklichen Arbeitslosen' auseinandersetzt. Wiede beschäftigt sich mit dem Phänomen der Arbeitslosigkeit in der Bundesrepublik der 1970er und 1980er Jahre: Da Erfolg und Glück in den Arbeits-, Leistungs- und Konsumgesellschaften der (Spät-)Moderne konstitutiv mit der Forderung nach Produktivität und Erwerbsarbeit verknüpft waren, stellte die Massenarbeitslosigkeit der 1970er und 1980er Jahre eine immense Zumutung und Herausforderung dar. Wiede kann durch die Analyse sozialwissenschaftlicher Expertendiskurse wie auch spezifischer Widerstandspraktiken und Subjektivierungsprogramme von Arbeitslosen darlegen, dass die Allianz von Leistung, Glück und Erfolg in der Ära ‚nach dem Boom' zusehends porös wurde.

Ein dritter Aspekt des Bandes berücksichtigt die im 20. Jahrhundert sich etappenweise vollziehende „Verwissenschaftlichung des Sozialen"[49], die in ihren Auswirkungen auf die konzeptionelle Ausrichtung von Glück und Erfolg mitbedacht werden muss: Der Aufstieg der Sozial- und Humanwissenschaften trieb im 20. Jahrhundert die Auseinandersetzung mit Glück und Erfolg in eine neuartige Richtung. Nicht nur etablierten sich nun mit den humanwissenschaftlichen Experten neue Autoritäten, deren Ausdeutungen von Glück und Erfolg in politischen Parteien wie in Bürokratien und Verwaltungen zunehmend Gehör fanden. Die Verwissenschaftlichung der Erfolgs- und Glücksdiskurse fand auch Eingang in die Alltags- und Lebenswelten weiter Bevölkerungskreise und wirkte auf diesem Weg – etwa durch die Rezeption des Expertenwissens in Ratgebern – auf die individuellen Befindlichkeiten historischer Akteure zurück. Dieser Prozess eröffnete freilich auch Raum für mögliche Pathologisierungsphänomene, indem neben der individuellen „Entwicklungsfähigkeit" auch die menschliche Leistungs- und Glücksfähigkeit der steten „Selbst- und Fremdkontrolle durch ein humanwissenschaftliches

49 Lutz Raphael: Die Verwissenschaftlichung des Sozialen als methodische und konzeptionelle Herausforderung für eine Sozialgeschichte des 20. Jahrhunderts. In: *Geschichte und Gesellschaft* 20,2 (1996), S. 165–193.

Expertenwissen" unterworfen wurde, die die Grenzen des Normalen bzw. des Devianten umzirkelten.[50]

Matthias Leanza geht in seinem Beitrag dabei auf den Aufstieg des Resilienz- und Immunitätsparadigmas ein, das seit den 1970er Jahren immer mehr an Einfluss gewann und die Selbstreinigungs- und -heilungskräfte des menschlichen Organismus beschwor. Leanza fokussiert auf das Modell der Salutogenese, das sich analog zu dem in den 1960er Jahren aufkommenden relationalen Stressmodell entwickelte und die individuellen Selbstverarbeitungskräfte und spezifischen Regulationsmodelle in den Blick rückte, mit dem physisch-psychische Balance durch dosierten Außendruck hergestellt werden sollte. Stress und Resilienz waren somit konstitutiv aufeinander bezogen, denn erst die erfolgreiche Bekämpfung eines als schädlich erkannten ‚Disstress' durch Achtsamkeits- und Meditationsübungen konnte zur Stressimmunisierung beitragen.

Der vorliegende Band richtet sein Augenmerk damit nicht primär auf modellhafte begriffsgeschichtliche Definitionen und Umdeutungen. Vielmehr zielt er auf den Umstand, dass Glück und Erfolg mit konkreten Lebens- und Gesellschaftsentwürfen assoziiert sind, die einerseits normative Wirkungen entfalten und andererseits mit alltäglichen Praktiken verbunden sind. Die Thematisierung von pathologischen Verhaltensformen dient der Absteckung von Normalitätszonen des glücklichen und/oder erfolgreichen Lebens. Glück und Erfolg stehen im Zentrum unterschiedlicher Ökonomien des Begehrens, die ein weites Spektrum von Pathologisierungen eröffnen, das seinerseits wiederum Aufschluss gibt über die Grenzen und Gründe des Scheiterns von Glücks- und Erfolgsprojekten. Zugleich umkreisen Glücks- und Erfolgspathologien stets auch Visionen alternativer Lebensentwürfe, so dass Defizienzerfahrung und eskapistisch-utopischer Gegenentwurf in einer eigentümlichen Dynamik miteinander verwoben sind und einander wechselseitig hervortreiben.

50 Ebd., S. 193.

Heiko Stoff

Leistung, Erfolg, Glück und Stress

Zur Körpergeschichte des liberalen Kapitalismus im 20. Jahrhundert

> Kaum einer unter Millionen erreicht im Leben das, was er angestrebt hat. Der Erfolg bleibt selbst für den vom Glück Begünstigten weit hinter dem zurück, was ehrgeizige Tagträume in der Jugend hoffen ließen. An tausend Widerständen zerschellen Pläne und Wünsche, und die eigene Kraft erweist sich zu schwach, um das zu vollbringen, was ihr der Geist zum Ziel gesetzt hat. Das Versagen der Hoffnungen, das Mißlingen der Entwürfe, die eigene Unzulänglichkeit den gestellten und selbstgesetzten Aufgaben gegenüber sind jedermanns größtes und schmerzlichstes Erlebnis, sind das typische Menschenschicksal.[1]

1970 kam der Sozialwissenschaftler Klaus Linneweh in seiner Dissertation *Die Beurteilungsproblematik neurotischer Störungen im System der sozialen Sicherheit* zu dem Schluss, dass sich die Schwierigkeit des sozialen Wandels durch die Leistungsgesellschaft selbst ergebe, die durch Arbeitsteilung, Häufigkeit des Positionswechsels, Angleichung des Lebensstils, Wettbewerb, Höchstgewinnstreben und Mechanisierung der Arbeitsprozesse gekennzeichnet sei. Dies führe zu den Wohlstandsphänomenen der Überernährung, des Bewegungsmangels, unzweckmäßigen Freizeitverhaltens, physischer und psychischer Überreizung, zur Monotonie der Arbeit sowie Anpassungsschwierigkeiten der Frau und des alternden Menschen im Kampf um soziale Positionen. Da, so Linneweh, Anspruchsniveau und

1 Ludwig Mises: *Liberalismus.* Jena: Fischer 1927, S. 12–13.

Verwirklichungsmöglichkeiten, Leistungsideal und „individueller Istwert" weit auseinanderlägen, sei eine seelische Überforderung die Folge. Entsprechende Leistungskonflikte seien seit den 1950er Jahren auch als „Stressphänomene" beschrieben worden. Die gängigen Stresskonzepte wie Hans Selyes Adaptationssyndrom und Harold G. Wolffs *protective reaction pattern* dienten Linneweh dabei als wissenschaftliche Belege für seine These.[2]
Linneweh, der in den folgenden Jahrzehnten als Autor von Büchern zum Stress- und Persönlichkeitsmanagement renommieren sollte, interessierte vor allem der Übergang vom Stress zur neurotischen Störung. Stress selbst aber erschien in seiner Interpretation als Folge sowohl einer prekären Anpassung an gesellschaftliche Veränderungen als auch einer fast zwangsläufigen Enttäuschung von Erfolgs- und Glückserwartungen. Der seit den 1950er Jahren unermüdlich bemühte ‚Stress des modernen Lebens' verwies auf ein Scheitern der im liberalen Kapitalismus innigen Verbindung von Glück, Leistung und Erfolg. Ein Scheitern aber, das sich in psychophysischen Prozessen, in geistiger und körperlicher Erschöpfung manifestiert.

Leistungsstress, Erfolgsstress, Glücksstress

Mark Jackson und Patrick Kury haben in ihren Monografien zur Geschichte des Stresses eine nur in wenigen Punkten unterschiedlich akzentuierte Erzählung der Genealogie des Stresskonzepts geliefert. Diese Geschichte beginnt Ende des 19. Jahrhunderts mit der medizinischen Kategorie der *Neurasthenie*, die Ermüdung und Überreizung als spezifische Symptome industrialisierter Gesellschaften behauptet. Das Stresskonzept selbst sei dann in den 1930er Jahren in Nordamerika als ein biochemisches Regulationsmodell der Adaptation des Organismus an äußere Reize entstanden. Nach dem Zweiten Weltkrieg sei Stress auch in Westdeutschland zunehmend psychosozial und psychosomatisch verstanden worden, ehe sich der Begriff im Laufe der 1970er Jahre weltweit zu einer Alltagsvokabel für Überforderung und Überanstrengung entwickelt habe. Stressmanagement fungiere

2 Klaus Linneweh: *Die Beurteilungsproblematik neurotischer Störungen im System der sozialen Sicherheit*. Dissertation, Georg-August-Universität zu Göttingen 1970, S. 222–224.

schließlich als bedeutsame Praktik in postfordistischen und neoliberalen Gesellschaften.[3]

In beiden Monografien wird implizit ein Zusammenhang zwischen Stress und dem Erfolgs- und Leistungsstreben hergestellt. Kury verweist wiederholt auf den Konnex von Stress und optimierenden Selbsttechniken, während Jackson ein ganzes Kapitel dem Glücksstreben widmet, um die Bedeutung von Entspannungstechniken für eine von der Moderne geschockte Gesellschaft hervorzuheben. Stress, so Jackson, markiere die Grenzen des Glücks.[4] Aber müsste nicht das Leistungs-, Erfolgs- und Glücksstreben auch explizit als Bedingung des Stresses betrachtet werden? Das allgemeine Recht darauf, nach Glück zu streben, steht am Beginn und im Zentrum der liberalkapitalistischen Moderne.[5] Dass es durch Eigenaktivität möglich sei, auf Erden glücklich zu werden, wurde dabei schon im antiken griechischen Denken manifestiert. Worin dieses Glück bestehe, ob im Guten und Schönen, in Ethik, Eros oder Ekstase, wird seitdem ausdauernd diskutiert.[6] Das Ende des 18. Jahrhunderts in den Vereinigten Staaten konzipierte allgemeine Recht auf das Streben nach Glück (*pursuit of happiness*), das in der Unabhängigkeitserklärung das Eigentum vertrat, setzte den Akzent jedoch auf das Streben und nicht auf das undefiniert bleibende Glück.[7] Aus dem Recht auf Glück wurde eine Pflicht zum Glücksstreben, die eng mit dem kapitalistischen Erwerben und

3 Mark Jackson: *The Age of Stress. Science and the Search for Stability*. Oxford: Oxford UP 2013; Patrick Kury: *Der überforderte Mensch. Eine Wissensgeschichte vom Stress zum Burnout*. Frankfurt am Main: Campus 2012. Ebenso Russell Viner: Putting Stress in Life. Hans Selye and the Making of Stress Theory. In: *Social Studies of Science* 29 (1999), S. 391–410. Dieser Artikel ist auf die USA und Westdeutschland fokussiert. Für eine eher britische Perspektive siehe folgende Sammelbände: Mark Jackson (Hrsg.): *Stress in Post-War Britain, 1945–1985*. London / New York: Routledge 2016; David Cantor / Edmund Ramsden (Hrsg.): *Stress, Shock, and Adaptation in the Twentieth Century*. Rochester: University of Rochester Press 2014.

4 Jackson: *The Age of Stress*, S. 264.

5 Darrin McMahon: *Happiness. A History*. New York: Grove 2006; Dieter Thomä: *Vom Glück in der Moderne*. Frankfurt am Main: Suhrkamp 2003. Für eine höchst differenzierte Geschichte des Glücks siehe die Beiträge in Dieter Thomä / Christoph Henning / Olivia Mitscherlich-Schönherr (Hrsg.): *Glück. Ein interdisziplinäres Handbuch*. Stuttgart / Weimar: Metzler 2011.

6 McMahon: *Happiness*, S. 24–40.

7 Robert Darnton: The Pursuit of Happiness. In: *The Wilson Quarterly* 19,4 (1995), S. 42–52.

dem Erfolg der Arbeit als Indiz der Prädestination vergesellschaftet war.[8] In dieser modernen Welt ist jeder Mensch seines Glückes Schmied und jedes Individuum selbst verantwortlich für ein erfolgreiches und damit potentiell glückliches Leben.[9] Es gibt kein Glück im Nichtstun, besagt das Credo des Liberalismus, nur wer strebt, wird auch belohnt.

Um individuelles Glück zu ermöglichen, müssen die Gesellschaften aber bereits so organisiert sein, dass sie dem einzelnen Menschen die Möglichkeit zum individuellen Streben und Begehren frei von existenzieller Not gewähren.[10] Die gute staatliche Verwaltung, ein öffentliches Gesundheitswesen mit dem Anspruch, allen Menschen medizinische Versorgung zukommen zu lassen, die Technisierung der Gesellschaft und der Lebensprozesse sowie ein die Unsicherheit bändigendes Versicherungswesen sollen seit dem späten 18. Jahrhundert die Bedingungen des Glücksstrebens sichern.[11] Im Recht auf das Glücksstreben sind staatliche Fürsorge und individuelle Selbstsorge in der privatwirtschaftlichen Ordnung eng verbunden. Im liberalen Sinne soll der Staat zwar die Bedingungen zu einem glücklichen Leben bereitstellen, überträgt aber den Subjekten die Verantwortung, auf Glückssuche zu gehen, die eigene Leistungsfähigkeit zu optimieren und Erfolge zu realisieren. Die Erhöhung der Leistungsfähigkeit der gesamten Bevölkerung korrespondiert danach mit der Vermehrung der Chancen auf Erfolg und individuelles Glück.

Dass Leistung eine aus dem protestantischen Arbeitsethos geborene bürgerliche Tugend sei, ist ein Gedanke des späten 19. Jahrhunderts. Im Laufe des 20. Jahrhunderts stabilisierte sich eine „Dogmen- und Sozialgeschichte des Leistungsprinzips", welche die Genealogie der Leistungsgesellschaft an die positive Bewertung der Arbeit, die

8 Max Weber: *Die protestantische Ethik und der Geist des Kapitalismus*. Tübingen: Mohr 1934.

9 Christian Fleck: Das Glück in der Moderne. In: Franz Vranitzky (Hrsg.): *Themen der Zeit*. Wien: Passagen 1994, S. 195–212.

10 Bo Rothstein: Happiness and the Welfare State. In: *Social Research* 77,2 (2010), S. 441–468.

11 Salomon Neumann: *Die öffentliche Gesundheitspflege und das Eigenthum. Kritisches und Positives mit Bezug auf die preußische Medizinalverfassungs-Frage*. Berlin: Rieß 1847; Georg Forster: Über die Beziehung der Staatskunst auf das Glück der Menschheit. In: *Friedenspräliminarien* 5 (1794), S. 373–406.

Schriften von Adam Smith, David Ricardo und John Locke, die Durchsetzung bürgerlich-liberaler Werte sowie die Ersetzung von ererbten Privilegien durch erbrachte Leistungen band.[12] Diskursiv konzeptualisiert wurden Leistungsstreben und Leistungsethos als universelle Tugenden aber erst in der entstehenden Massengesellschaft um 1900, so Nina Verheyen.[13] Die postulierte bürgerliche Eigenschaft der Leistung funktionierte zugleich als eine Identität, in deren Namen Gleichberechtigung eingefordert werden kann. Leistung legitimiert seitdem – dies gilt etwa für die Arbeiter-, Frauen- oder Bürgerrechtsbewegung – die Aufstiegsmöglichkeiten und Emanzipationsrechte in einer liberalen Gesellschaft.

Leistung ist seit Beginn des 20. Jahrhunderts überall, in sportlichen Betätigungen, in Arbeitsverhältnissen, im Schulunterricht und in der Freizeit. Im Namen der Leistung werden Schwächen aufgehoben, Funktionen optimiert und Erfolge durch Kontrolle und Einstufungen auf der Basis messbarer Werte realisiert.[14] Der leistungsstarke Mensch war dabei um 1900 auch das Produkt sozialhygienischer und lebensreformerischer Initiativen: Er ernährte sich richtig, hielt sich rein, machte systematische Körperübungen und bewies sich im

12 Günter Hartfiel: Einleitung. In: Ders. (Hrsg.): *Das Leistungsprinzip. Merkmale – Bedingungen – Probleme*. Opladen: Leske + Budrich 1977, S. 7–48, hier S. 11, 15–16; Karl Martin Bolte: *Leistung und Leistungsprinzip. Zur Konzeption, Wirklichkeit und Möglichkeit eines gesellschaftlichen Gestaltungsprinzips*. Opladen: Leske + Budrich 1979, S. 14–16.

13 Nina Verheyen: Die soziale Konstruktion individueller Leistung. Forschungsperspektiven zwischen Geschichts- und Sozialwissenschaften. In: *Neue Politische Literatur* 59 (2014), S. 63–87; dies.: Bürgerliches Leistungsethos? Geschichtswissenschaftliche Korrekturen einer irreführenden Formel. In: *Leviathan* 29 (2014): Erfolg. Konstellationen und Paradoxien einer gesellschaftlichen Leitorientierung, S. 45–61; dies.: Unter Druck. Die Entstehung individuellen Leistungsstrebens um 1900. In: *Merkur* 66,5 (2012), S. 382–390.

14 Anne Fleig: *Körperkultur und Moderne. Robert Musils Ästhetik des Sports*. Berlin / New York: Springer 2008, S. 254; Philipp Sarasin: Die Rationalisierung des Körpers. Über „Scientific Management" und „biologische Rationalisierung". In: Ders.: *Geschichtswissenschaft und Diskursanalyse*. Frankfurt am Main: Suhrkamp 2003, S. 61–99, hier S. 82. Die folgenden Gedanken habe ich auch ausgeführt in Heiko Stoff: Das Leistungsprinzip in der Wettbewerbsgesellschaft, 1960–1980. In: Frank Becker / Ralf Schäfer (Hrsg.): *Die Spiele gehen weiter. Profile und Perspektiven der Sportgeschichte*. Frankfurt am Main: Campus 2014, S. 277–305.

Wettbewerb.[15] Der fitte und flexible Körper wurde zum demokratischen Gebot der entstehenden Leistungs- und Konsumgesellschaft: Alle Menschen haben danach das Recht auf optimale Lebensmöglichkeiten, zugleich sind sie aber auch zur Pflege eines optimal leistungsstarken Körpers verpflichtet.[16] Von jedem Mitglied der Leistungsgesellschaft konnte verlangt werden, die eigenen Potentiale zu entwickeln, zu aktivieren und zu optimieren, alle wurden zu „Kompetenzmaschinen".[17] Nicht nur wird seitdem für die liberalkapitalistischen Gesellschaften Leistungsgerechtigkeit postuliert, auch erscheinen alle Menschen als mess- und vergleichbar. Leistung realisiert sich erfolgreich durch quantifizierbare Nachweisverfahren und standardisierte Bewertungssysteme, durch Noten, Zeugnisse, Tabellenplätze oder Börsenkurse.[18]

Der zu Beginn des 20. Jahrhunderts boomende Markt an Erfolgsratgeberschriften verweist darauf, dass Erfolg (*success*) als Folge erlernbarer Leistungen verstanden wurde. Wohl gebe es eine Prädisposition zum Erfolg, eine konstitutive Leistungsfähigkeit, dieser könne und müsse aber vor allem doch durch Einsatz und Selbstdarstellung, durch Tat und Wille errungen werden.[19] Der „erfolgreiche Mensch", orientiert am Modell des amerikanischen *selfmade man*, muss dabei ein umfangreiches Arsenal an Kompetenzen von der Sexualität über Arbeitstechniken, autogenes Training und Konfliktbewältigung bis zum rechten Geschäftssinn entwickeln, um emotional, wirtschaftlich und gesellschaftlich zu reüssieren. Das Subjekt muss handeln, an sich arbeiten, sich optimieren und ökonomisieren, sich vor allem aber

15 Florentine Fritzen: *„Gesünder leben". Die Lebensreformbewegung im 20. Jahrhundert.* Stuttgart: Steiner 2006; Diethart Kerbs / Jürgen Reulecke (Hrsg.): *Handbuch der deutschen Reformbewegungen 1880–1933.* Wuppertal: Hammer 1998.

16 Jürgen Martschukat: The Pursuit of Fitness. Von Freiheit und Leistungsfähigkeit in der Geschichte der USA. In: *Geschichte und Gesellschaft* 42,3 (2016), S. 409–440; Simon Graf: Leistungsfähig, attraktiv, erfolgreich, jung und gesund: Der fitte Körper in post-fordistischen Verhältnissen. In: *Body Politics* 1 (2013), S. 139–157.

17 Michel Foucault: *Die Geburt der Biopolitik. Geschichte der Gouvernementalität II. Vorlesung am Collège de France 1978–1979.* Frankfurt am Main: Suhrkamp 2004, S. 300–330.

18 Verheyen: Die soziale Konstruktion individueller Leistung; Stoff: Das Leistungsprinzip, S. 286.

19 Siehe dazu die Beiträge in Stephanie Kleiner / Robert Suter (Hrsg.): *Guter Rat. Glück und Erfolg in der Ratgeberliteratur 1900–1940.* Berlin: Neofelis 2015.

auch gut darstellen und Taktiken der Lebensführung entwickeln. Die Subjektivierungsform des *unternehmerischen Selbst* wurde zuerst in Erfolgsratgebern ausgebildet.[20]

Die Kausalkette in liberalkapitalistischen Gesellschaften lautet also, dass Leistung zu Erfolg und Erfolg zu Glück führe. Es gebe kein Glück ohne Erfolg und keinen Erfolg ohne Leistung. Die Strukturkrise der liberalen Ideologie beruht darauf, dass diese Kausalität nicht funktioniert: Leistung führt nicht notwendigerweise zu Erfolg und Erfolg nicht notwendigerweise zu Glück.[21] Schon das als allzu ‚amerikanisch' und materialistisch erscheinende Erfolgsstreben, das gleichermaßen durch Training und Suggestion realisierbar erschien, verdarb die gelobte Ehrlichkeit und Egalität der Leistung. Leistung und Erfolg standen im 20. Jahrhundert in einem ethisch prekären Verhältnis, an deren äußersten Polen sich der moralisch diskreditierte Erfolg ohne Leistung und die tragische Leistung ohne Erfolg gegenüberstanden. Das Gleichheitsversprechen der liberalkapitalistischen Nachkriegsdemokratien, wer nur tüchtig etwas leiste, würde ungeachtet der Herkunft auch Erfolg haben, wurde seit den 1960er Jahren immer stärker angezweifelt.[22] Der Soziologe Hans Peter Dreitzel verkündete 1974, dass der freie Markt kleiner chancengleicher Warenproduzenten eine bürgerliche Illusion sei. Vom emanzipatorischen Leistungsprinzip im Industrialisierungsprozess sei einzig die Leistungsnorm geblieben.[23] Politische Schlussfolgerungen aus diesem Widerspruch lauteten, dass der Weg zur vollkommenen liberalen Wettbewerbsgesellschaft erst noch vollendet werden müsse, oder, dass es regulierender staatlicher Maßnahmen bedürfe, die auf die nicht eingelösten „ideologischen

20 Heiko Stoff: Der erfolgreiche Mensch. Ludwig Lewins transatlantisches Projekt, 1928. In: Ebd., S. 135–159; Ulrich Bröckling: *Das unternehmerische Selbst. Soziologie einer Subjektivierungsform*. Frankfurt am Main: Suhrkamp 2007.

21 Dazu kurz und bündig Verheyen: Unter Druck.

22 Rudolf Helmstetter: Wille und Wege zum „Erfolg". Zu den Anfängen der Erfolg-Propaganda in Deutschland. In: Kleiner / Suter (Hrsg.): *Guter Rat*, S. 61–92; Sighard Neckel: „Leistung" und „Erfolg". Die symbolische Ordnung der Marktgesellschaft. In: Eva Barlösius / Hans-Peter Müller / Steffen Sigmund (Hrsg.): *Gesellschaftsbilder im Umbruch. Soziologische Perspektiven in Deutschland*. Leverkusen: Leske & Budrich 2001, S. 245–265.

23 Hans Peter Dreitzel: Soziologische Reflexionen über das Elend des Leistungsprinzips. In: Carl Friedrich von Siemens Stiftung (Hrsg.): *Sinn und Unsinn des Leistungsprinzips. Ein Symposion*. München: dtv 1974, S. 31–53, hier S. 35–36.

‚Versprechungen' des Leistungsprinzips" reagierten.[24] Beide Optionen gaben wenig Zukunftsperspektive, wenn das Leistungsprinzip notwendigerweise stets Stress erzeugt, so resümierte 1979 der Soziologe Karl Martin Bolte.[25]
Stress ist seit den 1960er Jahren unmittelbar gebunden an diesen inneren Widerspruch eines Aufstiegs- und Gleichheitsversprechens qua Leistung und einer Realität der sozialen Immobilität. Herbert Achternbusch brachte dieses Dilemma in der zweiten Hälfte der 1970er Jahre in seinem zugleich als Film und Buch erschienenem Werk *Die Atlantikschwimmer* auf den imperativen Punkt: „Du hast zwar keine Chance, aber nutze sie!"[26] Weder garantiert der Staat wirklich die versprochene Chancengleichheit noch werden Leistungen notwendigerweise durch Erfolg und Glück belohnt. Leistungsstress, neuerdings auch Erfolgsstress und Glücksstress verweisen einerseits auf die Anstrengungen und Zwänge des Strebens selbst, andererseits auf die Frustrationen ausbleibender Befriedigung trotz aller Aktivität (Leistung), Performativität (Erfolg) und Emotionalität (Glück). Im zusammengesetzten Nomen entwertet Stress die gesellschaftlichen Ideale.

Der Chemismus des scheiternden Strebens

Das Streben nach Leistung, Erfolg und Glück ließe sich auf ökonomische, politische, soziale und psychologische Diskurse und Praktiken reduzieren. Es ist aber die Molekularisierung dieses Strebens, die erst den modernen Menschen ausmacht und diesen als potentiell optimierbar, aber ebenso latent stressanfällig erscheinen lässt. Schließlich wird das Scheitern des Strebens ja mit dem Stressmodell als biochemisches und medizinisches Ereignis dargestellt. Es ist oft gezeigt worden, wie der „Erfolg im Ringen um's Daseyn" evolutionsbiologisches und liberalkapitalistisches Denken verbindet, Erfolg sich also in eine

24 Christian Graf von Krockow: *Das Leistungsprinzip als Strukturelement der Industriegesellschaft*. Köln: DIV 1974, S. 52–54; Hartfiel: Einleitung, S. 21–24.

25 Bolte: *Leistung und Leistungsprinzip*, S. 44–46.

26 Herbert Achternbusch: *Die Atlantikschwimmer*. Frankfurt am Main: Suhrkamp 1978, S. 8.

ökonomisch-biologische Kategorie verwandelte.[27] Zeitgleich wurde der Begriff *Leistung* neu konzeptualisiert und zu einer Funktion und Kompetenz optimierbarer Arbeitskörper. Die neue Technologie des Industriezeitalters, so Anson Rabinbach, habe zu einem neuen Bild vom Körper geführt, „dessen ‚Ursprünge in der Arbeits-Kraft liegen' und der einer thermodynamischen Maschine nicht einfach analog, sondern im wesentlichen mit ihr identisch ist."[28] Seit den 1840er Jahren wurden Dampf- und Körpermaschinen gleichermaßen durch den thermodynamischen Diskurs konstituiert.[29] Als Kraft des Dampfes wurde abstrakte Leistung in den folgenden Jahrzehnten zu einem physikalischen Messbegriff, der auf bedeutsame Weise auch zur Erklärung von körperlichen Stoffwechselprozessen herangezogen wurde. Die Physik des Organischen wurde dabei vor allem an der Mechanik der Muskelbewegung exemplifiziert und war zugleich durch die Chemie der Krafterzeugung, des Stoffwechsels und der Energie gekennzeichnet.[30] Der Tendenz zur Erschöpfung kann seitdem durch chemisch-physikalische Eingriffe begegnet werden.[31] Mit der tayloristischen Anpassung des Körpers an das äußere Milieu industrieller Arbeitsprozesse, aber auch den Praktiken der Körperkultur, Gymnastik, Ernährungsreform und des Sports korrespondierte die Aktivierung des inneren Milieus. An verschiedenen Diskursorten entwickelt dynamisierten sich die Leistungsvorstellungen und verbanden sich auf

27 Charles Darwin: *Über die Entstehung der Arten im Thier-und Pflanzen-Reich durch natürliche Züchtung oder Erhaltung der vervollkommneten Rassen im Kampfe um's Daseyn*. Stuttgart: E. Schweizerbart'sche Verlagshandlung 1860, S. 139; Robert H. Frank: *The Darwin Economy. Liberty, Competition, and the Common Good*. Princeton: Princeton UP 2012.

28 Anson Rabinbach: Ermüdung, Energie und der menschliche Motor. In: Philipp Sarasin / Jakob Tanner (Hrsg.): *Physiologie und industrielle Gesellschaft. Studien zur Verwissenschaftlichung des Körpers im 19. und 20. Jahrhundert*. Frankfurt am Main: Suhrkamp 1998, S. 286–312, hier S. 295.

29 Maria Osietzki: Körpermaschinen und Dampfmaschinen. Vom Wandel der Physiologie und des Körpers unter dem Einfluß von Industrialisierung und Thermodynamik. In: Ebd., S. 313–346, hier S. 313.

30 Nina Mackert: Feeding Productive Bodies. Calories, Nutritional Values and Ability in Progressive Era US. In: Peter-Paul Bänziger / Mischa Suter (Hrsg.): *Histories of Productivity. Genealogical Perspectives on the Body and Modern Economy*. London: Routledge 2016, S. 117–135; Osietzki: Körpermaschinen und Dampfmaschinen, S. 319–320, 329–332, 343–346.

31 Anson Rabinbach: *The Human Motor. Energy, Fatigue, and the Origins of Modernity*. Berkeley: University of California Press 1990, S. 10, 19–25.

untrennbare Weise zu regulierenden und regulierbaren Prinzipien der produktiven menschlichen Existenz.
Eine Steigerung der Leistungsfähigkeit war aber vor allem möglich, weil seit Ende des 19. Jahrhunderts zugleich neues physiologisches Wissen und neue leistungsstarke Wirkstoffe – Enzyme, Hormone und Vitamine – produziert wurden. Während Enzyme körpereigene Regulierungsprozesse katalysieren, erwiesen sich Hormone und Vitamine deshalb als leistungsstark, weil sie in Experimentalsystemen spezifische Mangelzustände nicht nur aufhoben, sondern auch verjüngend, stärkend oder energetisierend eingesetzt werden konnten.[32] Der Organismus ist seit Beginn des 20. Jahrhunderts ein molekulares Regulationssystem von Mangel und Leistung; Wirkstoffe reüssierten dabei als „Regulatoren des Leistungsgetriebes".[33] Leistung als „regulierende[s] Prinzip und Wert aller Lebensbereiche" konstituierte die wettbewerbsökonomische Materialisierung des Körpers.[34]
Das Gleichgewicht des inneren Milieus muss ständig adaptiert, der Chemismus dauerhaft aktiviert und der Körper mobilisiert werden. Aber der Leistungskörper war immer auch durch Reize und Gifte in Gefahr.[35] Nicht von ungefähr tauchte der Begriff *Leistungsstress* erstmals in der Tierzuchtforschung auf, bei der die gleichzeitige Ökonomisierung und Hormonisierung von Körpern seit den 1930er Jahren exemplarisch durchgeführt wurde.[36]

32 Heiko Stoff: *Wirkstoffe. Eine Wissenschaftsgeschichte der Hormone, Vitamine und Enzyme, 1920–1970.* Stuttgart: Steiner 2012; Beat Bächi: *Vitamin C für alle! Pharmazeutische Produktion, Vermarktung und Gesundheitspolitik (1933–1953).* Zürich: Chronos 2009; John Hoberman: *Testosterone Dreams. Rejuvenation, Aphrodisia, Doping.* Berkeley: University of California Press 2005; Heiko Stoff: *Ewige Jugend. Konzepte der Verjüngung vom späten 19. Jahrhundert bis ins Dritte Reich.* Köln / Weimar: Böhlau 2004, S. 88–98.

33 Alfred Kühn: Hormonale Wirkungen in der Insektenentwicklung. In: *Forschungen und Fortschritte* 13 (1937), S. 49–50.

34 Heinz Kluth: Amtsgedanke und Pflichtethos in der Industriegesellschaft. In: Hartfiel (Hrsg.): *Das Leistungsprinzip*, S. 152–165, hier S. 160.

35 Lea Haller: Stress, Cortison und Homöostase. Künstliche Nebennierenrindenhormone und physiologisches Gleichgewicht, 1936–1950. In: *NTM* 18 (2010), S. 169–195.

36 Hans-Adolf Weirich: Die Prüfung der hormonalen Konstitution bei Rindern durch Belastung. In: *Zeitschrift für Tierzüchtung und Züchtungsbiologie* 74,1–4 (1960), S. 140–158. Beat Bächi: Chemopolitik und Reproduktionstechnologien.

In der ersten Hälfte des 20. Jahrhunderts wurde der moderne Körper zu einer ebenso optimierbaren wie anfälligen, gefährdeten und instabilen psychophysischen Einheit.[37] Ein plastischer und prekärer Körper muss seitdem in seinen Funktionen kontrolliert werden, verspricht aber auch unerhörte Möglichkeiten optimalen Funktionierens und absoluter Gesundheit. Höchst einflussreich hatte der Physiologe Walter B. Cannon Ende der 1920er Jahre Begriffe für physiologische Körper gefunden, die diese als selbstregulierende Systeme beschrieben. Der Beständigkeit der Regulationsprozesse als ein dynamisches Gleichgewicht gab Cannon den Namen *homeostasis*.[38] Cannons Konzept stieß in Deutschland auf bereits etablierte Regulationskonzepte, die Zellvorgänge als einen Kampf um Gleichgewichte darstellten. Max Dohrn etwa definierte alle Prozesse im tierischen Organismus als Ergebnis einer Kette von Anpassungen an die Außenwelt und eines beständigen Wechselspiels im Organismus selbst. Störungen würden mehr oder minder schwere pathologische Zustände hervorrufen.[39] Von entscheidendem Interesse war dabei im deutschsprachigen Raum weniger das Funktionieren dieser Reglermechanismen, sondern die Frage, welche Umwelteinflüsse den Organismus gefährdeten und wie diese abgewehrt werden könnten.

Antimoderne Diskurse verwiesen seit Ende des 19. Jahrhunderts auf die krankmachenden Folgen der vermeintlichen Hetze und Ruhelosigkeit in den Großstädten, die Überspanntheit ebenso wie Schlappheit hervorbrächten und sich in neurotischen Störungen manifestierten. Viele dieser Themen waren bereits mit dem Nervositätsdiskurs des 19. Jahrhunderts ausformuliert, aber im 20. Jahrhundert

Hormone, Vitamine und Tranquilizer in der Rindviehzucht (1920–1985). In: *Blätter für Technikgeschichte* 74 (2012), S. 93–113; Stoff: *Wirkstoffe*, S. 237–238, 250–253.

37 Tim Armstrong: *Modernism, Technology and the Body. A Cultural Study*. New York / Cambridge: Cambridge UP 1998.

38 Walter B. Cannon: The Body Physiologic and the Body Politic. In: *Science* 93 (1941), S. 1–10, hier S. 1–3. Cornelius Borck: Die Weisheit der Homöostase und die Freiheit des Körpers. In: *Zeithistorische Forschungen* 11,3 (2014), S. 472–477; Jakob Tanner: „Fluide Matrix" und „homöostatische Mechanismen". In: Jörg Martin / Jörg Hardy / Stephan Cartier (Hrsg.): *Welt im Fluss. Fallstudien zum Modell der Homöostase*. Stuttgart: Steiner 2008, S. 11–29, hier S. 14.

39 Max Dohrn: Über Hormone. In: *Archiv der Pharmazie und Berichte der Deutschen Pharmazeutischen Gesellschaft* 39 (1929), S. 60–76, hier S. 60–61.

wurden sie an die Prozesse eines regulierbaren Organismus gebunden.[40] Die Liste der äußeren Bedrohungen für das Regulationssystem bezog sich zunehmend auf jene urbane Lebensweise, die pejorativ als ‚Zivilisation' bezeichnet wurde. Entsprechende Forschungen untersuchten die negativen Einflüsse von Alkohol, Kaffee, Nikotin und chemischen Agentien auf den Stoffwechsel.[41] Es seien danach die moderne Lebensweise und der moderne Konsum, die urbane Überreizung sowie die Produktion und Distribution von „Zivilisationsgiften", die das innere Milieu des Körpers aus dem Gleichgewicht brächten.[42] Damit wurde ein zentrales politisches Thema des 20. Jahrhunderts zu einem biologischen Modellfall: Dauerhaft in den Körper eindringende fremde Reize und Gifte überstiegen dessen Anpassungsfähigkeit. Entweder gelinge die Abwehr oder es komme zum Zusammenbruch. Entsprechende Abwehr- und Reinigungsdiskurse diskreditierten folgenreich, so Fritz K. Ringer, die „Möglichkeit einer gesellschaftlichen und kulturellen Anpassung an die Moderne".[43]

Der in Österreich-Ungarn ausgebildete und an der McGill University in Montreal forschende Biochemiker Hans Selye erschuf im Anschluss an Cannon ein weitreichendes und einflussreiches wissenschaftliches Konzept der adaptiven Interaktion von äußerem und innerem Milieu. Selye setzte unspezifische Krankheitsursachen sowie körperliche und seelische Belastungen mit Reaktionen des Organismus in einen Zusammenhang, den er als Modell des *general adaptation syndrome* darstellte. 1936 publizierte Selye Beobachtungen aus Tierversuchen. Danach reagiere der Organismus auf von außen kommende

40 Kury: *Der überforderte Mensch*, S. 147; Joachim Radkau: *Das Zeitalter der Nervosität. Deutschland zwischen Bismarck und Hitler*. München: Hanser 1998.

41 Volker Roelcke: „Gesund ist der moderne Culturmensch keineswegs …". Natur, Kultur und die Entstehung der Kategorie „Zivilisationskrankheit" im psychiatrischen Diskurs des 19. Jahrhunderts. In: Achim Barsch / Peter M. Heijl (Hrsg.): *Menschenbilder. Zur Pluralisierung der Vorstellungen von der menschlichen Natur (1850–1914)*. Frankfurt am Main: Suhrkamp 2000, S. 215–236.

42 Heiko Stoff: *Gift in der Nahrung. Zur Genese der Verbraucherpolitik in Deutschland Mitte des 20. Jahrhunderts*. Stuttgart: Steiner 2015; Robert N. Proctor: *The Nazi War on Cancer*. Princeton: Princeton UP 1999, S. 120–172.

43 Fritz K. Ringer: *Die Gelehrten. Der Niedergang der deutschen Mandarine 1890–1933*. Stuttgart: Klett-Cotta 1983, S. 392–393; Helmut Lethen: *Verhaltenslehren der Kälte. Lebensversuche zwischen den Kriegen*. Frankfurt am Main: Suhrkamp 1994, S. 90.

Reize – Gift, Unterkühlung, Operationsfolgen – in immer der gleichen hormonal-neuronalen Weise: *alarm reaction*, *stage of resistance* und *stage of exhaustion*. Idealerweise gelinge dabei die Wiederherstellung eines funktionierenden Zustands. Ließen die Reize jedoch nicht nach und erfolge keine Anpassung, dann werde das dritte Stadium chronisch, bis der Körper kollabiere.[44] Selye verband endokrinologische Forschungen mit Cannons Konzept der Homöostasis und verwendete dazu zusehends die Begriffe *Stressor* (als Auslöser der körperlichen Reaktionsketten) und *Stress*, um das komplizierte *general adaptation syndrome* zu ersetzen. Verantwortlich für die Anpassungsleistung sei ein hormoneller Regelmechanismus zwischen Nebennierenrinde und Hypophyse unter Steuerung des ACTH.[45] Hyper- und Hypofunktionen ließen sich seit den 1940er Jahren mit der Selyeschen Theorie erklären. Danach, so etwa der Chemiker und Hygieniker Wilhelm Zimmermann, scheine jede körperliche und seelische Erregung die Nebennierenrinde und damit auch die Ausscheidung von 17-Ketosteroiden und Cortinen zu beeinflussen.[46]

Nach Selyes Regulationsmodell funktioniere der Körper mit Mechanismen der Anpassung oder der Abwehr. Der schwedische Stressforscher Lennart Levi sprach 1964 von „Schemen von Anpassungs- und Abwehrreaktionen im Organismus, ausgelöst durch Beanspruchungen, die das biologische Gleichgewicht des Organismus stören können".[47] Es war dabei von körperpolitischer Bedeutung, ob die Adaptations- oder die Abwehrreaktionen betont wurden. Der *Spiegel* jedenfalls beschrieb noch 1976 diese „Alarmreaktion im menschlichen Körper" mit der Kriegsmetapher „Ruf zu den Waffen".[48] Aber der antimoderne Abwehrdiskurs taugte wenig, um den Ansprüchen einer sich verändernden Industriegesellschaft Genüge zu

44 Hans Selye: A Syndrome Produced by Diverse Nocuous Agents. In: *Nature* 138 (1936), S. 32; Haller: Stress, Cortison und Homöostase.

45 Ebd.

46 Wilhelm Zimmermann: Die Ausscheidung der 17-Ketosteroide im Harn als Methode zur Beurteilung der Nebennierenrindenaktivität. In: *Klinische Wochenschrift* 29 (1951), S. 371.

47 Lennart Levi: *Stress: Körper, Seele und Krankheit. Eine Einführung in die psychosomatische Medizin*. Northeim: Musterschmidt 1964, S. 99.

48 Streß. Neue Krankheit des Jahrhunderts. In: *Der Spiegel*, 7/1976, S. 46–59, hier S. 49.

tun. Im letzten Drittel des 20. Jahrhunderts wurde Stressforschung zu einer sozialpsychologischen Disziplin, deren Hauptziel die Stärkung von Adaptationsreaktionen darstellte: Der Mensch sollte der Moderne wieder gewachsen sein.

Unerhörte Leistungen und Stressanpassung

Jackson verweist in seiner Monografie zur Geschichte des Stresskonzepts auf eine bedeutende Umwandlung in den 1950er Jahren. Die Stressoren wurden emotionalisiert; Sorgen und Überarbeitung ersetzten Gift und Unterkühlung. Stressforschung wurde zunehmend zu einem Thema der öffentlichen Gesundheitsvorsorge und verband den medizinischen Diskurs der Überlastung sowie das arbeitsökonomische Thema der Ermüdung mit Selbsttechniken der physischen und psychischen Regulierung.[49]

Für die Stressanpassung wurden keine hormontherapeutischen, sondern sozialpsychologische Lösungen angeboten. Damit führte auch der Weg von den Stressoren zu „stressful life situations", die als kennzeichnend für die moderne Lebensweise interpretiert wurden.[50] Dabei wurden stressige Lebenssituationen zunächst weniger im Alltag als unter den besonderen Umständen des Krieges und der Höchstleistungen gesucht. In den USA waren *men under stress* in den 1940er Jahren ein Thema der Kriegsforschung.[51] Auch in Westdeutschland wurde Stress als ein Männerleiden verstanden, über das als sogenannte Managerkrankheit, die „Krankheit der Verantwortlichen", diskutiert wurde.[52] *Manager* war in den 1950er Jahren ein effektives Modewort, das als Verknüpfung von Befehl, Organisation

49 Lea Haller / Sabine Höhler / Heiko Stoff: Stress – Konjunkturen eines Konzepts. In: *Zeithistorische Forschungen* 11,3 (2014), S. 359–381.

50 Kury: *Der überforderte Mensch*, S. 166.

51 Roy R. Grinker / John P. Spiegel: *Men under Stress*. Philadelphia: Blakiston 1945; Jackson: *The Age of Stress*, S. 123–129.

52 Otto Graf: *Die Krankheit der Verantwortlichen. Die Manager-Krankheit*. Köln: Deutsches Gesundheits-Museum 1953; Patrick Kury: Zivilisationskrankheiten an der Schwelle zur Konsumgesellschaft. Das Beispiel der Managerkrankheit in den 1950er und 1960er Jahren. In: Martin Lengwiler / Jeannette Madarász (Hrsg.): *Transformationen der Gesundheit zwischen Politik und Kultur. Praktiken der Prävention im europäischen Vergleich (20. Jahrhundert)*. Bielefeld: Transcript 2009, S. 185–207.

und Leistungsprinzip zwischen der nationalsozialistischen Vergangenheit und der amerikanisierten Gegenwart vermittelte.[53] Der Nationalsozialismus hatte „Leistungsgerechtigkeit" und die „Pflicht zur Leistung" als oberste Prinzipien des als klassenlos behaupteten völkischen Staats reklamiert.[54] Leistung war aber auch Bedingung und Idee jener neuen Republik, die sich auf Wirtschaftswachstum sowie einer Markt- und Wettbewerbsordnung gründete.[55] Schon zu Beginn der 1950er Jahre häuften sich die Klagen, dass ausgerechnet jene leistungsfähigen Männer verschleißt würden, die in den „Brennpunkten des technisierten Lebens" stünden; diese würden nicht mehr an der Front, sondern im Berufskampf geopfert.[56] Arnold Gehlen bedauerte, dass es gerade das „verantwortliche und leistungsfreudige Bürgertum" sei, das zerrieben und zerschlissen werde.[57] Eine deutsche Elite, die doch, so lautete die Selbstvergewisserung, schon seit Jahrzehnten ihre Leistungsfähigkeit bewiesen hatte, wurde nun zum Opfer ihres eigenen Erfolgs in einer auf Wettbewerb und Konsum ausgerichteten und beschleunigten Gesellschaft.

Es war aber nicht die Leistung selbst, sondern die dem Erfolgsstreben verwandte und als ein Merkmal des liberalen Kapitalismus identifizierte dauerhaft „übersteigerte Leistung" der Manager, die dabei als Problem erkannt wurde.[58] Im zivilisationskritischen Diskurs der 1950er Jahre fügte sich die Managerkrankheit in die Übel des die gesamte Gesellschaft betreffenden maßlosen Konsums, der urbanen Lebensformen, des gehetzten Tempos und der künstlichen Produkte. Der Ernährungsreformer Werner Kollath zählte sie entsprechend zu

53 Byron J. Koekkoek: The English Loanword Manager in Present-Day German. In: *The German Quarterly* 30,3 (1957), S. 162–166, hier S. 162.

54 Kury: *Der überforderte Mensch*, S. 158; Hans-Ulrich Wehler: *Deutsche Gesellschaftsgeschichte*, Bd. 4: Vom Beginn des Ersten Weltkriegs bis zur Gründung der beiden deutschen Staaten. München: Beck 2003, S. 684–690.

55 Foucault: *Die Geburt der Biopolitik*, S. 126; Knut Wolfgang Nörr: *Die Republik der Wirtschaft: Recht, Wirtschaft und Staat in der Geschichte Westdeutschlands*. 2 Bde. Tübingen: Mohr 1999.

56 Rudolf Ehrenberg: Das Problem des Alterns. In: *Naturwissenschaften* 41,13 (1954), S. 296–300; Volker Hamann: Kurznachrichten. In: *Zeitschrift für Lebensmitteluntersuchung und-Forschung A* 98,4 (1954), S. 303–305, hier S. 304.

57 Arnold Gehlen: Arbeiten – Ausruhen – Ausnützen. Wesensmerkmale des Menschen. In: Carl Friedrich von Siemens Stiftung (Hrsg.): *Sinn und Unsinn des Leistungsprinzips*, S. 7–19, hier S. 18.

58 Kury: *Der überforderte Mensch*, S. 146–148, 150.

den Zivilisationskrankheiten, die er explizit als ein zugleich medizinisches und politisches Problem kennzeichnete.[59] Um dieses Leiden an der Moderne in einem Krankheitsbegriff zu erfassen, wurden zahlreiche Symptome wie Herz- und Kreislauferkrankungen, arbeitsbelastungsbedingte Überreizung des vegetativen Nervensystems mit Angstzuständen, aber auch psychische Probleme zusammengefasst. Die Managerkrankheit und der Stress gehörten dabei zunehmend in den Bereich der entstehenden Psychosomatik.[60]
Entscheidend für die Entwicklung des Stresskonzepts war dessen diskursive Ausbreitung und eine alle sozialen Grenzen überschreitende Verbreitung seit den 1960er Jahren, als Stress in den USA bereits als „the bugaboo of modern life" galt: Alles kann Stress machen und alle können Stress haben.[61] Der Stress folgte Leistung und Erfolg, die keine Zonen der Muße, der Kontemplation, der Freiheit vom Wettbewerb mehr zuließen. Leistung, Erfolg und Stress wurden gleichermaßen demokratisiert. 1976 kulminierte in Westdeutschland das wissenschaftliche und mediale Interesse an der neuen „Volkskrankheit" zeitgleich in einer internationalen Tagung in Bonn, einer Titelstory im *Spiegel* und einer von Frederic Vester gestalteten ZDF-Serie zum *Phänomen Streß*.[62]

Die Leistungsgesellschaft und ihre Gegner (Kinder des Bürgertums in Filzpantoffeln)

Noch vor einigen Jahren habe sich das Wort *Leistung* einer uneingeschränkten Wertschätzung erfreut, klagte 1974 der Psychologe Heinz Heckhausen. Seither seien jedoch kultur- und gesellschaftskritische Einwendungen gegen die allgemeine Hochschätzung von Leistung aufgekommen und hätten rasch an Heftigkeit zugenommen.

59 Werner Kollath: *Zivilisationsbedingte Krankheiten und Todesursachen*. Ulm: Haug 1958.

60 Hans-Georg Hofer: Labor, Klinik, Gesellschaft. Stress und die westdeutsche Universitätsmedizin (1950–1980). In: *Zeithistorische Forschungen* 11,3 (2014), S. 382–405; Jackson: *The Age of Stress*, S. 88–96.

61 Alan Howard / Robert A. Scott: A Proposed Framework for the Analysis of Stress in the Human Organism. In: *Behavioral Science* 10,2 (1965), S. 141–160.

62 Hofer: Labor, Klinik, Gesellschaft, S. 384.

Man spreche von fremdbestimmten Leistungsanforderungen, von Leistungsdruck und Leistungsterror.[63]

In den 1960er Jahren setzte ein nachhaltiger Umbau der Industriegesellschaft ein, wobei, sehr zum Ärger der Apologeten des Arbeits- und Leistungsgedankens, auch die Verkürzung der Arbeitszeit und die Ausdehnung der Freizeit, die Ersetzung der Arbeit durch Konsum zunehmend diskutiert wurde.[64] Ein seit den Beatniks der 1950er Jahre immer lauter formulierter und sichtbar gelebter ‚Protest gegen die Leistungsgesellschaft' wurde zu einer subkulturelle Kreise übersteigenden Lebensperspektive. Dessen Zeichen, so der Sexualwissenschaftler Erwin J. Haeberle, seien Ablehnung des Konkurrenzkampfs, weitgehender Konsumverzicht, Nachlässigkeit in der Kleidung, Unpünktlichkeit und sexuelle Freizügigkeit. Im Grunde verrate dies auch viel gesunden Menschenverstand, schrieb Haeberle weiter, denn so würden unnötige soziale und psychologische Spannungen abgebaut und das hektisch gewordene Leben erträglicher gemacht. Die „Frontstellung gegen die Leistungsgesellschaft" sei auch eine Absage „ans etablierte Leitbild des fleißigen, ehrgeizigen, puritanischen Erfolgsmenschen".[65] Gehlen hingegen identifizierte mit gewisser Boshaftigkeit die Gegner der Leistungsgesellschaft als Kinder des Bürgertums, die sich vor der Überlastung durch Leistung in die staatlich subventionierten Beschäftigungen im Rahmen der Psychologie, Soziologie oder Politologie retteten, wo Muße und verbales Räsonnement als Arbeit gälten. Denn dort habe man die Chance „hochzukommen, ohne verschlissen zu werden".[66] Auch Linneweh erklärte sich 1970 eine Subkultur wie die der als „arbeitsscheu" gebrandmarkten „Gammler" nur

63 Heinz Heckhausen: Leistungsmotivation – Unternehmerinitiative – Wirtschaftswachstum. In: Heinz Heckhausen / Christian Graf von Krockow / Winfried Schlaffke: *Das Leistungsprinzip in der Industriegesellschaft*. Köln: DIV 1974, S. 9–40, hier S. 10.

64 Andreas Wirsching: Konsum statt Arbeit? Zum Wandel von Individualität in der modernen Massengesellschaft. In: *Vierteljahrshefte für Zeitgeschichte* 57,2 (2009), S. 171–199.

65 Erwin J. Haeberle: Zum Generationenkonflikt in den Vereinigten Staaten der sechziger Jahre. In: *Jahrbuch für Amerikastudien* 15 (1970), S. 10–24, hier S. 13; Winfried Schlaffke: Die industrielle Leistungsgesellschaft und ihr Kritiker. In: *Zeitschrift für Politik* 20,2 (1973), S. 179–194.

66 Gehlen: Arbeiten – Ausruhen – Ausnützen, S. 19.

als Ausweichen vom Stress, als verweigerte Anpassung.[67] Wenn aber der Schriftsteller Rolf Dieter Brinkmann zu Beginn der 1970er Jahre vom „Streß der westdeutschen Nachkriegszeit“ sprach, dann meinte er eben nicht die Überforderungen eines Lebens an der Leistungsfront, sondern im Gegenteil die Verdrängungen und Brutalitäten der Tätergeneration und selbsternannten Leistungselite.[68] Die Gegenkulturbewegung identifizierte just die ältere Generation eines Gehlen selbst als Stressfaktor.

Schon zu Beginn der 1960er Jahre hatte der Sozialhygieniker und Präventionsmediziner Franz Klose ob dieser Entwicklung entsetzt ausrufen müssen, dass es keinen Ersatz für Arbeit gebe: „Auch Glück ist kein Ersatz für Arbeit!“[69] *Glück statt Arbeit, Leistung und Erfolg* lautete aber exakt jene gegenkulturelle Alternative, die das Streben durch Unmittelbarkeit ersetzte und sich sowohl von der Kontinuität des Leistungsimperativs als auch vom ‚falschen Glück‘ der Nachkriegsjahre distanzierte. In der 1951 erstmals publizierten *Minima Moralia*, dieser Meditation über das amerikanische Glücksstreben, befand Theodor W. Adorno, dass es in der rationalisierten Gesellschaft kein unreglementiertes Glück mehr gebe. Ein Glück, das sich der „Spekulation auf Glück“ verdanke, das „verordnete Glück“, sei das Gegenteil von Glück. Tatsächlich lieferte Adorno sogar einen Aphorismus zum Glück, der dieses von jeglichem Besitz- und Erfolgsdenken befreite: „Mit dem Glück ist es nicht anders als mit der Wahrheit: Man hat es nicht, sondern ist darin.“ Auf dem Wasser liegen und friedlich in den Himmel schauen „könnte an Stelle von Prozeß, Tun, Erfüllen treten“.[70] Das kontemplative Glück des Moments stand wiederum in gewisser Spannung zu jenem neuen, kulturindustriell mitproduzierten Glück der Mobilisierung und Entgrenzung von jugendlichen Körpern in euphorisierenden Momenten, in Sounds, in der Bewegung, in der

67 Linneweh: *Die Beurteilungsproblematik*, S. 223.

68 Rolf Dieter Brinkmann: *Briefe an Hartmut*. Reinbek: Rowohlt 1999, S. 112.

69 Franz Klose: Gesundheit und Staat. In: Ders.: *Gesundheit und Vorsorge. Drei Vorträge von Professor Dr. Med. Franz Klose*. Marburg: Deutsches Grünes Kreuz, S. 8–19, hier S. 13; Heiko Stoff: Franz Klose, Kiel: „Auch Glück ist kein Ersatz für Arbeit!“ Das Projekt der Gesundheitsvorsorge als Pflicht zur Selbstoptimierung, 1930–1970. In: Christine Wolters / Christian Becker (Hrsg.): *Rehabilitation und Prävention in Sport- und Medizingeschichte*. Berlin: Lit 2014, S. 169–188.

70 Theodor W. Adorno: *Minima Moralia. Reflexionen aus dem beschädigten Leben*. Frankfurt am Main: Suhrkamp 1951, S. 11, 31, 62, 92.

Beschleunigung. Bestimmte psychotrope Moleküle wie die synthetischen LSD und MDMA wurden zum Synonym für Glückszustände, Glück mithin zu einer chemischen Reaktion, die gleichermaßen Versenkung und Euphorie produzierte.[71] Der Ausstieg aus der Leistungsgesellschaft benötigte aktive Utopien und eine andere Körperchemie, um glücklich stressfreies Leben erst entstehen zu lassen. Das Glück basierte danach sicherlich auf dem revolutionären Traum einer freien Gesellschaft, aber vor allem auch auf der Befreiung des inneren vom äußeren Milieu.

Der Ausstieg aus der Leistungsgesellschaft verband sich in den 1980er Jahren mit den Techniken des Stressmanagements. Selye selbst hatte dazu eine Unterscheidung zwischen gutem Stress (*eustress*) und schlechtem Stress (*distress*) eingeführt. *Eustress*, den Glücksmomenten der Gegenkultur durchaus ähnlich, gehörte von da an zum Lustgewinn der Leistungsgesellschaft, meinte die Freude an der Herausforderung und am Wettbewerb, belohnte den Menschen mit Erfolgserlebnissen und Glückszuständen. *Distress* hingegen bezeichnete das Scheitern des Strebens, misslungene Anpassung (etwa durch Alkohol und Nikotin) und den Zusammenbruch des Leistungskörpers. Das Konzept des *eustress* funktionierte als Versöhnung von Lust- und Leistungsprinzip in der Selbstverwirklichung. Der Politologe Christian Graf von Krockow merkte entsprechend an, dass Arbeit ihren Charakter ändern und von der Last zur Lust, zur selbstbestimmten Arbeit werden müsse. Die Rebellen gegen die Leistungsgesellschaft seien deshalb nicht die Vorhut der Unterdrückten oder Notleidenden, sondern privilegierte Vorreiter einer nachindustriellen Gesellschaft.[72]

Das sozialdemokratische Konzept der Lebensqualität versprach in diesem Sinne eine marktwirtschaftliche Wettbewerbsgesellschaft ohne Stress. Die *Frankfurter Allgemeine Zeitung* sorgte sich, dass damit eine „egalitäre Filzpantoffelgesellschaft“ errichtet werde, um aber beruhigt festzustellen, dass das Leistungsprinzip selbst keineswegs abgeschafft

71 Jay Stevens: *Storming Heaven. LSD and the American Dream*. New York: Grove 1987, S. 17–18.

72 Krockow: *Das Leistungsprinzip als Strukturelement der Industriegesellschaft*, S. 55–57.

werden solle.[73] Der Umbau der Leistungsgesellschaft hatte nicht die Entwertung von Leistung und Erfolg zum Ziel, sondern soziale Entstressung und individuelles Stressmanagement.

Anpassung und Glück in postindustriellen Gesellschaften

Der Transfer des biologisch-physiologischen Stresskonzepts in die Psychologie, schreibt Lea Haller, machte aus der passiven, hormongesteuerten Adaptationsleistung des Organismus einen Imperativ zur Selbstkontrolle.[74] Während die Biochemie des Stresses immer seltener erforscht wurde, vereinte ‚Stress' seit den 1960er Jahren eine Psychologie des Leidens an der modernen Lebensweise. Lösungsmöglichkeiten wurden dabei auf die Abschaffung des Stresses oder die Anpassung an Stresssituationen im Alltag und bei der Arbeit zugespitzt, wie dies etwa Richard Lazarus einflussreich pointierte. Die Kritik am Leistungsdruck stellte zugleich die Basis des liberalen Kapitalismus in Frage; die individuelle Anpassung an das Leistungs- und Erfolgsstreben vertraute hingegen darauf, Befriedigung und Glück durch Arbeit an sich selbst zu finden. Seitdem vergeht kaum ein Tag, an dem nicht ein Artikel oder ein Buch zum Stressmanagement erscheint.[75] Die kausale Verbindung von Leistung und Erfolg war deshalb problematisch, weil Stress die Stelle des Glücks einnahm. Stress und Glück wurden damit gleichermaßen zu einem therapeutischen Problem, das nach Arbeit an den individuellen Mängeln und falschen Wünschen sowie erfolgshemmenden Idiosynkrasien verlangte. Stress sollte wieder durch Glück ersetzt werden.[76] Mit dem Stress klarzukommen – *coping with stress* – lautet seit den 1970er Jahren das Angebot aktualisierter Glücksliteratur. Stress stand damit zugleich im Mittelpunkt einer Debatte über den Konnex von Krankheit und krankmachender

73 Günter Schmölders: Leistungsprinzip und „Qualität des Lebens". In: Carl Friedrich von Siemens Stiftung (Hrsg.): *Sinn und Unsinn des Leistungsprinzips*, S. 20–30, hier S. 29; Jackson: *The Age of Stress*, S. 198–210; Patrick Kury: Vom physiologischen Stress zum Prinzip „Lebensqualität": Lennart Levi und der Wandel des Stresskonzepts um 1970. In: *Body Politics* 1 (2013), S. 119–137.

74 Haller: Stress, Cortison und Homöostase, S. 189.

75 Kury: *Der überforderte Mensch*, S. 288–290.

76 Sabine Maasen / Jens Elberfeld / Pascal Eitler / Mark Tändler (Hrsg.): *Das beratene Selbst. Zur Genealogie der Therapeutisierung in den „langen" Siebzigern*. Bielefeld: Transcript 2011, S. 139–158.

Gesellschaft. Die von Aaron Antonovsky eingeführte Salutogenese, die psychosomatische und psychosoziale Fokussierung auf eine gesunde Lebensführung in einer gesundheitsfördernden Umwelt, befasste sich explizit auch mit der Frage des Stressmanagements.[77] ‚Der Weg zum inneren Gleichgewicht' sollte durch die Anpassung an Widrigkeiten und deren gleichzeitige Entstressung erreicht werden. Glück sollte, dank gelungenen Stressmanagements und gesteigerter Fitness, auch ohne Ausstieg aus dem liberalen Kapitalismus möglich sein. Seit den 1970er Jahren koexistieren Psychotherapien, Fitnessprogramme und die Praxis der Wellness als Glücks- und Erfolgstechniken in postmodernen und nachindustriellen Gesellschaften.[78] Zwischen Stress und Wellness konstituierte sich der flexible Erfolgsmensch der Jahrtausendwende, ein selbstregulierter Wettbewerber im andauernden Kampf um Ressourcen und Chancen.[79] Stressbewältigung durch Yoga, Meditation oder die Produkte des Präventionsmarkts stellt dabei selbst eine Glückstechnik dar. *Stress* wurde erst in den 1980er Jahren weltweit zu jenem Kennwort des überforderten Menschen, wie es heute im Zusammenspiel mit Burnout und Depression gebräuchlich ist. Dies entspricht jener Diagnose, die zeitgenössisch auch schon Donna Haraway in ihrem *Cyborg Manifesto* markierte. Danach seien die 1970er und 1980er Jahre durch den Übergang von einer „organischen Industriegesellschaft" in ein „polymorphes Informationssystem" gekennzeichnet. Dies zeige sich etwa im Unterschied zwischen Thomas Manns *Zauberberg* und Alvin Tofflers *Future Shock*, zwischen Hygiene und Stressmanagement.[80] Es endete danach ein Arbeits- und Leistungsregime, das durch hierarchische und dauerhafte Arbeitsverhältnisse sowie die Herstellung

77 Aaron Antonovsky: *Health, Stress, and Coping. New Perspectives on Mental and Physical Well-Being.* San Francisco: Jossey-Bass 1979; Richard S. Lazarus / Susan Folkman: *Stress, Appraisal, and Coping.* New York: Springer 1984; Jackson: *The Age of Stress*, S. 181–223.

78 Elisabeth Mixa: *Body & Soul. Wellness: Von heilsamer Lustbarkeit und Postsexualität.* Bielefeld: Transcript 2010; Jackson: *The Age of Stress*, S. 10–11.

79 Haller / Stoff / Höhler: Stress, S. 370; Stefanie Duttweiler: Body-Consciousness – Fitness – Wellness – Körpertechnologien als Technologien des Selbst. In: *Widersprüche* 87 (2003), S. 31–43.

80 Donna Haraway: Ein Manifest für Cyborgs. Feminismus im Streit mit den Technowissenschaften. In: Dies.: *Die Neuerfindung der Natur. Primaten, Cyborgs und Frauen.* Frankfurt am Main: Campus 1995, S. 33–72, hier S. 48–49.

von Waren gekennzeichnet war, um durch eine Technologie der flexiblen Informationsverarbeitung und kurzfristiger Arbeitsverhältnisse ersetzt zu werden.[81] Die Gesellschaften dieses *Neoliberalismus* getauften Systems sind weniger durch Konfrontationen und Kämpfe gekennzeichnet, sondern durch stetige individuelle Anpassungen der Wünsche nach Erfolg und Glück an das jeweils realistischerweise Realisierbare. Stress wäre danach nicht nur Syndrom einer sozialen Umbruchsphase, sondern als Stressmanagement konstitutiv für eine grundsätzlich sowohl instabile als auch dynamische Gesellschaft, bestehend aus flexiblen, anpassungsfähigen und stets wachsamen Individuen.[82] Dass damit auch ein neuer nicht nur optimierter, sondern auch resilienter Mensch entworfen werden soll, manifestiert sich im Zusammenwirken eines therapeutisch optimierenden Zugriffs auf die Psyche mit einer biotechnologischen Neugestaltung der Physis des Menschen, wie sie heute im *human enhancement* oder gar im Transhumanismus skizziert wird. Zu Beginn des 21. Jahrhunderts beruht das Glück der Menschen auf konzertierten Bio- und Psychotechniken. In einer durchaus kritisch intendierten, *Beyond Therapy. The Pursuit of Happiness* betitelten und vom President's Council on Bioethics unter George W. Bush 2003 herausgegebenen Denkschrift ist dies in vier Punkten anschaulich zusammengefasst: „better children", „superior performance", „ageless bodies" und „happy souls".[83]
Darrin M. McMahon hebt in seiner Geschichte des Glücks einleitend eine beunruhigende Perspektive für nachaufklärerische Gesellschaften hervor: „Might not the search for happiness entail its own undoing? Does not our modern commandment to be happy produce its own forms of discontent?".[84] Sein Glück zu machen, so drückt dies Stefanie Duttweiler aus, funktioniere als „neoliberale Regierungstechnologie".[85] Mattan Schachak und Eva Illouz schreiben in ihrem Essay „The Pursuit of Happiness", dass sich das Glücksstreben in die

81 Richard Sennett: *Der flexible Mensch. Die Kultur des neuen Kapitalismus.* Berlin: Berlin-Verlag 1998.

82 Haller / Stoff / Höhler: Stress, S. 363.

83 The President's Council on Bioethics: *Beyond Therapy. The Pursuit of Happiness.* Washington, D. C.: Selbstverlag 2003.

84 McMahon: *Happiness*, S. 15.

85 Stefanie Duttweiler: *Sein Glück machen. Arbeit am Glück als neoliberale Regierungstechnologie.* Konstanz: UVK 2007.

individuelle Suche nach Selbstverwirklichung verwandelt habe. Das aufklärerische Glücksstreben habe im späten 20. Jahrhundert eine liberal-konsumistische Verfassung erhalten, die sich vor allem im interdisziplinären Vokabular aus Psychologie, Ökonomie und Management realisiere. Der moderne psychoanalytische Ansatz, der Glück immer in Verbindung zum Leiden sah, sei dabei in Konzepte des individuellen Erfolgsmanagements einer „science of happiness" übersetzt worden.[86] Es lässt sich aber noch weitergehend zeigen, dass das Glücksstreben mit einer Neuverfassung eines Körpers korrespondiert, der bis in die Zellstruktur selbst leistungsfähig und erfolgsorientiert ist. Der Subjektivierung des ökonomischen Denkens entspricht eine Ökonomisierung des Molekularen. Die Stresshormone scheinen sich in einem stetigen, aber doch produktiven Kampf mit den Glückshormonen zu befinden. Die Körper selbst und nicht nur die Psyche, wie Linneweh annahm, sind der Logik der ‚Leistungskonflikte' unterworfen. Das notwendige Scheitern des Glücksstrebens im liberalen Kapitalismus nennt man Stress, das neue Glück des leistungs- und erfolgsorientierten Menschen heißt deshalb Stressmanagement und Resilienz.

86 Mattan Shachak / Eva Illouz: The Pursuit of Happiness. Coaching and the Commodification of Well-being. In: *Querformat* 3 (2010): Weichspüler: Wellness in Kunst und Konsum, S. 18–28, hier S. 28.

Horst Gruner

Erschöpfte Menschen

Zur populären Darstellung von Burnout-Fällen (1980–2000)

I.

Burnout wird gemeinhin als eine sogenannte Zeitkrankheit definiert.[1] Als solche verknüpft er individuelle Leidenserfahrungen mit einem soziopathologischen Befund. Dieser besagt im Kern, dass die Anforderungen der Leistungsgesellschaft eine permanente Überlastung der psychischen und physischen Ressourcen bewirken, die in Folge zu anhaltender Frustration, Zynismus oder chronischer Erschöpfung führt. In der so entwickelten Ätiologie, in der die Gesellschaft zum Grund der pathologischen Überforderung erklärt wird, ist dem Burnout-Leiden von vornherein ein epidemisches Ausmaß beschieden.[2] Dass der Grad ihres vermehrten Vorkommens auch den diagnostischen Blick auf die soziale Wirklichkeit bestimmt, zeigt etwa die Eingangspassage aus Christina Maslachs und Michael P. Leiters *Die Wahrheit über Burnout*, die eine Art Bestandsaufnahme der in der Krise befindlichen Leistungsgesellschaft vornimmt. So wie deren Lage dort geschildert wird, entsteht der Eindruck, dass sich die

1 Martin Grabe: *Zeitkrankheit Burnout: Warum Menschen ausbrennen und was man dagegen tun kann*. Marburg: Francke 2005.

2 Ulrich Bröckling wendet die zeitdiagnostische Begründung der Burnout-Epidemie in ein Diskursereignis und entdeckt darin die Wirkungen eines selbstreferentiellen Sprechens, welches das Massenphänomen des Ausbrennens immer schon als Zeitkrankheit thematisiert (siehe Ulrich Bröckling: Der Mensch als Akku, die Welt als Hamsterrad. Konturen einer Zeitkrankheit. In: Sighard Neckel / Greta Wagner (Hrsg.): *Leistung und Erschöpfung. Burnout in der Wettbewerbsgesellschaft*. Berlin: Suhrkamp 2013, S. 179–200, hier S. 179).

Symptome des Ausbrennens bereits im allgemeinen Erscheinungsbild der Menschen niedergeschlagen haben. Gemäß der großen Verbreitung von Burnout durch die weitreichenden pathogenen Strukturen der Arbeitswelt tragen die Menschen bei Maslach und Leiter deshalb die sichtbaren Zeichen der emotionalen, physischen und geistigen Erschöpfung an sich, sind ohne Energie und Enthusiasmus; sie scheinen sich in ihrem zunehmenden Zynismus voneinander zu entfernen.[3] Angesichts einer solchen allseitigen Leistungsverdrossenheit kommen Maslach und Leiter nicht umhin, einen alarmistischen Ton anzuschlagen:

> Heutzutage nimmt Burnout unter den Arbeitskräften [...] fast seuchenartige Ausmaße an. Dies liegt nicht so sehr daran, dass mit uns etwas nicht mehr stimmt, sondern eher daran, dass es fundamentale Veränderungen am Arbeitsplatz und an der Art unserer Berufe gegeben hat. Der heutige Arbeitsplatz ist meist ein kaltes, abweisendes, forderndes Umfeld, sowohl in wirtschaftlicher als auch in psychologischer Hinsicht. Die Menschen sind emotionell, physisch und geistig erschöpft. Die täglichen Anforderungen des Berufes [...] schwächen ihre Energie und Enthusiasmus. Die Freude am Erfolg und das Hochgefühl über die Erreichung eines Zieles sind immer schwerer zu wecken. Begeisterung und Einsatzbereitschaft in der Arbeit schwinden. Die Menschen werden zynisch, bleiben auf Distanz, versuchen sich nicht zu sehr einzulassen.[4]

Gilt nach Maslach und Leiter die Erschöpfung der Energie, Motivation und Empathie als charakteristisches Merkmal des Ausbrennens, würde sich in dem von ihnen beobachteten Menschenbild eine Erfahrung mitteilen, die den betroffenen Individuen gemeinsam ist. Das heißt, es müsste sich in den einzelnen Fällen die Erfahrung vom Verlust des einstigen Leistungsvermögens wiederfinden lassen. Tatsächlich weisen Burnout-Fälle ein solches pathologisches Muster auf. Sie setzen in der soziogenetisch begründeten Häufigkeit ihres Vorkommens entsprechend oft mit der gleichen Krisenkonstellation

3 Vgl. Christina Maslach / Michael P. Leiter: *Die Wahrheit über Burnout. Stress am Arbeitsplatz und was Sie dagegen tun können.* Wien / New York: Springer 2001, S. 1.
4 Ebd.

ein, in der eine anfänglich positive Einstellung der Betroffenen zu ihrer Arbeit und Umwelt wie den darin involvierten Menschen in ihr Gegenteil kippt.[5] Maslach und Leiter geben hierfür selbst ein Beispiel. So berichten sie von einem Psychologen namens Stan, „der seine Karriere als einsatzfreudiger, offener, umsichtiger Mensch, der anderen helfen wollte, begonnen hatte, [...] aber im Laufe der Zeit [...] zynisch und frustriert geworden"[6] war. Der Fall, hier auch ganz metaphorisch im Sinne des Fallens zu verstehen, formt sich demnach in der narrativen Verklammerung eines von einem positiv markierten Normalzustand abweichenden pathologischen Erschöpfungszustands aus.

Im Folgenden soll deshalb zunächst von einem narratologischen Standpunkt aus nach den ästhetischen Konstruktionsparametern von Burnout-Fällen gefragt werden. Dabei gilt es, die Erzählstrategien in den Blick zu nehmen, die einerseits das Fall-Narrativ dramaturgisch organisieren, um Burnout als biographisch bedeutsame Krisenerfahrung zu problematisieren, und die andererseits in Form der narrativen Sinnbildung individuelle Leidensgeschichten erklärend rekonstruieren. Burnout-Fälle, so die zentrale These, beruhen im Kern auf einem pathologischen Mechanismus, der dafür sorgt, dass die Vorzeichen der exzessiven Selbstverausgabung verdrängt und erst durch die Intervention einer professionellen Deutungsinstanz erkannt werden. Entsprechend wird man in den Fällen, welche aus Sicht der Ärzte oder anderer zuständiger Experten geschildert werden, sehr häufig eine Überlagerung von unterschiedlichen Versionen des Krankheitsgeschehens finden, die den Zeitpunkt der Entstehung, aber auch die Gründe und den Verlauf des Burnouts anders beurteilen und darstellen. Als Paradigma dieser doppelbödigen Erzählstruktur

5 Die Gleichförmigkeit, mit der die Entwicklung von Burnout sowohl in individuellen als auch in sozialen Erfahrungskontexten geschildert wird, ist im Grunde das, was Albrecht Koschorke in seiner *Allgemeinen Erzähltheorie* unter dem Prinzip der narrativen Schemabildung versteht. Demnach wäre die typische Verlaufsform von Burnout so etwas wie ein Narrativ, ein gemeinsames Erzählmuster, an dem sich ebenso die innere Organisation der einzelnen Fälle, ihre biographisch spezifische Dramaturgie, wie die viel allgemeiner gehaltenen soziopathologischen Darstellungen der Leistungsgesellschaft orientieren würden. (Siehe Albrecht Koschorke: *Wahrheit und Erfindung. Grundzüge einer Allgemeinen Erzähltheorie*. Frankfurt am Main: Fischer 2012, S. 29–38.)

6 Maslach / Leiter: *Die Wahrheit über Burnout*, S. 12.

soll Herbert Freudenbergers autobiographischer Burnout-Fall vorgestellt und eingehend diskutiert werden. Von hier aus lässt sich schließlich auch nachzeichnen, wie das Fall-Narrativ vom verdrängten Selbstverausgabungsexzess durch die Ratgeberliteratur adaptiert und zu einem populären Erzählmuster der modernen Leistungsgesellschaft aufsteigt.

Was die fast ausschließliche Wahl populärer Publikationen für die hier verfolgten Untersuchungsziele betrifft, so lässt sich diese mit der Feststellung von Andreas Hillert und Michael Marwitz, den Autoren von *Die Burnout-Epidemie*, wonach bis heute das anekdotische Prinzip das breite Wissen um Burnout bestimmt, rechtfertigen.[7] Denn im Grunde genommen stellen Hillert und Marwitz nichts anderes fest, als dass sich das populäre Wissen über Burnout in Geschichten, in denen von Menschen erzählt wird, die sich durch ihr zügelloses berufliches Engagement an den Rand totaler Erschöpfung bringen, und damit in Fällen im oben erwähnten Sinn einer narrativ rekonstruierenden Darstellung biographisch bedeutsamer Krisenerfahrungen herausbildet. Werden Fälle aufgrund dieser ästhetisch generierten Anschaulichkeit, die ein relativ voraussetzungsloses Verstehen der besonderen exogenen und endogenen Entstehungsgründe von Burnout in Form von individuellen Erschöpfungspathologien ermöglicht, als genuine Medien der populären Wissensvermittlung aufgefasst, liegt die Annahme nahe, dass gerade halbwissenschaftliche Studien oder laienmedizinische Ratgeber an der Produktion und Verbreitung eines anekdotischen Wissens über Burnout beteiligt sind. Vor diesem Hintergrund sind die nachfolgenden Ausführungen zur Ästhetik von Burnout-Fällen auch als Versuch zu verstehen, die spezifische epistemologische Funktion fallbasierter Darstellungsverfahren bei der Herausbildung und Plausibilisierung von Burnout als neu aufkommendem soziopathologischem Phänomen an der historischen Wegmarke des ausgehenden 20. Jahrhunderts offenzulegen.

7 Andreas Hillert / Michael Marwitz: *Die Burnout-Epidemie, oder brennt die Leistungsgesellschaft aus?* München: Fink 2006, S. 77–82.

II.

Die immer wieder gleich erzählten Anfänge offenbaren, will man die eingangs gemachten Beobachtungen sogleich auf eine These hin zuspitzen, den Konstruktionscharakter von Burnout-Fällen. Dies zeigt sich etwa im Fall des Modemachers Charly, der sich unter dem Titel „Ein Fall von verlorenem Lebensmut" in Ayala M. Pines *Ausgebrannt*, einer frühen populären Studie über Burnout aus den 1980er Jahren findet und der mit dem Satz beginnt: „Charly, früher ein energischer, kreativer Mann, war von anhaltendem Überdruß befallen"[8]. Indem hier der Gang der pathologischen Veränderung bereits im Ganzen überblickt wird, setzt die Erzählung eine zweifache rekursive Bezugnahme, welche den Fall von Beginn an in einen zeitlich komplexen Handlungsrahmen einfasst. In den darauffolgenden Passagen wird entsprechend das Geschehen beschrieben, das sich von der Zeit vor bis zu der Zeit erstreckt, in der Charly der Arbeit als Modemacher überdrüssig wird. Allerdings ist die Geschichte damit noch nicht an ihrem neuralgischen Punkt angelangt. Erst als Charly nach all den Strapazen im Geschäft, wo er gleichzeitig eine Kollektion entwerfen und die Unternehmensführung übernehmen muss, zusammenbricht, „im Zustand totaler Erschöpfung ins Krankenhaus" kommt und „fünf Tage auf der Intensivstation"[9] verbringt, ist dieser Punkt erreicht. Charlys Zusammenbruch ist das Ereignis, auf das die Erzählung von Anfang an zusteuert und von dem aus die doppelte Rückblende der Eingangssequenz ihren Sinn erhält. Denn die in ihr beschriebenen früheren Lebensphasen werden ja nur vor dem Hintergrund der später erfolgenden Krise bedeutsam. Ohne die lebensbedrohliche Lage, in die der Zusammenbruch Charly stürzt, wären sie möglicherweise nur vorübergehende Episoden einer ‚normal' verlaufenden Biographie. Die Krise fügt sich somit als Zäsur in Charlys Leben ein, die bestimmten Geschehnissen vor und nach ihr eine Bedeutung gibt. Die Erzählform des Falls setzt diese in ihrer unterschiedlichen zeitlichen Lokalisierung innerhalb der Lebensgeschichte Charlys vom Zeitpunkt der Krise aus in Beziehung. In der so eröffneten Sequenz zwischen Anfang

8 Ayala M. Pines / Elliot Aronson / Ditsa Kafry: *Ausgebrannt. Vom Überdruß zur Selbstentfaltung*. Stuttgart: Klett-Cotta 1992, S. 35.

9 Ebd., S. 36.

und tragischem Mittelpunkt, in der Charlys allmähliche Entwicklung vom enthusiastischen Modestudent zum überdrüssigen Modeunternehmer vorgeführt wird, konstituiert sich der Fall zugleich als Problem- und Erkenntnisgegenstand. Als Problemgegenstand, weil Charlys Zusammenbruch von dem anfangs postulierten Normalzustand aus gesehen eine pathologische Veränderung impliziert. Als Erkenntnisgegenstand, weil die narrative Rekonstruktion dieser Veränderung den ganzen problematischen Komplex aus Arbeit und Familie abbildet, aus dem sich die Misere langsam, aber unaufhaltsam zusammenspinnt, und damit zugleich eine mögliche Erklärung für die Entstehung des Burnout-Leidens liefert.[10]

Im Horizont von Pines Untersuchung wird die binäre Funktion des Falls als Problem- und Erkenntnisgegenstand, obgleich sie für sie eine wichtige Rolle spielt, allerdings nur marginal bedacht. Zu der kleinen Serie aus insgesamt sechs Fällen, zu der Charly den Auftakt gibt, heißt es deshalb etwas lapidar: „In allen Fällen handelte es sich um normale, gut angepaßte Menschen, deren typische Symptomkomplexe die Folge chronischer negativer Bedingungen und des ständigen Mangels

10 In seinen Ausführungen *Zu einer Poetologie der literarischen Fallgeschichte* macht Marcus Krause die rekonstruierende Darstellung eines krisenhaften Ereignisses innerhalb einer individuellen Lebensgeschichte zur Grundlage für eine über die Grenzen der Medizin, Psychologie und Literatur hinausreichende textsortenspezifische Definition der Fallgeschichte. Aus der narrativ prozessierten Deutung des Ereignisses leitet Krause das heuristische Potential der Fallgeschichte ab, auf Gesetze, Normen, Regeln oder paradigmatisch auf ähnlich gelagerte Fälle übertragen zu werden. Hier scheint, wenn auch unter anderen begrifflichen und konzeptuellen Maßgaben, die funktionelle Doppelstellung des Falls als Problem- und Erkenntnisgegenstand auf. Krause schreibt: „Eine Fallgeschichte ist eine narrative Darstellung eines Ereignisses im Rahmen einer individuellen Lebensgeschichte, welche in diese Lebensgeschichte in Gestalt einer Krise oder eines Konflikts eine signifikante Zäsur setzt. Ziel einer solchen Darstellung ist erstens, einen interpretativen Zusammenhang zwischen Ereignis und Lebensgeschichte herzustellen, in dem einerseits das Ereignis aus biographischen Umständen zumindest teilweise hergeleitet bzw. erklärt werden kann und andererseits das Ereignis generalisierende Aussagen über die Lebensgeschichte erlaubt. Zweites Ziel der Darstellung ist die Herstellung eines Bezugs dieses Ereignis/Lebensgeschichte-Komplexes zu über diesen hinausgehenden Strukturen, Gesetzen, Normen, etc. bzw. das Arrangement dieses Komplexes zu einer paradigmatischen Situation, die auf andere Fälle potentiell übertragbar ist.“ (Marcus Krause: Zu einer Poetologie der literarischen Fallgeschichte. In: Susanne Düwell / Nicolas Pethes (Hrsg.): *Fall – Fallgeschichte – Fallstudie. Theorie und Geschichte einer Wissensform.* Frankfurt / New York: Campus 2014, S. 242–273, hier S. 262–263.)

an positiven Bedingungen in ihrer Umgebung war"[11]. Trotz der nur spärlichen forschungstheoretischen Einlassungen lassen sich aus Pines Zitat die Problem- und Erkenntnisorientierung der Fälle als maßgebliche Kriterien für ihre seriale Ausstellung begreifen. Alle sechs Fälle werden also zunächst in die Serie aufgenommen, weil sie im System der Psychologie, aus dem heraus Pines ihre Differenz zum Bereich des ‚Normalen' bewertet, eine auffällige Abweichung darstellen.[12] Schon André Jolles hat in seinem Kompendium der einfachen Formen den Kasus als problematische Einheit eines in einer nach Normen bewertbaren Welt quantitativ zu bemessenden Normenkonflikts bestimmt.[13] Als solche versammelt die Form des Kasus die widersprechenden Teile divergierender Wertmaßstäbe in einem Ganzen und führt so vor eine Entscheidung, ohne diese selbst zu entscheiden. Oder, um es mit Jolles Worten zu sagen: „Das Eigentümliche der Form Kasus liegt nun [...] darin, daß sie zwar die Frage stellt, aber die Antwort nicht geben kann"[14]. Ihr eigentlicher Sinn ist demgemäß eine Geistesbeschäftigung des Abwägens, ein Messen von Norm gegen Norm, um den Widerspruch der divergierenden Wertmaßstäbe beizulegen.[15] Auch Pines stellt die sechs Fälle als problematische Einheit vor, wenn sie auf den Wertmaßstab der ‚Normalität' rekurriert, um daran ihre Abweichung zu bemessen. Allerdings beurteilt sie diese nicht wie Jolles, welcher besagten Wertkonflikt an einem vom Gesetz nicht gedeckten Fall von Hehlerei diskutiert, im System des Rechts,

11 Pines / Aronson / Kafry: *Ausgebrannt*, S. 35.

12 Die Auswahl der Fälle und ihre Anordnung zu einer Reihe durch Pines verdeutlicht aber auch, dass nicht nur das Faktum der Normabweichung den Fall konstituiert. Nicolas Pethes weist deshalb in einem allgemeineren Sinn auf die mediale Formung von Fällen durch deren Einbettung in die Prozeduren der Wissenschaftskommunikation hin. Demnach werden die Fälle von Pines zu solchen, weil sie aus dem Kontext der therapeutischen Praxis in den Kontext der populärwissenschaftlichen Publikation versetzt werden, wo sie einem breiteren Fach- und Laienpublikum präsentiert und zur Diskussion gestellt werden. (Siehe hierzu Nicolas Pethes: Totengespräche. Zur Konstitution von Fällen zwischen Individuum und Gattung, Ereignis und Medium, Spektakel und Norm. In: Inka Mülder-Bach / Michael Ott (Hrsg.): *Was der Fall ist. Casus und lapsus*. Paderborn: Fink 2014, S. 57–71, hier S. 62.)

13 Vgl. André Jolles: *Einfache Formen. Legende, Sage, Mythe, Rätsel, Spruch, Kasus, Memorabile, Märchen, Witz*. Tübingen: Niemeyer 1982, S. 175–180, hier S. 179.

14 Ebd., S. 112.

15 Vgl. ebd., S. 179.

sondern in dem der Psychologie. Aus dem System der Psychologie heraus betrachtet, ist die pathologische Veränderung durch Burnout, durch die „normale, gut angepaßte" Menschen wie Charly ihren ganzen Lebensmut verlieren, demnach ein Geschehen, an dem die tatsächliche Komplikation des Leidens offenkundig wird. Einerseits, so lässt sich hieraus schließen, werden Fälle im Allgemeinen und die der kleinen Serie im Besonderen von einem bestimmten diskursiven Ort aus als solche registriert und verhandelt, andererseits ist die messende Reflexion der in der Einheit des Kasus aufscheinenden Problematik mit einem bestimmten Erkenntnisinteresse verknüpft.

Das bringt die Diskussion auf den zweiten Teil von Pines knappen methodischen Überlegungen zum Zweck der Fallserie zurück. Dort heißt es, dass alle Fälle die typischen Symptomkomplexe des Ausbrennens zeigten, wie sie unter dauernden lebensweltlichen Belastungen entstehen.[16] Sie machen demnach ein Erkennen der besonderen pathogenetischen Zusammenhänge in der Anschauungsform einer individuellen Leidensgeschichte möglich. Stärker auf den diskursiven Rahmen von Pines Publikation gemünzt bedeutet dies, dass die Vorführung der Fälle zur messenden und wägenden Reflexion den primär didaktischen Zweck verfolgen, ein Laienpublikum am konkreten Exempel über die typischen, meist multikausalen Entstehungsbedingungen sowie die wiederkehrenden Verlaufs- und Erscheinungsformen von Burnout aufzuklären. Diesem Zweck gemäß sind die Fälle, die in den ersten Aufzeichnungs- und Bearbeitungsstufen wohl eine andere materielle Ausgestaltung hatten, in eine Erzählform gebracht, die darstellerisch und rhetorisch so aufbereitet ist, dass das Verstehen der in ihnen gezeigten pathologischen Komplikation erleichtert wird. Die dramatische Pointierung nach dem Schema einer verlorengegangenen, einst normalen Leistungsfähigkeit, die, wie sich schon in Charlys Fall gezeigt hat, das Geschehen im Vorfeld der Krise kausal motiviert, ist ein solches Verfahren, das die Komplexität der Einzelfallbeobachtung reduziert und auf eine erklärende Lektüre hinführt.[17] Allerdings wird

16 Vgl. Pines / Aronson / Kafry: *Ausgebrannt*, S. 35.

17 Fälle sind nicht nur populär, weil sie Fachwissen in allgemeinverständlicher Form veranschaulichen, sondern auch, weil sie die Möglichkeit zur Spekulation, Generalisierung und Dramatisierung bieten. Demnach macht gerade die leichte Erkennbarkeit von wiederkehrenden dramatischen Verlaufsmustern die Popularität fallförmiger Narrative aus. Diese Einschätzung bekräftigt auch die hier

die popularisierende Modifikation der Fallserie an keiner Stelle in *Ausgebrannt* methodisch reflektiert, was nicht nur die Erzählsituation im Unklaren lässt, wer von wo aus spricht, es kommen dadurch auch Darstellungsverfahren zum Einsatz, die den Wahrheitsanspruch qualitativer psychologischer Forschung im Grunde unterlaufen.[18] Zunächst fällt auf, dass wegen der fehlenden Angaben zur Erzählsituation die Figur des Erzählers, auch wenn man dahinter Pines vermuten mag, weitestgehend anonym bleibt. Das ist insofern erstaunlich, als sie dadurch aus der Darstellung zurückzutreten scheint, obwohl das gesamte Geschehen, auch die Wahrnehmungs- und Empfindungsebene der Protagonisten, durch ihre Sicht vermittelt ist. Auf diese Weise mischt sich der Diskurs der anonymen Erzählinstanz in die Perspektive der leistungsversehrten Individuen ein und mimt eine Teilnahme am situativen Erleben ihrer pathologischen Erfahrungen. In narratologischer Hinsicht weist eine solche Perspektivierung nicht nur einen hohen Grad an Fiktionalität auf, da sie Einsichten in ein fremdes Bewusstsein bietet, sondern auch einen hohen Grad an Suggestivität. Indem sie das Innenleben der beobachteten Menschen unterschiedslos in der Heteroreflexion der anonymen Erzählinstanz wiedergibt, vermittelt sie den Eindruck, das Mitgeteilte würde den Mitteilungen derselben entspringen. Der *modus operandi*, der eine solche Einmischung von Fremd- in Selbstwahrnehmung ermöglicht, ist der Modus der erlebten Rede. Er zeichnet sich dadurch aus, dass in ihm Figuren- und Erzählerrede auf ununterscheidbare Weise miteinander vermischt sind.[19] Ein Beispiel aus Charlys Fall macht deutlich,

vertretene These, wonach die Popularität von Burnout mit einer Verbreitung von Burnout-Fällen einhergeht, welche den Prozess des Ausbrennens in einem normierten Erzählschema organisieren. (Siehe hierzu Nicolas Pethes: Vom Einzelfall zur Menschheit. Die Fallgeschichte als Medium der Wissenspopularisierung zwischen Recht, Medizin und Literatur. In: Gereon Blaseio / Hedwig Pompe / Jens Ruchatz (Hrsg.): *Popularisierung und Popularität*. Köln: DuMont 2005, S. 63–92, hier S. 86–87.)

18 Zu den Richtlinien und Gütekriterien qualitativer Forschung in der Psychologie siehe etwa die Beiträge von Franz Breuer: Wissenschaftstheoretische Grundlagen qualitativer Methodik in der Psychologie. In: Günther Mey / Katja Mruck (Hrsg.): *Handbuch Qualitative Forschung in der Psychologie*. Wiesbaden: Springer 2010, S. 35–49; Uwe Flick: Gütekriterien qualitativer Forschung. In: Ebd., S. 395–407.

19 Zu einer Definition der erlebten Rede siehe etwa Wolf Schmid: *Elemente der Narratologie*. Berlin / New York: de Gruyter 2005, S. 207–214.

wie die Doppelperspektive der erlebten Rede Referenz prozessiert, aber auch, warum sie im Rahmen der qualitativen psychologischen Erkenntnisbildung unzulässig und wohl eher dem Ziel der populären Wissensvermittlung zuzurechnen ist. An dem Punkt, an dem Charly laut der dargebotenen Chronologie bereits vier Jahre lang ununterbrochenem Stress ausgesetzt war, heißt es über seinen Zustand: „Er fühlte sich, als wären seine Nerven zu einem Strick gedreht“[20]. Wie es für den Modus der erlebten Rede charakteristisch ist, lässt sich nicht ausmachen, wer in der umgangssprachlichen Formel der zum Strick gedrehten Nerven von wo aus das Gefühlsleben Charlys beschreibt. Eine solche Ungenauigkeit in der Präsentation und Markierung von diskursiv streng unterschiedenen Redepositionen bedeutet für ein qualitatives psychologisches Erkenntnisbildungsverfahren eine nicht gerade unerhebliche Verletzung der wissenschaftlichen Sorgfaltspflicht. Hingegen lässt schon das stark vereinfachende Bild der zum Strick gedrehten Nerven erahnen, dass hier gegen das Forschungsverdikt der methodischen Exaktheit, die eine genaue Unterscheidung der im Modus der erlebten Rede überkreuzten Deutungsebenen erforderte, einer allgemeinverständlichen Darstellungsweise der Vorzug gegeben wurde. In diesem Zusammenhang lassen sich der Modus der erlebten Rede sowie die mit ihr bewirkte Fiktionalisierung von Fremdbewusstsein als Instrumente der popularisierenden Modifikation begreifen, die mehr der Ökonomie eines anschaulichen und suggestiven Erzählens als den Regeln einer genauen Forschungspraxis folgen.

Ausgehend von der Beobachtung, dass sich das Erzählgeschehen in Pines Fällen unter der doppelten Fokalisierung der Arzt-Patienten-Perspektive entfaltet, soll im Folgenden beschrieben werden, inwiefern der Modus der fremdgesteuerten Introspektion ein konstitutives Strukturelement von Burnout-Fällen darstellt und welche epistemische Funktion den sich darin überschneidenden professionellen und nicht-professionellen Erzählinstanzen zukommt.[21] Hierfür empfiehlt es sich, an den Punkt zurückzugehen, an dem Burnout als

20 Pines / Aronson / Kafry: *Ausgebrannt*, S. 36.

21 Dass medizinische Fälle angesichts der unterschiedlichen Hinsichten, unter denen Ärzte und Patienten Krankheitsereignisse betrachten, stets eine Doppelperspektive mit entsprechend unterschiedlichem Bewusstseins- und

neuartiges Störungsphänomen das vermeintlich erste Mal auftaucht, und den Fall zu untersuchen, der die Geschichte dieses Auftauchens zu erzählen vorgibt. Denn wie sich zeigen wird, lässt sich die Rätselhaftigkeit, die den noch völlig unbekannten, aber schwerwiegenden Erschöpfungszustand anfangs umgibt, nur durch die medientechnische Simulation einer Psychoanalyse lüften. Sie legt, indem sie die basalen Operationsstufen des psychoanalytischen Verfahrens apparativ nachstellt, den pathologischen Mechanismus von Burnout frei und sorgt dafür, dass die formal unterschiedene Deutungskompetenz zwischen Analyst und Analysand zur Bedingung seiner diagnostischen Erkennung wird. Ist das Burnout-Phänomen damit von Anfang an das Produkt eines professionellen Wahrheitsfindungsprozesses, wird mit der Geschichte vom erstmaligen Auftauchen des rätselhaften Leidens nicht nur die Geschichte von dessen Enträtselung erzählt, sondern auch der Gründungsmoment eines neuen Störungsbildes und eines neuen narrativen Erklärungsmusters für die Folgezustände der permanenten Selbstüberforderung markiert.

III.

Unter der Überschrift *Meine Geschichte* berichtet der deutschamerikanische Psychoanalytiker Herbert Freudenberger im Vorwort des gleich benannten, aber bereits ein Jahr vor Pines' *Ausgebrannt* erschienen Buchs über seinen eigenen Burnout-Fall. Den Anlass zu der autobiographischen Erzähleinlage gibt laut Freudenberger, wenngleich sich zeigen wird, dass das nur die vordergründige, halbe Motivlage ist, die sich häufende Zahl von Patienten, die ihm immer wieder von ähnlichen Gefühlen der Leere und Müdigkeit erzählen. Dabei glaubt er in den Aufzeichnungen der Patientengeschichten ein Muster zu erkennen.[22] Die Krise der meisten Patienten, so Freudenberger ganz im Einklang mit dem Untertitel des Buchs, sei *eine Krise der Erfolgreichen*, nämlich der Männer und Frauen, die neben „Geld, Haus,

Erfahrungshorizont aufweisen, hebt Rita Charon hervor. (Rita Charon: To Build a Case: Medical Histories as Tradition in Conflict. In: *Literature and Medicine* 11,1 (1992), S. 115–132, hier S. 115–118.)

22 Vgl. Herbert Freudenberger / Geraldine Richelson: *Ausgebrannt. Die Krise der Erfolgreichen. Gefahren erkennen und vermeiden*. München: Kindler 1980, S. 14.

Auto" auch „Tat- und Entschlusskraft" besäßen.[23] Gerade sie seien wegen ihrer hohen Leistungsbereitschaft besonders von den Mechanismen der Überforderung bedroht. Diese Gemeinsamkeit in den Patientengeschichten lässt Freudenberger schließlich auch an die eigene Geschichte denken.[24] Gleich zu Beginn der autobiographischen Fallerzählung schreibt er: „Was zu jener Zeit für mich nur eine individuelle Episode war, erkannte ich nun als ein Äquivalent dessen, was so viele meiner Patienten durchmachten"[25]. Jene Zeit, das ist um 1960, während der Blick zurück aus der Gegenwart um 1980 erfolgt, der Zeit, die den Boden für die Krise der Erfolgreichen bildet. Dass Freudenberger aber erst in der Retrospektive die Parallelen zwischen der eigenen erinnerten und der beobachteten aktuellen Krise aufgefallen sein wollen, scheint eine bloß rhetorische Finte zu sein. Bekanntlich hat er sich bereits 1974 mit einem Artikel im *Journal of Social Issues* zum Thema Burnout gemeldet.[26] In „Staff Burn-Out" nennt er ähnlich wie im Vorwort von *Ausgebrannt* „the loss of charisma of the leader"[27] als eines der Hauptanzeichen des ‚Ausbrennens', wenngleich für den Tätigkeitsbereich der freiwilligen Sozialhilfe und nicht für den der Privatwirtschaft. Soll heißen: Freudenberger war um 1980 die Entsprechung seines einstmals so seltenen Leidens und dem seiner Patienten bereits bekannt und musste nicht erst im Akt des autobiographischen Erinnerns retrospektiv von ihm entdeckt werden. Man kann in der vorgespiegelten Erinnerungsszene natürlich ein Kunstgriff Freudenbergers sehen, um das Erzählen der eigenen Leidensgeschichte zu motivieren, aber mit fortschreitender Lektüre zeigt sich, dass er damit noch ein anderes, ganz und gar unästhetisches Motiv hegt.

Doch zunächst zu den offengelegten Fakten: Denn wie für Burnout-Fälle üblich lässt Freudenberger die Episode aus der Vergangenheit mit einer Skizze seiner damaligen Arbeits- und Lebenssituation beginnen. So erfährt man, dass er bereits eine Privatpraxis leitete, Familie hatte und gerade begann, sich am Experiment der freien Kliniken im East Village von New York zu beteiligen. Was folgt, ist eine

23 Freudenberger / Richelson: *Ausgebrannt*, S. 15.

24 Vgl. ebd., S. 15–16.

25 Ebd., S. 16.

26 Herbert Freudenberger: Staff Burn-Out. In: *Journal of Social Issues* 30,1 (1974), S. 159–165.

27 Ebd., S. 160.

eingehende Auseinandersetzung mit der Arbeit in dem Experiment, das dazu gedacht war, obdachlosen und drogensüchtigen Jugendlichen auf unentgeltlicher Basis zu helfen. Freudenberger erklärt, dass ihn seine Erfahrungen in Nazi-Deutschland, von wo er nur mit der Hilfe von anderen, sich engagierenden Menschen habe flüchten können, dazu bewogen habe, dasselbe für diese Jugendlichen zu tun. Jedoch fordert das Engagement viel ab. Gegen die sich schnell offenbarende Aussichtslosigkeit, eine Unzahl von Bedürftigen mit wenigen, teils schlecht ausgebildeten Helfern zu betreuen, setzt Freudenberger eine regelrechte Arbeitswut.[28] Trotz der steigenden Müdigkeit, die ihm die vielen Verpflichtungen in dem Geflecht aus Privatpraxis, Familie und Klinik abringen, erhöht er den persönlichen Einsatz. „Je müder ich wurde", beschreibt Freudenberger sein Verhalten, „desto mehr trieb ich mich an"[29]. Diese für Burnout so charakteristische pathologische Selbstüberforderung kollidiert nun zunehmend mit dem Familienleben, bis Freudenberger schließlich einen lang geplanten Urlaub absagen muss, weil er vor lauter Erschöpfung nicht mehr aus dem Bett kommt. Hier nun befindet sich die Erzählung an ihrem problematischen Kern, dem Ereignis, das für Freudenberger eine pathologische Veränderung bringt. Man sieht, dass auch sein autobiographisch verfasster Fall zunächst der dramatischen Kurve von der Exposition der Ausgangslage zum Einfallspunkt der Krise folgt. Zugleich wirkt auch hier wie schon in Charlys Fall das zeitlich nachgeordnete Ereignis des Totalzusammenbruchs rekursiv auf die Rekonstruktion der Vorgeschichte zurück, so dass auch hier wieder die Sequenz zwischen Anfang und tragischem Mittelpunkt den Fall als Problem- und Erkenntnisgegenstand setzt, nur dieses Mal in der Allperspektive des autobiographischen Ichs. Bis hierher, so scheint es, besteht eben auch die Äquivalenz von Freudenbergers Geschichte und der Krise der Erfolgreichen, die ja zumindest vordergründig den Anlass zur Erinnerung an die verhängnisvolle Episode in der freien Klinikbewegung gibt. Aber die daran gekoppelte Konstruktion des erinnerten autobiographischen Falls, in der die Doppelperspektive der professionellen und der nicht-professionellen Erzählinstanz in eins fällt, ist nur die Voraussetzung für eine unter Burnout-Fällen einmalige Konstruktion.

28 Vgl. Freudenberger / Richelson: *Ausgebrannt*, S. 16–17.
29 Ebd., S. 16.

Denn anders als zum Zeitpunkt um 1980 weiß sich Freudenberger um 1960 mit einem unbekannten Störungsphänomen konfrontiert, zu dem es weder Vergleichsmaterial noch einen Namen gibt und das sich in seinem inneren Wirkzusammenhang dem Verstehen des selbstbeobachtenden Psychoanalytikers zunächst entzieht. Um dennoch den pathologischen Kern des so rätselhaft scheinenden Leidens freizulegen, der, wie sich herausstellen wird, in einem entfremdeten Selbstverhältnis besteht, bedient sich Freudenberger eines medientechnischen Tricks und bringt damit das für Burnout-Fälle typische Störungsbild von sich selbstverausgabenden Individuen in die Welt. In diesem Sinne schließt die Erinnerungsszene vom Anfang des autobiographischen Falls eine Gründungsszene ein, in der sich Freudenberger gleichzeitig als ersten Burnout-Fall wie als Entdecker der ihm zugrundeliegenden Pathologie stilisiert und noch dazu das Ganze in einem höchst ungewöhnlichen Setting der psychoanalytischen Fallanamnese arrangiert.

Als Psychoanalytiker will Freudenberger natürlich wissen, was mit ihm während der „merkwürdigen Episode", wie er die rätselhaften Vorkommnisse um seinen Zusammenbruch bezeichnet, passiert ist.[30] Um zu verstehen, warum er von der Klinik „so besessen war, zwanzig Stunden wie ein Verrückter gearbeitet und [...] Gesundheit und [...] Familie entsprechend vernachlässigt hatte"[31], entschließt er sich für eine Selbstanalyse per Tonbandaufnahme. Das Medium, das die Rede des leistungsversehrten Ichs speichert und wiedergibt, ermöglicht es Freudenberger, sich selbst als Gegenstand der Analyse zu begegnen. So gesehen simuliert das Tonbandgerät das Dispositiv der Psychoanalyse, wo der Analysand zum Analytiker spricht und wo jener das sich mitteilende Unbewusste erst erhören und dann im Symbolischen decodieren muss.[32] Ist hier die Exploration des Verborgenen und sein

30 Vgl. Freudenberger / Richelson: *Ausgebrannt*, S. 18.

31 Ebd.

32 Warum hier von einer Simulation der psychoanalytischen Untersuchungssituation gesprochen werden muss und nicht von einer Selbstanalyse, wie sie Freud in Vorbereitung der *Traumdeutung* an seinen eigenen Träumen oder auch später in der *Psychopathologie des Alltagslebens* in Bezug auf das „Vergessen von Eigennamen" vornimmt, liegt daran, dass die Tonbandaufnahme bei Freudenberger ein Ich zum Vorschein bringt, das nicht mit dem Ich identisch ist, das sich in der gespeicherten Rede nachträglich selbst vernimmt. Man könnte auch sagen, die medientechnische Apparatur des Tonbandgeräts entdeckt und hält zugleich eine Spaltung im Selbst

Erkennen auf zwei Subjektpositionen verteilt, zieht sich der Vorgang im medientechnischen Setting der Selbstanalyse in einer Position zusammen. Hier werden Sprechen, Hören und Erkennen in allen operativen Stufen der Analyse von ein und demselben Subjekt gesteuert.[33] Als Freudenberger die erste Tonbandaufnahme abspielt, ist er deshalb auch einigermaßen erstaunt, weil sie einen Komplex von Emotionen enthüllt, der ihm, sofern man seinen Worten Glauben schenken mag, bisher entgangen war.[34] Im Hören der eigenen Stimme, die durch das technische Medium wie eine fremde Stimme zu ihm spricht, klingen ihm „Erschöpfung, Wut, Depression, Arroganz und [...] auch Schuldgefühle“[35] entgegen. Obwohl aber diese erste

offen, die eine Rückbezüglichkeit des analysierenden auf das analysierte Bewusstsein, wie es für die Selbstanalyse vonnöten ist, wenn nicht gänzlich verstellt, so doch verzögert. Die mediale Zertrennung der Momente, in denen das Ich spricht und in denen es sich hörend wahrnimmt und analysiert, stellt letztlich die besagte Simulation des regulären psychoanalytischen Kommunikationsmodells dar. (Zur heuristischen Funktion der Selbstanalyse in Freuds Theorie empfiehlt sich etwa das zweibändige Werk von Didier Anzieu: *Freuds Selbstanalyse und die Entdeckung der Psychoanalyse*. München / Wien: Verlag Internationale Psychoanalyse 1990.) Einen Grundriss der psychoanalytischen Behandlungsform gibt Sigmund Freud: *Vorlesungen zur Einführung in die Psychoanalyse*. Frankfurt am Main: Fischer 1991, S. 13–22.

33 Hierfür ist sicherlich aufschlussreich, dass Friedrich Kittler die Tätigkeit des Analysten entgegen Freuds eigenem Vergleich mit einem Telefon mit einem Phonographen vergleicht. Kittler zufolge entspricht das bloß registrierende Zuhören des Analysten, das den kompletten Redefluss des Analysanden ungefiltert aufnimmt, der akustischen Speicherfunktion des Phonographen. Allerdings verweist der Vergleich auch auf das Problem, das die medientechnisch induzierte Selbstanalyse Freudenbergers zumindest aus Sicht einer dogmatisch verfahrenden Psychoanalyse darstellt. Diese bedarf nämlich, um den gesprochenen Text des Analysanden in ein theoretisch adäquates Sinnkonstrukt zu übersetzen, einer weiteren Medientransposition durch die nachträgliche Verschriftlichung des Arzt-Patienten-Gesprächs. Die dabei entstehenden Fallgeschichten, die dem psychotischen Ich im deutenden Zusammenhang der Narration zu einer einheitlichen Identität verhilft, begründet die Expertise des Analysten. Folglich unterläuft Freudenberger, wenn die mündlich erzählte Patientengeschichte in einer Tonbandaufnahme vorliegt und nicht mehr aus der notizengestützten Erinnerung des Analysten niedergeschrieben werden muss, dessen Status als Interpretationsinstanz. Vor diesem Hintergrund ist schließlich auch anzunehmen, dass der Verschriftlichung in Freudenbergers Fall nicht dieselbe theoretische Bedeutung wie in der Psychoanalyse zukommt. (Siehe hierzu Friedrich Kittler: *Aufschreibesysteme 1800/1900*. München: Fink 1995, S. 357–359.)

34 Vgl. Freudenberger / Richelson: *Ausgebrannt*, S. 18.

35 Ebd., S. 18.

Begegnung Freudenbergers mit seinem akustisch transponierten Ego schon ein Unbewusstes preisgibt, das auf eine mögliche Verstellung der Selbstwahrnehmung hindeutet, ist in ihr das eigentliche Rätsel noch nicht entdeckt. Dasselbe liegt, insofern es den letzten Grund für den vorangegangenen Selbstverausgabungsexzess liefern soll, ganz der psychoanalytischen Theorie gemäß ein paar Schichten tiefer und braucht daher noch einige Tonbandanalysen, bevor es gehoben werden kann. Als es soweit ist, glaubt Freudenberger das wahre Motiv für sein rücksichtsloses Verhalten gegen sich selbst und gegen seine Familie in den Kindheitserfahrungen in Nazi-Deutschland erkannt zu haben. Sie haben ihn „besonders empfänglich für die Probleme heimatloser Jugendlicher" gemacht, aber auch blind und taub für die Anzeichen des ‚Ausbrennens' und die Warnhinweise von Außenstehenden. Demnach steckt hinter dem obsessiven Engagement und Leistungswillen, die bei Freudenberger zu der paradoxen Reaktion führen, dass er trotz der Aussichtslosigkeit der freien Klinikbewegung sein Arbeitspensum steigert statt verringert und sich geistig wie körperlich immer mehr auszehrt, ein fehlgeleitetes Verantwortungsgefühl. Im Kern von dem altruistischen Motiv geprägt, anderen zu helfen, hat es den psychologischen Status einer fixen Idee, die das Selbst gegen alle Widerstände auf ihre Erfüllung verpflichtet und es so zur vollständigen Verausgabung treibt. Freudenbergers Tonbandanalyse entdeckt damit eine Art ethischen Irrationalismus am Grund von Burnout, der dem Leiden, insofern er den Blick auf die Realität verstellt, eine gewisse pathologische Schwere verleiht.[36] Mit dieser Erkenntnis

36 Das Störungsbild, das Freudenberger am Grund von Burnout ausmacht, ähnelt in vielerlei Hinsicht dem von dem deutschen Psychoanalytiker Wolfgang Schmidbauer beschriebenen Helfer-Syndrom. Wie in Freudenbergers Selbstanalyse besteht beim Helfer-Syndrom der psychopathologische Mechanismus darin, dass die betroffene Person das eigene Wohlbefinden hinter das altruistische Begehren des Helfens stellt. Allerdings ist Schmidbauers Konzept eines irregeleiteten Altruismus viel stärker in der Persönlichkeitsstruktur verankert, versucht also getreu des psychoanalytischen Methodenansatzes die inneren Prädispositionen des Helfer-Syndroms offenzulegen, während zur Abklärung eines Burnouts vor allem auch gesellschaftliche Entstehungsfaktoren herangezogen werden. Es wäre in diesem Zusammenhang auch interessant, der Frage nachzugehen, inwieweit die Annahme einer persönlichkeitsbedingten Störung für die gleichsam sozial begründete Pathogenese von Burnout bedeutsam bleibt. Zum Begriff des Helfer-Syndroms siehe die gleichnamige Einleitung bei Wolfgang Schmidbauer: *Die hilflosen Helfer. Über die seelische Problematik der helfenden Berufe*. Reinbek: Rowohlt 1977, S. 9–23.

fallen nun rückwirkend auch die vielen Stellen in der Vorgeschichte auf, wo sich Freudenberger gegen alle gutgemeinten Interventionsversuche von Angehörigen und Bekannten sträubt und gegen alle Vernunft wie ein Besessener an der Idee festhält, durch mehr Arbeit die strukturellen Defizite der Klinik wie auch die Nöte der Jugendlichen zu überwinden. Hier zeigt sich, was für die Pathologie von Burnout konstitutiv bleiben wird, dass nämlich die Betroffenen aufgrund eines falsch geeichten Wertesystems nicht erkennen, dass ihr Verhalten bereits in ihrer Hochmotivationsphase abnorme Züge trägt.[37] Auch für Freudenberger tritt die Problematik der Selbstverausgabung erst mit dem Ereignis des Totalzusammenbruchs ins Bewusstsein, wohingegen das Erkennen und Decodieren der verborgenen Motive nur in der medientechnischen Objektivation des Selbst gelingt. Durch das so konstruierte Dispositiv der Selbstanalyse wird Freudenberger nicht nur zum Entdecker eines bis dahin noch unbekannten, höchst rätselhaften Phänomens, er macht auch die Verdoppelung der subjektiven durch eine objektive Erzählinstanz zu einem integrativen Bestandteil der Fallnarrativik. So, wie die Sichtweise des sich selbstverausgabenden Ichs keine zuverlässige Erkenntnisquelle sein kann, da es das Problem erst mit dem Eintritt der Krise wahrnimmt, muss die decodierende Rekonstruktion des Falls im Rahmen eines professionellen Erzähldiskurses erfolgen. Der erhebt, indem er eine qualitativ unterschiedene Bewertung der Krise vornimmt, den Fall zum Erkenntnisgegenstand und lässt die Pathogenese mit den mehr oder weniger verborgenen endogenen und exogenen Paramatern der Selbstverausgabung beginnen. Ob nun Freudenberger der tatsächliche Entdecker von Burnout ist, sei einmal dahingestellt, fest steht, dass sich der pathologische Komplex aus unbewussten Motiven und maßlosem Engagement, wie ihn der autobiographische Fall Freudenbergers schildert, als formbildende Grundstruktur von Burnout-Fällen erhält.

37 In einer späteren Publikation, in der sich Freudenberger der besonderen Burnout-Gefährdung von Frauen widmet, nimmt der Verdrängungsmechanismus, welcher bewirkt, dass die Betroffenen die Anzeichen des Ausbrennens verleugnen und nicht mehr bewusst wahrnehmen, bereits größeren Raum ein. (Siehe hierzu insbesondere Herbert Freudenberger: *Burn-out bei Frauen. Über das Gefühl des Ausgebranntseins.* Frankfurt am Main: Fischer 1992, S. 27–34 (Kap. 1).)

IV.

Helga Vollmers Burnoutratgeber *Ich fühle mich fix und fertig* aus dem Jahr 1996 ist ein gutes Bespiel, wie die Figur des sich selbstverausgabenden Ichs das Zentrum in den einzelnen Störungsbildern der Fälle bildet und gleichsam eine qualitative Differenz im Perzeptions- und Kognitionsvermögen der Erzählinstanzen bedingt. In zahlreichen, oft sehr anekdotenhaften Geschichten berichtet Vollmer überwiegend von Frauen, die sich, ohne sich dessen bewusst zu sein, durch ihre überambitionierten Leistungsansprüche im Berufs- wie im Privatleben in eine dauernde Überforderungssituation manövrieren. Dass sie aber nicht einmal im Zustand des akuten Erschöpftseins in der Lage sind, in der gleichermaßen intrinsisch wie extrinsisch motivierten Dauerbelastung das Problem bzw. Pathologische zu erkennen, zeigt auch die Form der Fälle. So etwa der Fall von Eveline, der unter dem andeutungsreichen Titel „Wie ein Ereignis den akuten Burnout auslösen kann" abgelegt und bis auf ein eingeschobenes *verbum dicendi* im ersten Satz komplett aus der Ich-Perspektive geschildert ist. Eveline macht darin die Trennung von ihrem Freund, der sie überraschend verlassen hat, für ihren eigenartigen psychosomatischen Leidenszustand verantwortlich, was in gewisser Weise den im Titel angedeuteten Begründungszusammenhang von Ereignis und Burnout umreißt.[38] Aber anders als etwa Freudenberger, der als professionell ausgebildeter Psychoanalytiker den Grund für seinen rätselhaften Zusammenbruch in dem verborgenen Motiv eines fehlgeleiteten Altruismus entdeckt und deshalb seinen Fall von der Lebensphase her rekonstruiert, in der er sich geradezu aufopfernd in der freien Klinikbewegung engagierte, setzt die Laienanalyse Evelines unmittelbar mit dem Krisenerlebnis ein. Dass sie sich „wie abgestorben, wie tot" fühlte, nur noch wie ein Automat Arbeit und Haushalt verrichtete, Albträume sowie Rücken- und Gelenkschmerzen hatte, all das deutet Eveline als unmittelbare Folge der Trennung und ist ihr Erzählanlass für ihre Geschichte. Von hier aus, wo die akute Krise erstmals sichtbar in ihr Leben tritt, geht Eveline also daran, die problematische Einheit ihres Falls, das heißt den Verlauf ihrer pathologischen Veränderung, zu rekonstruieren. Sie erinnert sich der Zeit, in der alles

38 Helga Vollmer: *Ich fühle mich fix und fertig. Das Burnout-Syndrom*. Wien: Ueberreuter 1996, S. 55–56.

noch ganz anders war, in der sie noch unternehmungslustig war, viel arbeitete, wenig schlief und ständig Zeit mit ihrem Freund und „der Clique“ verbrachte.[39] Mit der Rückblende in ihr Leben vor der Trennung und vor dem Zusammenbruch markiert sie den Teil ihrer Biographie, von dem aus ihr Burnout die Bedeutung einer Abweichung erhält. Ihre Geschichte, die sie auf ihrem Weg in die Katastrophe begleitet, bewegt sich deshalb von nun an progressiv auf das Ereignis der Trennung sowie die daran anschließenden konträren Phasen der absoluten Lethargie und absoluten Verausgabung zu, welche der Chronologie nach allmählich in den eigenartigen psychosomatischen Leidenszustand übergehen, den Eveline gleich am Anfang als ihre eindrücklichste Erfahrung beschreibt. Aber abgesehen von der Zirkelbewegung, die das Geschehen dadurch nimmt, lässt die zeitliche Ordnung des Falls zwei Lesarten zu: einmal aus Evelines Sicht, aus der allein die Trennung ins Unglück führt, und einmal aus Vollmers Sicht, die in einem kurzen Kommentar die Zeit vor der Trennung zum Grund für den Zusammenbruch erklärt. Während für Eveline die Trennung sowie die dazwischenliegenden Phasen der Lethargie und Verausgabung mit dem anfangs erzählten Zusammenbruch eine kausale Einheit bilden, welche im Verständnis des autobiographischen Erzähltextes die Grenze zum Pathologischen markiert, verändert sich ihre Bedeutung in Vollmers Lesart oder geht ganz verloren. Wenn nämlich Vollmer Evelines Fall damit kommentiert, dass sie „bereits zu der Zeit, als es ihr noch gutging, als sie beruflich und privat auf dem Erfolgstrip war“[40], dem Burnout vorarbeitete, dann verwischen nicht nur die zuvor klar gezogenen Grenzen zum Pathologischen, sondern es wird auch die Ereigniskette aus Trennung und Zusammenbruch neu bewertet. In Vollmers Deutung ist die Trennung nur der auslösende Moment für einen pathologischen Reflex, der in Evelines maßloser Unternehmungslust wurzelt. Sie bereitet den Boden, dass Eveline gleich nach der Trennung erst in lähmende Lethargie und dann in blinden Arbeitseifer verfällt, um sich schließlich, nachdem die berufliche Verausgabung nicht die gewünschte Besserung bringt, in ein Gefühl des Absterbens zu übersetzen. Genau diesen Zusammenhang reflektiert die Ich-Form von Evelines Fall aber nicht, sondern zeigt

39 Vgl. ebd.
40 Ebd., S. 39.

ihn nur implizit an und muss erst durch den nachträglichen Kommentar von Vollmer erschlossen werden. Im Licht dessen gerät nun auch die Überschrift, „Wie ein Ereignis den akuten Burnout auslösen kann", zur Kippfigur und verändert, je nachdem, welche der beiden Interpretationsweisen man an den Fall anlegt, ihren Sinn.
Auch in anderen Fällen verhandelt Vollmer die Unterschiede in der Wahrnehmung und Auslegung der pathologischen Selbstverausgabung über die Form. Wie in Karins Fall, wo das Tempus des Präsens eine Rhetorik der Unmittelbarkeit erzeugt, die dem professionellen Erzähldiskurs dazu dient, den Akt der decodierenden Rekonstruktion auf die Autorität eines vorgängigen Erfahrungswissens zu gründen. Indem es so scheint, als würde zwischen den Mitteillungen Karins und ihrer interpretativ modifizierenden Wiedergabe kaum Zeit verstreichen, erweckt die professionelle Erzählinstanz den Eindruck, dass ihr Karins Problem bereits bekannt ist und sie deshalb auch ein besseres Verständnis davon hat.[41] Besonders augenscheinlich wird dies in dem Moment, als sich Karin über ihre schwindende Energie und Unternehmungslust mit den Worten entschuldigt:

> Ich weiß, ich muss mich zusammenreißen […], früher habe ich Tag und Nacht gearbeitet und bin noch zum Reiten und zum Golfspielen gegangen, habe Freunde getroffen, kümmerte mich um meine alten Tanten, verreiste fast jedes Wochenende, riß alle mit meiner Energie und meinem Optimismus mit, aber seit meiner Operation …[42]

Karins Klage, die gerade dort, wo sie einen Erklärungsversuch für den Verlust ihrer einstigen Leistungsfähigkeit anstimmt, abrupt abbricht, folgt der dezidierte Erklärungsversuch der professionellen Erzählinstanz, der neben der Operation noch ein ganzes Bündel an weiteren Kausalfaktoren nennt. Indem er nun die temporale Form von Karins Klage beibehält und im Rahmen der übergeordneten Erzählzeit des Präsens die von ihr eröffnete Analepse vertieft, behauptet er in der Unmittelbarkeit der interpretativen Replik ein vorgängiges Erfahrungswissen von den tatsächlichen Gründen der verlorengegangenen Leistungsfähigkeit zu besitzen.

41 Vgl. Vollmer: *Ich fühle mich fix und fertig*, S. 26–28.
42 Ebd., S. 27.

Eine andere Form, in der Vollmers Fälle die perzeptive und kognitive Differenz der sich hierarchisch überlappenden Erzählebenen kommuniziert, ist die Anekdote. Bestimmt man diese gattungstypologisch als eine Textsorte, in der eine unbekannte Begebenheit in sprachlich gedrängter Form auf eine Pointe oder paradoxe Wende hin entfaltet wird, um über den Charakter einer Person oder das Wesen einer Sache eine mehr oder weniger explizite Aussage zu treffen, dann hat die Geschichte von Bettina sicherlich etwas Anekdotenhaftes.[43] Das umso mehr, als es in ihr zum eigentlichen Fallereignis, dem Totalzusammenbruch, nicht kommt, sondern dessen besonderen intrinsischen und extrinsischen Bedingungen in der Manier eines Aha-Erlebnisses beleuchtet werden. Bettina, wie alle Frauen bei Vollmer heillos überlastet, gerät an einen Chef, der sie trotz ihrer nachweislichen Erfolge in der Werbeabteilung des Pharmaziekonzerns mit Aufgaben betraut, die, so Bettina, „eigentlich seine Sekretärin hätte machen sollen“[44]. Von der sich systematisch fortsetzenden Verweigerung von Anerkennung gleichermaßen enttäuscht wie angespornt, beginnt sie immer mehr zu arbeiten, um sich schließlich unter Magenkrämpfen an ihre Leistungsgrenze zu bringen, bis sich herausstellt, dass ihr Chef sie aufgrund ihrer Ähnlichkeit zu einer seiner ehemaligen Liebschaften benachteiligt hat.[45] Durch diese plötzliche Wende wird klar, dass Bettina unter der irrationalen Motivlage ihres Chefs, der sie aufgrund einer Affektübertragung schikaniert, zu dem nicht weniger irrationalen Verhalten der Selbstverausgabung neigt. Sowohl über ihren als auch über den Charakter ihres Chefs trifft die anekdotische Episode damit eine Aussage und schließt insofern ein Aha-Erlebnis ein, als es die Wechselwirkung von intrinsischen und extrinsischen Faktoren im Vorfeld der Entstehung von Burnout zeigt. Interessant ist aber nun, dass Bettinas Charakterisierung nur implizit über die Ich-Perspektive ihrer Erzählung mitgeteilt wird, während

43 Zu der hier eher grob gehaltenen Definition der Anekdote vgl. die literaturhistorisch sehr viel diffizileren Ausführungen bei Heinz Grothe: *Anekdote*. Stuttgart: Metzler 1971, S. 5–10; hinsichtlich des performativen Entwicklungsschemas anekdotischen Erzählens siehe die bei Rudolf Schäfer hervorgehobene dreiteilige Gestalt der Anekdote aus einleitender *occasio*, überleitender *provocatio* und pointierendem *dictum* (ders.: *Die Anekdote. Theorie – Analyse – Didaktik*. München: Oldenbourg 1982, S. 29–35).

44 Vollmer: *Ich fühle mich fix und fertig*, S. 44.

45 Vgl. ebd., S. 44–46.

die ihres Chefs eine eingehende Kommentierung erfährt. Gleich im Anschluss an Bettinas Geschichte setzt Vollmer zu einer Debatte seines Verhaltens im Licht der Geschlechterfrage an und moniert dabei die gesellschaftlichen Verhältnisse, die es Männern wie ihm ermöglichen würden, Frauen nach Willkürart zu unterdrücken. Mit der Entfaltung einer verborgenen und einer herausgestellten Pointe rückt die anekdotische Erzählform Bettinas Pathologie der Selbstverausgabung in den Hintergrund, wohingegen der Frauenkomplex ihres Chefs zur eigentlichen Verhandlungssache wird. Sie lädt, um es frei mit Jolles zu sagen, zum Abwägen über die Abnormitäten in einer nach patriarchalischen Werten geordneten Welt ein. In diesem Zusammenhang ist auch die Bewusstwerdung Bettinas zu erklären, die mit der Wende der expliziten Pointe einsetzt und dazu führt, dass sie sich nicht weiter dem Diktat der Männerwelt anzupassen versucht, sich in eine andere Abteilung versetzen lässt und dadurch vor dem drohenden Burnout bewahrt. Ihr gewährt die Form der Anekdote damit eine Erkenntnis, die vor dem Fall liegt, und die, weil sie die Möglichkeit einer heilvollen Zukunft aufleuchten lässt, dem Genre des Ratgebers auf genuine Weise verwandt ist.

V.

Im Grunde, dieses Fazit lässt sich hier unmittelbar anschließen, haftet allen drei vorgestellten Fällen aus Vollmers *Ich fühle mich fix und fertig* etwas Anekdotisches an. Sie alle führen, das hat die narratologische Analyse gezeigt, über die interpretativ rekonstruierende Darstellung, die der professionelle Erzähldiskurs dem biographischen Fallmaterial im Rückgriff auf die für Burnout charakteristische Pathologie der exzessiven Selbstverausgabung einschreibt, zu einer pointierten Erkenntnis der multikausalen Genese des Burnout-Erschöpfungssyndroms. Dieses Potential von Fällen, den theoretisch fixierten Problemkomplex von Burnout in den wechselnden Gegebenheiten individueller Lebensgeschichten anschaulich vor Augen zu führen, macht sie gerade im Medium des Ratgebers zu einem viel gebrauchten Verfahren der populären Wissensvermittlung. Fälle präsentieren, ohne dass für das Verständnis besondere fachliche Vorkenntnisse vonnöten wären, ein praktisches Erfahrungswissen, das

Aufschluss gibt, wie sich der pathologische Mechanismus von Burnout aus unterschiedlichen Lebenslagen und persönlichen Dispositionen heraus entwickeln und wie ihm entsprechend vorgebeugt werden kann. Dass Burnoutratgeber sehr häufig das anzuratende Verhalten durch Vorführung von exemplarischen Fällen zu vermitteln versuchen, verweist einerseits auf die mit Jolles herausgestellte Reflexionstätigkeit, die ein Abwägen der in der Einheit Kasus vorgestellten Problematik in Gang setzt, andererseits auf den Unterhaltungscharakter von Fällen. Selbst bei weniger absatzorientierten Publikationen wie der frühen populären Studie von Pines zeigt sich, dass das Erzählen von Fällen ein Verstehen ermöglicht, das sich im Genuss ästhetisch gestalteter Wirklichkeit vollzieht und das sich, nimmt man etwa das Bild der zum Strick gedrehten Nerven aus Charlys Fall, nicht unbedingt am Genauigkeitskalkül wissenschaftlicher Erkenntnis orientiert.

Zusammen mit dem geringeren Objektivitätsanspruch, der einem solchen ästhetisch generierten Wissen zukommt, verweist die Popularität von Burnout-Fällen allerdings auch auf ein grundlegendes Defizit der Burnout-Forschung. Bekanntlich ist Burnout bis heute keine offiziell anerkannte Krankheit, da es an klaren diagnostischen Kriterien fehlt, um das oft unscharfe Symptombild eindeutig zu erkennen und von anderen Leiden wie etwa der Depression abzugrenzen.[46] Zwar helfen Fälle, worauf ja insbesondere Freudenbergers Burnoutgeschichte abzielt, neue, noch unerforschte Phänomene zu dokumentieren und in die Wissenschaft einzuführen, sie lassen aber aufgrund der Fokussierung auf ein Einzelnes kaum verallgemeinernde Aussagen zu. Dieses Dilemma zeigt sich vor allem darin, dass das in den Fällen wiederkehrende Motiv der sich selbstverausgabenden Menschen, das den harten Kern des Burnout-Theorems bildet und dem Anspruch auf Allgemeingültigkeit noch am ehesten gerecht wird, zwar den damit einhergehenden Erschöpfungsprozess als soziogenetisches

46 Vgl. Linda v. Heinemann / Torsten Heinemann: Die Etablierung einer Krankheit? Wie Burnout in den modernen Lebenswissenschaften untersucht wird. In: Neckel / Wagner (Hrsg.): *Leistung und Erschöpfung*, S. 129–147, hier S. 131–142; ein früher Versuch einer Systematisierung der Burnout-Diagnostik stellt das MBI (Maslach Burnout Inventory) dar (Christina Maslach / Susan E. Jackson: The Measurement of Experienced Burnout. In: *Journal of Occupational Behaviour* 2 (1981), S. 99–113).

Phänomen plausibilisiert, aber noch lange keinen sicheren Indikator für eine Diagnose liefert. Es lässt sich eben nicht aufgrund von ähnlichen Erlebnissen der dauerhaften Frustration und Überforderung, wie sie Charly oder Freudenberger teilen, zweifelsfrei auf andere Fälle schließen. Viel zu groß sind die Besonderheiten und Zufälligkeiten, unter denen sich die psychosomatischen Folgeerscheinungen derartiger Belastungsphänomene im Leben der einzelnen Menschen niederschlagen, als dass sie durch ein analoges Schlussverfahren unter ein einheitliches diagnostisches Urteil gebracht werden könnten. Immerhin ist es möglich, dass in einem Fall Gefühle chronischen Erschöpftseins oder innerer Leere auf einen Burnout im anderen Fall auf eine Depression hinweisen. In der Hinsicht muss wohl die Popularität von Burnout-Fällen, welche mittlerweile zum festen Erzählrepertoire der Leistungsgesellschaft zählen, vielmehr als ein Indiz für das epistemologische Schwellendasein des Burnout-Theorems gewertet werden. Weil es keine stichhaltigen Methoden zur Feststellung von Burnout gibt, aber die Schilderung von Fällen die Evidenz wiedererkennbarer pathologischer Muster bemüht, verbreitet sich, so das abschließende Fazit, das Wissen über Burnout vornehmlich über ein anekdotisches Wissen.[47] Mit diesem bei Hillert und Marwitz vorformulierten Fazit von der Narrativität des Burnout-Phänomens lässt sich aber auch einen Schritt weitergehen und die Vermutung äußern, dass mit dem Mangel an Wissenschaftlichkeit, unter dem sich selbst harmlose Zustände des Unwohlseins bequem in schwerwiegende Erschöpfungspathologien umdeuten lassen, nicht nur die Popularität von Burnout, sondern auch die Bedeutung popularisierender Darstellungsverfahren wie dem Fall zunimmt.

47 Vgl. Heinemann / Heinemann: Die Etablierung einer Krankheit?, S. 129–130; Hillert / Marwitz: *Die Burnout-Epidemie*, S. 77–78.

Wim Peeters

Der Steppenwolf als Messie

Über Entsorgungsratgeber für den ‚inneren Haushalt'

> Wohnen – noch immer ist es also ein Hausen, ein Geschehen voller Angst und Magie, das vielleicht niemals verzehrender war, als unter der Decke des zivilisierten Daseins und der bürgerlich-christlichen Kleinwelt?
> Walter Benjamin, Feuergeiz-Saga

Einleitung

Wahrscheinlich reicht der Begriff *Messie* alleine schon, um Bilder und Erzählungen vom krankhaftem Sammeln hervorzurufen. Auch wenn die Wenigsten unter uns von diesem Krankheitsbild betroffen sind, sind wir dennoch bestens informiert. Das ist bemerkenswert: Scheinbar haben die Messie-Erzählungen eine soziale Funktion. Sie erlauben es, sich zwischen Individualisierung und Normalisierung in der Gesellschaft zu orientieren. Erst der Abgleich der eigenen Geschichte mit einer solchen Narration im omnipräsenten Lebenshilferatgeberdiskurs „stiftet jenes Kohärenzgefühl des Einzelnen, einer Gruppe oder der Gesellschaft, aus dem sich der Glaube an die eigenen Möglichkeiten speist."[1] Wie moderne Sagen berichten

1 Ulrich Bröckling: You are not responsible for being down, but you are responsible for getting up. Über Empowerment. In: *Leviathan. Zeitschrift für Sozialwissenschaft* 31,3 (2003), S. 323–244, hier S. 332.

Messie-Erzählungen von der abzuwehrenden Bedrohung des *oikos*, der Hausgemeinschaft, die als Lebensmittelpunkt die Bedingung für die erfolgreiche biologische, soziale und wirtschaftliche Reproduktion bildet. Diesmal ist es keine Bedrohung von außen – wie zum Beispiel Hitchcocks *The Birds* (*Die Vögel*, US 1963) –, die den Bruch mit der Hausordnung darstellt, sondern der monströs heranwachsende Müllberg im Inneren. Auch die weniger pathologischen Messie-Varianten in der Ratgeberliteratur zapfen alle diesen Erzählkern an, wie ich darlegen möchte.

Im Ratgeber *Endlich aufgeräumt! Der Weg aus der zwanghaften Unordnung* von Thomas Ritter schildert ein Erfahrungsexperte die drohende Exklusion von Innen aus in einer genregemäßen Falldarstellung:

> Während ich anfänglich noch Besuch empfangen und mit unkontrollierten Aufräumaktionen das Gröbste kaschieren konnte, änderte sich das später völlig. Mein soziales Leben spielte sich komplett außerhalb meiner eigenen vier Wände ab. Es trat sogar mehrfach die absurde Situation ein, dass meine jeweiligen Partnerinnen niemals meine Wohnung zu Gesicht bekamen. Ich hielt mich einfach ständig bei ihnen auf. Dass keine dieser Partnerschaften lange hielt, hatte natürlich zum großen Teil auch damit zu tun. [...] Und ich beneidete Menschen [...], die sich selbst als „Wohner“ bezeichneten. Ich wäre auch gerne ein Wohner gewesen.[2]

Wie die Intimität zwischen den eigenen vier Wänden ihre Selbstverständlichkeit verlieren kann, beschreibt auch die US-amerikanische Sonderpädagogin Sandra Felton, die das Genre des Messie-Ratgebers begründete, in ihrem Ratgeber *Im Chaos werden Rosen blühen* aus dem Jahr 1986. Die noch so reichhaltige Sammlung von Alltagsgegenständen im privaten Lebensbereich gehe mit einem Selbstwertverlust einher. Felton schlussfolgert: „Messies leben in einer Welt der Unsicherheit. Auf der einen Seite sind wir uns unserer Fähigkeiten bewußt. Andererseits tun wir so merkwürdige Dinge, daß

2 Thomas Ritter: *Endlich aufgeräumt! Der Weg aus der zwanghaften Unordnung.* Reinbek: Rowohlt 2004, S. 25–26.

wir das Vertrauen in unseren eigenen Wert in Frage stellen."[3] Das Ordnungsproblem wird zum Lebensproblem. Im Ratgeber *Simplify your life* beruft sich Werner Tiki Küstenmacher auf die Expertise der US-amerikanischen Beraterin Barbara Hemphill, nach der das „Problem bei unordentlichen Menschen [...] weniger ein Mangel an Organisation, sondern ein Mangel an Perspektive"[4] sei. Messie-Ratgeberliteratur bietet eine Gegenerzählung gegen die perspektivlose Erzählung, für die das eigene Chaos steht. Nicht nur die Wohnung, sondern das Leben selber sei zugestellt. Es gehe also auch darum, den ‚inneren Haushalt' zu entrümpeln.

Viel mehr als direkte Ratschläge offeriert das Medium Ratgeber die passende, Komplexität reduzierende „Wirklichkeitserzählung"[5] zum alle Schichten und Lebensbereiche rahmenden diffusen Befehl: „Du musst Dein Leben ändern".[6] Insofern versteht sich moderne Ratgeberliteratur grundsätzlich eher als Medium des „Zuspruchs"[7]. Je genereller der Rat, umso mehr handelt es sich hier um „energische Ermutigung"[8] oder eine „Vereinsbildung in Schriftform"[9]. Durch die Lektüre erfährt man, wie man die eigene Handlungsentscheidungsfindung prospektiv-retrospektiv bereinigen und einordnen kann.[10]

3 Sandra Felton: *Im Chaos werden Rosen blühen. Tipps und Tricks für „Messies"*, aus d. Amerik. v. Ulrike Zellmer-Wettach. Moers: Brendow 1995, S. 45.

4 Werner Tiki Küstenmacher / Lothar J. Seiwert: *Simplify your life. Einfacher und glücklicher leben* [2004]. München: Knaur 2008, S. 81.

5 Christian Klein / Matías Martínez: Wirklichkeitserzählungen. Felder, Formen und Funktionen nicht-literarischen Erzählens. In: Dies. (Hrsg.): *Wirklichkeitserzählungen. Felder, Formen und Funktionen nicht-literarischen Erzählens.* Stuttgart / Weimar: Metzler 2009, S. 6.

6 Vgl. Rainer Maria Rilke, zit. n. Peter Sloterdijk: *Du mußt dein Leben ändern. Über Anthropotechnik.* Frankfurt am Main: Suhrkamp 2009, S. 40.

7 Vgl. ebenfalls unter Rückgriff auf Rilke: Rudolf Helmstetter: Ratgeber als Erfolgsflüsterer und der Schatten des Scheiterns. In: *Non Fiktion. Arsenal der anderen Gattungen* 7,1–2 (2012): Ratgeber, S. 49–56, hier S. 54.

8 Ebd., S. 53.

9 Michael Schikowski: Burn after reading. Der Ratgeber und seine Beziehung zum Komischen. In: Ebd., S. 99–126, hier S. 103.

10 Erhard Schüttpelz: Die dokumentarische Methode der Ratsuche. Harold Garfinkels Experiment und seine Auswertung. In: Michael Niehaus / Wim Peeters (Hrsg.): *Rat geben. Zu Theorie und Analyse des Beratungshandelns.* Bielefeld: Transcript 2014, S. 93–105, hier S. 103.

Begriff und literarische Vorgeschichte

Der Begriff *Messie* ist eine Ratgebererfindung. Er wurde von Felton geprägt und bezeichnet Personen, die es nicht schaffen, das Chaos (*mess*) in der eigenen Wohnumgebung zu beseitigen. Felton gründete die Selbsthilfegruppe *Messies Anonymous* und hat seitdem unablässig in unterschiedlichen Medien dazu veröffentlicht. Als erstes Buch erschien 1984 *The Messies Manual. The Procrastinator's Guide to Good Housekeeping.* Sie fand, der Begriff *Messie* habe eine humorvolle Konnotation. Beschönigende Begriffe kamen nicht in Frage, da nichts verschleiert werden sollte. „*Glückliche Hausfrauen* oder *Haushaltsaktivisten* lockten niemanden aus der Reserve"[11], berichtet die Autorin. Die Hausfrau solle aus der passiven Rolle dem inneren Feind ‚Chaos' gegenüber befreit werden.

Fälle von exzessiver Sammelwut waren natürlich schon vorher bekannt. Berühmt wurde der Fall der Collyer-Brüder Homer und Langley, deren komplett zugemüllte großbürgerliche Wohnung in der Nähe des New Yorker Central Park 1947 entdeckt wurde.[12] Bevor von *Messies* die Rede war, führte der Hamburger Arzt und Psychoanalytiker Peter Dettmering circa 1984 den Begriff *Vermüllungs-Syndrom*[13] ein. Damit wird eine psychische Störung bezeichnet, die mit einer Vernachlässigung der Körperpflege und der eigenen Wohnung einhergeht. Darüber hinaus würden die Betroffenen soziale Kontakte meiden und stünden Hilfe von außen ablehnend gegenüber. Alternativ spricht man auch vom Diogenes[14]- oder Plyushkin-Syndrom[15]. Abgesehen davon, dass Diogenes laut Anekdote in einem Vorratsfass übernachtete und sein Äußeres vernachlässigte, entspricht Diogenes' Verhalten nicht dem in diesem Falle durch Altersdemenz verursachten Krankheitsbild. Die literarische Figur Stepan Plyushkin aus Gogols Roman *Die toten Seelen* (1842), die vor allem in der

11 Felton: *Im Chaos werden Rosen blühen*, S. 20 (Herv. i. Orig.).

12 2009 erschien E. L. Doctorows Roman *Homer and Langley* (Kiepenheuer und Witsch) zu der Geschichte.

13 Vgl. Peter Dettmering / Renate Pastenaci: *Das Vermüllungssyndrom. Theorie und Praxis.* Eschborn: Dietmar 2002, S. 16.

14 Vgl. A. N. Clark / G. D. Manikar / I. Gray: Diogenes Syndrome. A Clinical Study of Gross Neglect in Old Age. In: *Lancet* 15,1 (1975), S. 366–368.

15 Vgl. E. Cybulska: Senile Squalor. *Plyuskin's not Diogenes' Syndrome.* In: *Psychiatric Bulletin* 22 (1998), S. 319–320.

russischen Psychiatrie für das Syndrom Verwendung fand, überzeugt eher. Plyushkin verwandelt sich nach dem Tod seiner Frau in einen Geizhals, der obsessiv alles aufhebt und sammelt, was er finden kann. Seine Nachbarn nennen ihn aus dem Grund „den Fischer". So gibt er zum Beispiel, wenn er ein Geschäft feiern will, seinem Diener den Auftrag, einen Kuchen zu suchen, den ein Besucher vor mehreren Jahren mitgebracht hatte. Im Gegensatz zur Verwaltung seiner Restesammlung bewirtschaftet er sein Gut völlig ineffizient. Er lässt die Ernte verfaulen und verliert so sein Einkommen. Die literarische Vorlage bildet den wirtschaftlichen und psychologischen Notstand des Messies exemplarisch ab.

Der Therapeut Rainer Rehberger macht in *Selbsthilfe für Messies. Ursachen verstehen – Änderungen wagen* einen Alternativvorschlag zu Diogenes oder Plyushkin für eine literarische Figur, die Pate für das Problem stehen könnte. „Kennen Sie den Steppenwolf, der zur Szene-Literatur der Achtundsechziger gehörte," schreibt er, dann „wird es Ihnen Spaß machen, ihn unter dem Blickwinkel der Messies zu lesen".[16] Bei Harry Haller, wie der Steppenwolf mit bürgerlichem Namen heißt, steht weniger die ökonomische Gefährdung des Haushalts, sondern eher der innere Haushalt im Fokus. Im ersten Teil schildert der Neffe der Hauswirtin Hallers seinen persönlichen Eindruck vom Steppenwolf und seiner Behausung. Hallers Mietswohnung, in der er völlig zurückgezogen lebt, gerät in kürzester Zeit in Unordnung. Die Figur steht Pate für die komplexe Lage des – auch wörtlich – Hin-und-Her-Gerissen-Seins zwischen der beruhigenden Ordnung der bürgerlichen Verhältnisse und einer Abneigung gegen den vom Warenfluss verkörperten Konformismus dieser Ordnung. Zwar hat Haller eine antibürgerliche Lebenseinstellung, dennoch hat die bürgerliche Ordnung des Mietshauses, in dem er wohnt, eine besondere Anziehungskraft auf ihn. Besonders die Araukarie im Treppenhaus hat es ihm angetan. Dem Erzähler gegenüber erklärt Haller:

> Auch bei Ihrer Frau Tante duftet es ja gut und herrscht Ordnung und höchste Sauberkeit, aber der Araukarienplatz hier, der ist so strahlend rein, so abgestaubt und gewichst und abgewaschen, so, unantastbar sauber,

16 Rainer Rehberger: *Selbsthilfe für Messies. Ursachen verstehen – Änderungen wagen*. Stuttgart: Klett-Cotta 2013, S. 170.

> daß er förmlich ausstrahlt. [...] Ich weiß nicht, wer da wohnt, aber es muß hinter dieser Glastür ein Paradies von Reinlichkeit und abgestaubter Bürgerlichkeit wohnen, von Ordnung und ängstlich-rührender Hingabe an kleine Gewohnheiten und Pflichten.[17]

Im Treppenhaus kann Haller dem Alltag seiner seelischen Not entkommen. Folgt man Rainer Rehberger, findet man bei Haller prototypisch alle Symptome eines depressiv veranlagten Messies.[18] Entsprechend könnte man vom Steppenwolf-Syndrom reden.

Diese psychologische Lage, in der man sich von der Außenwelt abschließt, bringt bereits Sigmund Freud mit der Entsorgungsökonomie in Verbindung. Nach diesem Muster konstruiert Freud in *Jenseits des Lustprinzips* ein Beispiel, das seine Libidotheorie illustrieren soll. Ein Experiment von Lorande Loss Woodruff habe darstellen können, dass eine Generation Pantoffeltierchen im Reagenzglas versiegt, wenn ihre Umwelt zu sehr von den eigenen Abfallprodukten verseucht wird. Paradoxerweise ist das nicht der Fall, wenn es sich um hinzugefügte Abfallprodukte einer entfernten verwandten Art handelt. Freud folgert, „vielleicht sterben auch alle höheren Tiere im Grunde an dem gleichen Unvermögen."[19] Man stelle sich vor,

> dass es die in jeder Zelle tätigen Lebens- oder Sexualtriebe sind, welche die anderen Zellen zum Objekt nehmen, deren Todestriebe, das ist die von diesen angeregten Prozesse, teilweise neutralisieren und sie so am Leben erhalten, während andere Zellen dasselbe für sie besorgen und noch andere in der Ausübung dieser libidinösen Funktion sich selbst aufopfern.[20]

17 Hermann Hesse: *Der Steppenwolf* [1955]. Frankfurt am Main: Suhrkamp 1974, S. 22.

18 Vgl. Rehberger: *Selbsthilfe für Messies*, S. 169–170.

19 Sigmund Freud: Jenseits des Lustprinzips [1920]. In: Ders.: *Gesammelte Werke*, Bd. 13, hrsg. v. Anna Freud / Marie Bonaparte / E. Bibring / W. Hoffer / E. Kris / O. Osakower. Frankfurt am Main: Fischer 1999, S. 1–69, hier S. 52.

20 Ebd., S. 53. Auch Karl Marx stellt das Ineinander von Produktion und Konsumtion als Stoffwechsel dar. Dieser Prozess liege allen menschlichen Aktivitäten zugrunde. (Karl Marx: *Das Kapital. Marx-Engels-Werke (MEW)*, Bd. 23. Berlin-Ost: Dietz 1968, S. 189; vgl. Wolfgang Schivelbusch: *Das verzehrende Leben der Dinge. Versuch über die Konsumtion.* München: Hanser 2015, S. 15.)

In der psychoanalytischen Messie-Ratgeberliteratur wird diese Stelle zwar nicht zur Kenntnis genommen, der Todestrieb gehört aber natürlich zum Erklärungsmodell für das Phänomen.[21]

Calvinos Mülltonne

Es ist wahrscheinlich kein Zufall, dass die ersten Messie-Ratgeber im diskursiven Umfeld der Ökologiebewegung der 1980er Jahren erschienen sind, in dem unser Verhältnis zu den alltäglichen Gegenständen und den damit verbundenen Praktiken wie dem Einkaufen oder Wohnen bereits ihre Selbstverständlichkeit und Unschuld verloren hatten und dadurch beachtenswert wurden. Davon zeugen bereits vorher Veröffentlichungen wie Roland Barthes' *Mythologies*, Jean Baudrillards *Le système des objets*, Michel de Certeaus *L'invention du quotidien*, Henri Lefebvres *La vie quotidienne dans le monde moderne* etc.[22] Einer der schönsten Essays aus dieser Reihe von Schriften ist Italo Calvinos Text *La poubelle agréée* (1977)[23], in dem er über die kommunale Müllentsorgung in Paris nachdenkt. Calvino behauptet, dass das Platzieren von Haushaltsmüll in einen dafür vorgesehenen Container das Herz(-stück) des Gesellschaftsvertrags darstelle. Indem er den Abfall auf die Straße stellt, diszipliniert sich der *pater familias* und übernimmt eine soziale Rolle. Er (oder sie) erklärt sich damit einverstanden, seinen Müll ausschließlich in den uniformen

21 Zum Verhältnis von Messietum und Todestrieb siehe Joachim Prandstetter: Der Messie immer schon in uns. Kreuz/Quer zur Kultur oder jenseits des Gegenstandes. In: Alfred Pritz / Elisabeth Vykoukal / Katharina Reboly / Nassim Agdari-Moghadam (Hrsg.): *Das Messie-Syndrom. Phänomen – Diagnostik – Therapie – Kulturgeschichte des pathologischen Sammelns*. Wien / New York: Springer 2009, S. 221–296, hier S. 255.

22 Roland Barthes: *Mythologies*. Paris: Seuil 1957; Jean Baudrillard: *Le système des objets*. Paris: Gallimard 1968; Michel de Certeau: *L'invention du quotidien*. Paris: Union Générale d'Éditions 1980; Henri Lefebvre: *La vie quotidienne dans le monde moderne*. Paris: Gallimard 1968.

23 Italo Calvinos: La poubelle agréée. In: *Paragone* 28,324 (1977), S. 3–20. (Dt.: Die Mülltonne. In: Ders.: *Die Mülltonne und andere Geschichten*, aus d. Ital. v. Burkhart Kroeber. München / Wien: Hanser 1994, S. 77–104.) Calvino spielt mit den Konnotationen von *agréée* und meint hier sowohl *behördlich genehmigt* als auch *akzeptabel* oder *gefällig*. (Vgl. Wim Peeters: Exklusion und die Frage nach ‚verworfenem Leben' in der deutschen Gegenwartsliteratur. In: *Forschungsberichte. Deutschland Institut Amsterdam* 5 (2009), S. 107–118, hier S. 104.)

staatlichen Müllbehälter zu räumen. Im Gegenzug billigt der Staat das (all)tägliche häusliche Ritual des *pater familias*, darüber zu entscheiden, was in den Produktionszyklus des *oikos*, des Haushalts, eingeht und was diesen Zyklus als Überrest verlässt. Diese Abmachung bestärkt das Familienoberhaupt in seiner Selbstachtung. Das staatliche Müllentsorgungsmonopol verhindert, dass der Haushalt durcheinandergerät und in den Überresten des Produktions- und Konsumdaseins versinkt. Die kleinste Einheit sozialen Lebens findet gesellschaftliche Anerkennung nur, wenn sie die Grenze zwischen Abfall und nützlichem Produkt, zwischen Abfall und Wertstoff, respektiert.

Sandra Felton fragt sich in *Im Chaos werden Rosen blühen*, warum Leute gerne den organisierten Haushalt vorführen. Eine Freundin von ihr erlebe „ein seelisches Hochgefühl, einen inneren Auftrieb, wenn sie die von ihr geschaffene Ordnung vorführt. Die Tatsache, daß sie alles unter Kontrolle hat, löst eine magische Energie aus."[24] Es gehe darum, die „‚organisatorischen Muskeln'" zu zeigen, „um sich ihrer Macht zu versichern."[25] Das Vorführen des Hauses erscheint als Ritual der gesellschaftlichen Rückversicherung. Dabei nimmt das „Haus" eine Stellung zwischen Gesellschaft und Familie ein. Das Wort *polis*, mit der Doppelbedeutung ‚Burg' und ‚Stadt/Staat', deutet noch auf die privatpolitische Dimension des Lebensraums hin. Der Wohnraum als „Festung" bildet nach Walter Seitter eine physikalisch fassbare Grundbedingung für die Identitätsbildung.[26] Für Seitter besteht eine etwas vergessene zentrale Funktion von Wohnarchitektur darin, „zwischen den Festen viel Nichts einzubauen"; die architektonische Kulturtechnik „Befestigen" bestehe darin, „Hohlräume[]" im Sinne von „Freiräumen für Menschen" zu „bergen".[27] Nur dadurch, dass der Mensch Raum für Leere schaffe, könne er sich entfalten.

24 Felton: *Im Chaos werden Rosen blühen,* S. 12.

25 Ebd.

26 Walter Seitter: Zur Architektur. In: Jean-Pierre Dubost (Hrsg.): *Bildstörung. Gedanken zu einer Ethik der Wahrnehmung.* Leipzig: Reclam 1994, S. 89–100, hier S. 98.

27 Ebd.

Das „Oikonomisch"-Imaginäre

In Zeiten einer abstrakten Herrschaft auf der Basis eines Nationalstaatshaushalts in Kombination mit einem proliferierenden Massenwarenverkehr tauchen die Praktiken des Wohnens als Projektionsfläche für das „oikonomisch Imaginäre"[28] der Gesellschaft auf.[29] Das Haus oder der *oikos* ist nicht einfach der Ort, an dem man etwas tut. Im Haus wird nach Felton auch das Selbstwertgefühl hergestellt. Bedingung für ein würdevolles Dasein sei ein gesunder Umgang mit den Dingen im Haushalt. Felton schildert den paradoxen Fall von Beth, die zwar behauptet, das Haus sei ihr nicht so wichtig, aber dennoch ihr Selbstwertgefühl an das Chaos koppelt:

> Chaos ist der, wenn auch so klägliche, Beweis dafür, daß sie ein wichtiger und wertvoller Mensch ist. So wird sie also weiterhin all ihren Aktivitäten nachgehen, um zu zeigen, wie wertvoll sie ist. Hätte sie ein stärkeres Selbstwertgefühl, würde sie nicht dauernd anderen und sich selbst ihren Wert beweisen müssen. Tatsächlich ist es so, daß sie in ihrem ständigen Bestreben, ihren Wert zu beweisen, ihre Würde verloren hat.[30]

Wolfgang Schivelbusch erinnert in *Das verzehrende Leben der Dinge* (2015) an die tief im 19. Jahrhundert verankerte und von

28 Marcus Twellmann: Das deutsche Bürgerhaus. Zum oikonoisch Imaginären in Gustav Freytags *Soll und Haben*. In: *Deutsche Vierteljahrsschrift für Literaturwissenschaft und Geistesgeschichte* 87,3 (2013), S. 357–385, hier S. 378.

29 Hannah Arendt beschreibt im Kapitel „Der Raum des Öffentlichen und der Bereich des Privaten" aus *Vita Activa oder Vom tätigen Leben* [1960] (abgedruckt in: Jörg Dünne / Stephan Günzel (Hrsg.): *Raumtheorie. Grundlagentexte aus Philosophie und Kulturwissenschaften*. Frankfurt am Main: Suhrkamp 2006, S. 420–431) die vormoderne Welt als eine, in der Besitz im Familienhaushalt noch vom Reichtum abgekoppelt war. In der griechischen Polis konnten Sklaven es „zu großem Wohlstand und hoher Bildung bringen" (ebd., S. 425). Das hatte aber kein Ansehen, da dieser Reichtum nicht „unbeweglich" (ebd., S. 428) war. Dagegen wirkt sich die Sphäre der Massengesellschaft insofern negativ auf den Stellenwert des Familienbesitzes aus, als privat und öffentlich nicht mehr klar voneinander abgrenzbar sind. „Was wir heute Gesellschaft nennen, ist ein Familienkollektiv, das sich ökonomisch als eine gigantische Über-Familie versteht" (ebd., S. 421). „Die Beherrschung der Lebensnotwendigkeiten innerhalt eines Haushaltes" (ebd., S. 423) war in der griechischen Polis noch die Bedingung für die Freiheit im öffentlichen Raum. Politik hatte noch nichts mit (Um)Verteilung von Reichtum zu tun.

30 Felton: *Im Chaos werden Rosen blühen*, S. 27.

Calvino wieder hervorgeholte Vorstellung der Konsumtion: des Verbrauchs bzw. Verzehrs natürlicher beziehungsweise hergestellter Objekte durch die an diesem Prozess beteiligten Subjekte.[31] Nur der Verbrauch bringt Gutes hervor. Die Produktivität der Konsumtion ist in der Hochmoderne jedoch nicht mehr ersichtlich, da der Verbraucher „seinem Gegenstand *en masse*, wie einer Phalanx oder einer Lawine" anstatt „auf gleicher Augenhöhe und im ‚Duell' begegnet"[32]. Nach Jean Baudrillard hat das moderne Kreditwesen diese Tendenz noch verstärkt. Dadurch haben „Haushaltsgegenstände, denen sich stets die häusliche Sphäre zugewandt hat, um dem Wirbel der Umwelt zu entfliehen, nun auch [das Potenzial], diesen Hausfrieden mit sich in den Rummel der ganzen gesellschaftlichen Zirkulation"[33] zu reißen. Das zeigt sich exemplarisch, „wenn infolge der Abzahlungsverpflichtung keine Mittel mehr für Benzin zur Verfügung stehen und der Wagen immobilisiert wird". Durch die absurde Logik dieses Beispiels kommt eine Grundwahrheit zum Vorschein: „nämlich, daß die Güter nicht die Bestimmung haben, in Besitz genommen, um gebraucht, sondern nur um erzeugt und verkauft zu werden."[34] Eigentlich gibt es keinen Privatbesitz mehr. Bedürfnislogik und Produktionslogik sind voneinander abgekoppelt. An der Stelle setzt das Messie-Narrativ an.

Losgelöst von dieser Logik des endlosen Nachschubs funktionieren „Erholungsreservate" wie der Flohmarkt oder auch manchmal immer noch der private Haushalt.[35] Hier erscheint der Schund von gestern in einem nostalgischen Licht als Abdruck einer individuellen Geschichte. Von Walter Benjamin stammt der Satz: „Sammeln ist eine Form des praktischen Erinnerns und unter den profanen Manifestationen

31 Vgl. Schivelbusch: *Das verzehrende Leben der Dinge*, S. 9.

32 Ebd., S. 18. Der Marx-Zeitgenosse Lorenz von Stein stellt den Gebrauch eines Objekts als Duell dar. Der Widerstand des Objekts müsse gebrochen werden. (Lorenz von Stein: *System der Staatswissenschaft* [1852], Bd. 1. Osnabrück: Zeller 1964, S. 157; vgl. Schivelbusch: *Das verzehrende Leben der Dinge*, S. 19.)

33 Jean Baudrillard: *Das System der Dinge. Über unser Verhältnis zu den alltäglichen Gegenständen*, aus d. Franz. v. Joseph Garzuly. Frankfurt / New York: Campus 1991, S. 202.

34 Ebd.

35 Schivelbusch: *Das verzehrende Leben der Dinge*, S. 18. Martin Heideggers Beschreibung von Vincent Van Goghs *Schuhe*-Gemälde im Kunstwerk-Aufsatz wird hier als emblematisches Beispiel angeführt (ebd., S. 10).

der ‚Nähe' die Bündigste."[36] Sandra Felton aber warnt: „Wenn wir unseren persönlichen Wert in Dingen außerhalb von uns selbst festmachen, verlieren wir das Gefühl für unsere Würde".[37] Bei Messies finde eine metonymische Verschiebung von der Ebene der Befriedigung der Bedürfnisse auf die Ebene der unmittelbar greifbaren Erfüllung des Begehrens nach einem intim-persönlichen Verhältnis zu den Dingen statt. Güterstress des Konsums und Güterstress der persönlich besetzten Gegenstände sind nicht länger von selbst getrennt, wie es in einem Haushalt mit Bediensteten der Fall ist, und konkurrieren miteinander.[38]

Tucholsky macht den Vorlauf

Kurt Tucholsky schrieb wahrscheinlich den ersten modernen Ratgebertext in Sachen Entrümpelung im deutschen Sprachraum. Er teilt seine Vorliebe für Mülltonnen mit Calvino: „Die Basis jeder gesunden Ordnung ist ein großer Papierkorb." Dies ist der letzte Satz der Glosse *Das kann man noch gebrauchen –!*, erschienen unter dem Pseudonym Peter Panter am 19. August 1930 in der *Neuen Leipziger Zeitung*. Tucholsky predigt die Grundsätze des *oikos*-Denkens. Man solle wegwerfen, man solle sein Verhältnis zu den Dingen immer unter der Perspektive der Nützlichkeit prüfen, stets in Anerkennung der Tatsache, dass die Warenproduktion seriell geworden sei. Falls man an Dingen hänge, solle man diesem Verhältnis psychoanalytisch auf den Grund gehen. Man solle in Sachen Entsorgung Frauen nicht unbedingt trauen.[39] Tucholsky schreibt bereits ratgeberkonforme Merksätze wie zum Beispiel:

36 Walter Benjamin: *Das Passagen-Werk. Gesammelte Schriften*, Bd. V.1, hrsg. v. Rolf Tiedemann. Frankfurt am Main: Suhrkamp 1991, S. 271.

37 Felton: *Im Chaos werden Rosen blühen*, S. 30.

38 Vgl. Roland Barthes: *Wie zusammen leben. Vorlesung am Collège de France 1976–1977*, hrsg. v. Éric Marty, aus d. Franz. v. Horst Brühmann. Frankfurt am Main: Suhrkamp 2007, S. 135; Schivelbusch: *Das verzehrende Leben der Dinge*, S. 72.

39 Kurt Tucholsky (Peter Panter): Das kann man noch gebrauchen –! In: Ders.: *Gesammelte Werke in 10 Bänden*, Bd. 8 [1930], hrsg. v. Mary Gerold-Tucholsky / Fritz J. Raddatz. Reinbek: Rowohlt 1975, S. 188–190, hier S. 188–189.

> Merk:
> Was nicht griffbereit ist, was man nicht nachts um zwei Uhr finden kann –: das besitzt man nicht. Das liegt bloß da. Es ist so, wie wenn man es weggeworfen hätte.
> Merk:
> In neunundneunzig Fällen von hundert lohnt es sich nicht, ein Ding aufzubewahren. Es nimmt nur Raum fort, belastet dich; hast du schon gemerkt, dass du nicht die Sachen besitzt, sondern dass sie dich besitzen? Ja, so ist das.
> Merk:
> [...] Es ist eine atavistische Hochachtung vor dem Ding, stammend aus der Zeit, wo ein Gegenstand noch mit der Hand hergestellt wurde ... Heute speien ihn die Maschinen aus – wirf ihn weg! wirf ihn weg!
> Glatt soll es um dich aussehen, griffnah und ordentlich. Hinter den Kulissen deines Daseins soll kein *Moderkram* von *Ding-Leichen* liegen: psychoanalysiere dein Besitztum und laß nicht in verstaubten Ecken dein altes Leben gären. Es lohnt nicht; es lastet nur. [...] Und höre nicht auf die Stimme deiner Frau, die dir sonst so gut rät; wenn sie aber sagt: „Man kann das noch gebrauchen!" – dann denk an den großen Kasten mit alten Schlüsseln, die du immer, immer noch aufbewahrst, Schlüssel, zu denen die Schlösser verloren gegangen sind ... Kann man das noch gebrauchen? Das kann man nicht mehr gebrauchen.[40]

Die Mann-Frau-Differenzierung ist in der Messie-Ratgeberliteratur bis heute dauerpräsent. Zur Erinnerung: Felton wollte ihre Selbsthilfegruppe ursprünglich *Glückliche Hausfrauen* nennen.[41] Sie stellt in einem Sonderkapitel ernsthaft die Frage, ob Frauen, die für das Messietum anfällig sind, arbeiten gehen oder doch lieber zu Hause bleiben sollten.[42] In einem Interview über die Frage „Was passiert, wenn ein Paar zusammenzieht?" des *Zeit-Magazins* gibt der Paartherapeut Wolfgang Schmidbauer bei der Frage, ob man versuchen sollte, den Partner umzuerziehen, folgende Beziehungsfaustregel:

40 Tucholsky: Das kann man noch gebrauchen –!, S. 190.
41 Felton: *Im Chaos werden Rosen blühen*, S. 20.
42 Ebd., S. 141–148.

> Ich glaube, es fällt leichter, wenn der Mann die Person ist, die der Partnerin alles hinterherräumt. Männer tun sich leichter mit dem Rollenbild, Ordnung und Struktur zu schaffen. Ordentliche Menschen kämpfen gegen die menschliche Stammesgeschichte. Wir stammen von Jägern und Sammlern ab. Die haben ihr Lager vermüllt und sind dann weitergezogen, wenn es ihnen nicht mehr gefiel. Männern fällt es leichter, wenn es die Partnerin ist, die in diese kindlich-regressive Haltung verfällt – das bestätigt ihren klassischen Führungsanspruch.[43]

Das Sesshaft-Werden des Menschen wird zur anthropologischen Wende in Sachen Abfallwirtschaft erklärt. Leidenschaftliche Sammler wären dann im Sinne dieser „Relikt-Theorie"[44] zurückgeblieben. Oftmals wird diese Auffassung mit einer „Surrogat-Theorie"[45] verknüpft: Die Tätigkeit des Sammelns dient als Ersatz für etwas, wozu der Mensch keinen Zugang hat: „eigentlich wolle der Sammler sein wie Gott, der alles in der Hand hat; doch da er dazu nicht in der Lage sei, tue er etwas anstatt"; Manfred Sommer weist darauf hin, dass diese Theorien gemeinsam haben, dass sie die Frage nach dem *Was* des exzessiven Sammelns reduktionistisch und zirkulär durch Angabe der Gründe, des *Warum* beantworten.[46]

Ratgeber nehmen philogenetische Erklärungsmodelle nichtsdestotrotz gern als Ausgangpunkt für den Entwurf eines Bedrohungsszenarios. Seitdem er sesshaft geworden ist, kämpfe der Mensch gegen regressive Tendenzen an, die die Produktivität und Würde des Haushalts bedrohen. Die modernen Messie-Ratgeber stellen diesen Kampf-Aspekt explizit als solchen heraus. Man beachte den Unterschied in Ton – bei Tucholsky bildet der Müll lediglich eine Parallelwelt:

43 Inga Krieger / Tillmann Prüfer: Was passiert, wenn ein Paar zusammenzieht? Interview mit Wolfgang Schmidbauer. In: *Zeit-Magazin*, 43/2013, S. 31–35, hier S. 32.

44 Manfred Sommer: *Sammeln. Ein philosophischer Versuch.* Frankfurt am Main: Suhrkamp 1999, S. 94.

45 Ebd., S. 97.

46 Ebd.

> Manchmal sucht die Hausfrau etwas – dann stößt sie auf einen Haufen Unglück. Sie verliert sich darin, taucht unter, kommt erst spät zu Mittag wieder hervorgekrochen, staubbedeckt, mit rotem Kopf und abwesenden Augen, wie von einer Reise in fremde Länder ...[47]

Zu seiner Zeit wie zum Beispiel in *The New Housekeeping. Efficiency Studies in Home Management*[48] von Christine Frederick ging man noch davon aus, dass die bewährten Techniken des *scientific management* aus Industrie und Handel, sobald sie in den Haushalt der Mittelschicht Eingang gefunden hatten, durch zeitliche und räumliche Optimierung der Arbeitsvorgänge leicht Chaos und Ablenkung vom Wesentlichen verhindern konnten. Im starken Kontrast dazu steht der alarmistische Ton im Ratgeber *Im Chaos werden Rosen blühen* Feltons. Das erste Kapitel im Buch hat als Motto: „Wir sind auf den Feind gestoßen – nämlich auf uns selbst."[49] Und es gibt weitere kriegerische Motti in dem Buch: „Es genügt nicht, zu kämpfen. Entscheidend ist der Kampfgeist. (George Catlett Marshall)"[50] Die ganze Gliederung ist von Kriegsrhetorik geprägt. Es zeichnet sich hier ein für Messie-Ratgeberliteratur typisches Erzählmuster ab.

Der Sagenstrom des Erzählens

Die Messie-Erzählungen, so wie wir sie zum Beispiel bei Felton vorfinden, sind narratologisch auf einem fundamentalanthropologischen Erzählmuster aufgebaut. Sie gehören, folgt man dem narratologischen Entwurf Michael Neumanns, zum sogenannten Sagenstrom des Erzählens. Um diesen Ansatz zu verstehen, müssen wir die traditionellen Gattungsunterscheidungen und die Einordnung in Belletristik, Unterhaltungsliteratur und Sachbuch vorübergehend vergessen. (Im angelsächsischen Raum wird die Grenze der sogenannten *Self-Help*-Bücher, die konkret Selbstoptimierungsangebote machen, zu verwandten literarischen Medien der Sozialisation sowieso seit jeher

47 Tucholsky: Das kann man noch gebrauchen –!, S. 188–189.

48 Christine Frederick: *The New Housekeeping. Efficiency Studies in Home Management*. Garden City / New York: Doubleday, Page 1913.

49 Felton: *Im Chaos werden Rosen blühen*, S. 11.

50 Ebd., S. 25.

als fließend wahrgenommen.) Neumann unterscheidet fünf grundlegende Erzählströme, die er mit „Universalien"[51] aus der Welt der Genetik, der Archetypentheorie und der Kognitionswissenschaft, die die Voraussetzung für das Erzählen und Verstehen bilden, begründet. Die anthropologische Funktion der Ströme des Erzählens bestehe nach Neumann „in ihrer Gesamtheit" darin, „die Welt zu einem bewohnbaren Raum" zu machen.[52] Dabei bildet der Mythenstrom den sinnstiftenden Gesamtrahmen für das menschliche Leben überhaupt, während sich der Märchenstrom auf den individuellen Entwicklungsweg der Helden bei der Bewältigung von Herausforderungen konzentriert. Beim Sagenstrom steht eher das soziale Gefüge im Vordergrund; er zeigt den Menschen in seinem Verhältnis zum anderen. Der Anderweltstrom thematisiert an erster Stelle die Hilfe höherer Mächte für Notleidende aller Art. Die Ordnungen, die diese vier Ströme nachzeichnen, werden vom Schwankstrom spielerisch hinterfragt und teilweise untergraben.

Warum gehören Messie-Erzählungen zum Sagenstrom? Nach Neumann gehen die Narrationen des Sagenstroms alle „von dem Bemühen aus, die Kultivierung des eigenen Raumes gegen die stete Bedrohung von außen zu sichern, zu verteidigen und aufrechtzuerhalten."[53] Oft verschiebt sich beim Sagenstrom die Lösung der Handlung von der narrativen (auch) auf die pragmatische Ebene:

> Die Lösung liegt darin, dass [...] [der Zuhörer] erfährt, was ihm im Prinzip selbst widerfahren könnte. Die Lösung liegt darin, dass er dank der Geschichte nun weiß, worum es sich handelt oder auf welche Weise er der Gefahr entkommen kann.[54]

Es handelt sich um pluralische Helden. Wir alle sind potenziell betroffen und gehören zu der Gruppe der Protagonisten der Erzählungen. Die Spannung entsteht an der Grenze zwischen endogener und exogener Zone. Musterhaft für die Messie-Erzählung ist die Figur des

51 Michael Neumann: *Die fünf Ströme des Erzählens. Eine Anthropologie der Narration.* Berlin / Boston: de Gruyter 2013, S. 11.

52 Ebd., S. 630.

53 Ebd., S. 279.

54 Ebd., S. 281.

Heizungsablesers[55], der als Schwellenfigur zwischen den beiden Zonen die Normabweichung in der zugemüllten Wohnung aufzudecken droht. Zugleich vergegenwärtigt er – wie auch der Müllmann – die Ordnung des eigenen, lokal vertrauten Raums, die es zu schützen gilt.

Die Erzählungen sind entsprechend informativ und appellieren an die Vernunft der Erzählgemeinschaft. Schließlich sind die Erzählungen im Sagenstrom geprägt von der Angst vor sozialer Exklusion. Im Ratgeberkontext wird dies gerne mittels einer Falldarstellung oder direkt aus der eigenen Erfahrung vermittelt: zum Beispiel, dass man durch den eigenen Sammeltrieb vor dem sozialen Aus stehe und im Extremfall wörtlich auf Basis von Hygienemaßnahmen seine Wohnstätte zu verlieren drohe.

Feng Shui: Ursprüngliche Harmonie wiederherstellen

In alle denkbaren Richtungen wird dieser Sagenstrom in den Ratgebern variiert und eingepasst. Bei Felton steht alles im Licht eines Krieges gegen die Sucht, die einem die Würde nimmt. In Karen Kingstons *Feng Shui gegen das Gerümpel des Alltags. Richtig ausmisten. Gerümpelfrei bleiben* (2014) sind die Energieflüsse im Haus gestört und können nur über die Entrümpelung von Haus, Körper, Geist und Gefühle wieder freigelegt werden. „Gerümpel behindert den Energiefluss und fühlt sich unangenehm, klebrig, schmutzig an, als würde ich mit den Händen durch ein unsichtbares Spinnennetz greifen."[56] Dabei sind es nach Kingston auch „[t]raumatische oder sich wiederholende Ereignisse"[57], sogar aus dem Leben von ehemaligen Bewohnern, die sich „besonders tief in Räume" eingraben und den Bewohnern zusetzen können. *Space Clearing* als Technik ist dann die Lösung. Dabei geht es um die Wiederherstellung eines ursprünglichen harmonischen Zustands. In ihrem Blog beschreibt Kingston am 28. Februar 2015 eine aktuelle, neue Bedrohung dieser Harmonie, nämlich *eco-neurosis*, die Sammelwut bezogen auf Sachen, die irgendwann in Zukunft

55 Ritter: *Endlich aufgeräumt!*, S. 21.

56 Karen Kingston: *Feng Shui gegen das Gerümpel des Alltags. Richtig ausmisten. Gerümpelfrei bleiben*, aus d. Engl. v. Sabine Schilasky. Reinbek: Rowohlt 2014, S. 60.

57 Ebd., S. 54.

recycelt werden könnten. Die drohende Gefahr in Zeiten einer ökologisch begründeten Kritik der Wegwerfökonomie ist klar: „[I]f you hold on to too much stuff, it will stagnate the energy of your home and your life".[58]

Die Simplify-Methode

Eine ebenso von der Ökologiebewegung geprägte Perspektive eröffnet das bereits genannten Buch *Simplify your life* (2004) von Küstenmacher. Hier stellt die „Überfülle des Angebots in einem Großmarkt" wie zu erwarten nicht länger eine „Befreiung" dar, sondern ist zur „Belastung" geworden.[59] Gegen unsere hochgradig komplexe, durch ein Übermaß an Konsum bedrohte Gesellschaft hilft dem Simplify-Lebewesen Mensch entsprechend nur ein Nicht-Tun. Küstenmacher präsentiert die Rettung aus der Messiefalle in Form eines dem ersten Kapitel vorangestellten Simplify-Traums, der ein Gegennarrativ beinhaltet:

> Sie träumen, ein Unsichtbarer nähme Sie bei der Hand und führte Sie aus dem Raum, in dem Sie sich gerade befinden. [...] Doch dann spüren Sie, wie Sie an einem Ihnen sehr vertrauten Ort angekommen sind. Ein stattlicher Bau erhebt sich vor Ihnen wir eine Pyramide, und Sie wissen, dass es Ihre eigne Lebens-Pyramide ist.[60]

Es ist der Traum einer Transformation der eigenen Lebensumgebung in einen auf allen Ebenen optimierten Raum. Ganz unten als Fundament ist die Welt der Waren. Ganz oben ist der Bau offen. und von dort aus erhält die ganze innere Struktur Energie. Um auf die nächste Stufe zu kommen, müsse man sich selbst durch eine einfachere Ding-Welt „vereinfachen"[61]. Die Wohnung ist eine dreidimensionale Repräsentation des Lebens. Innen- und Außenwelt müssen sich entsprechen, damit ein positives Selbstbild entworfen werden kann.

58 Karen Kingston: The Rise of Eco-neurosis, and What to Do about It. https://www.karenkingston.com/blog/the-rise-of-eco-neurosis-and-what-to-do-about-it/ (Zugriff am 07.11.2017).

59 Küstenmacher: *Simplify your life*, S. 15.

60 Ebd., S. 18.

61 Ebd.

„Völlig egal, warum Sie Messie sind!"

Im Ratgeber *Endlich aufgeräumt!* von Thomas Ritter ist auch im Sinne des Sagen-Narrativs von Kampf die Rede, jedoch „ohne Aussicht auf Sieg."[62] Alle Versuche im Leben des Autors, das Messie-Schicksal zu bekämpfen, waren aussichtslos, bis die simple Erkenntnis einsetzte: „Man muss nicht kämpfen. Man kann nicht verlieren. Und: Es ist ganz einfach. Nahezu unglaublich, aber wahr, wenn Sie mir dieses kleine Zitat aus der Welt der phantastischen Geschichten erlauben."[63] Es ist „[v]öllig egal, warum Sie Messie sind!"; man neutralisiere das durch irgendwelche Schicksalsgeister aus der Vergangenheit zusätzlich mit Schuldgefühlen belastete Dauerchaos, indem man den imaginär-überhöhten Kraftakt der Chaosbeseitigung in eine machbare Durchschnittsaufgabe verwandelt. Es ist der Versuch, sich der Macht der Bedrohung, die dem Messie-Narrativ als Teil des Sagenstroms prägt, zu entledigen, dadurch dass man sie mit der bewährten Technik[64] der Autosuggestion mantraartig für nichtig erklärt.

Ratgeber als literarisches Medium

Auch wenn in Michael Neumanns Kosmos französische Theorien über Alltagspraktiken nicht angesagt sind, ist die Übereinstimmung in Bezug auf die Sagenstruktur mit der Auffassung von Michel de Certeau jedoch frappierend. Paradoxerweise funktioniert das Erzählsystem der Hochmoderne nach Certeau im Grunde, „ohne irgendeinen glaubwürdigen Gegenstand zu liefern".[65] Wie das Urmedium der Beratung, das Orakel von Delphi[66], haben die medial kolportierten Geschichten die Macht, unser Handeln bis hin zu unseren Traumerlebnissen vorherzubestimmen:

62 Ritter: *Endlich aufgeräumt!*, S. 14.

63 Ebd.

64 Die in den Ratgebern vorgeschlagenen Praktiken, tatsächlich Ordnung zu schaffen, kupfern je nach Ausrichtung die bekannten Methoden ab und sind entsprechend nicht unbedingt innovativ.

65 Michel de Certeau: *Kunst des Handelns*, aus d. Franz. v. Ronald Voullié. Berlin: Merve 1988, S. 331.

66 Vgl. ebd., S. 328; Wim Peeters: Ludwig Bechsteins Ratgebermärchenkette. Zum Verhältnis von Erzählen und Rat. In: Ders. / Niehaus (Hrsg.): *Rat geben*, S. 201–320, hier S. 304–305.

> Das gesellschaftliche Leben übernimmt die Gebärden und Verhaltensweisen, die von den narrativen Modellen geprägt worden sind; es reproduziert und akkumuliert unablässig die ‚Kopien' von Berichten. Unsere Gesellschaft ist in dreifachem Sinne zu einer *rezitierten* Gesellschaft geworden: sie wird gleichzeitig durch *Berichte (récits)* (die Fabeln unserer Werbung und unserer Informationsmedien), durch deren *Zitierung* und durch deren unendliche *Rezitierung* definiert.[67]

Im Sinne de Certeaus müsste man auch die Ratgeberliteratur zu den wichtigen institutionalisierten Produzenten dieser modernen „Legenden (*Legenda*, was man lesen und sagen muß)"[68] rechnen.
Bereits Walter Benjamin betont in seinem Erzähler-Aufsatz (1936/37) den Stellenwert der Iteration. Nach ihm funktionieren Erzählungen nur dann beratend, wenn sie sich als „Vorschlag" für die „Fortsetzung einer (eben sich abrollenden) Geschichte" geben.[69] Um Rat für sich einholen zu können, müsste man die Mustererzählung erst einmal neu nacherzählen lernen. Noch stark vom repräsentativen Zeitalter her denkend gleicht Benjamin die Grenzen der Möglichkeit, tatsächlich in der Moderne beratend auf den einzelnen einzuwirken, mit mündlichen Erzähltraditionen ab. Er unterscheidet die Gattungen Roman, Märchen und Erzählung auf der Basis ihres Verhältnisses zur Praxis des Ratgebens. Aus der Sicht Benjamins jedoch kann der moderne Roman nicht länger die Handlungsbereitschaft verstärken, da sich diese Gattung auf tiefe Ratlosigkeit spezialisiert habe.[70] Der oben erwähnte *Steppenwolf* von Hesse ist ein Paradebeispiel für diese These.

67 Certeau: *Kunst des Handelns*, S. 329.

68 Ebd.

69 Walter Benjamin: Der Erzähler [1936/37]. In: Ders.: *Illuminationen*. Frankfurt am Main: Suhrkamp 1977, S. 385–410, hier S. 388.

70 Ebd., S. 389. Benjamins Ansicht ist symptomatisch für die Etablierung der universitären Literaturwissenschaft in Deutschland, die scheinbar mit einer Distanzierung von Kunst und Leben einhergeht (vgl. Schikowski: Burn after reading, S. 117). Als Begleiterscheinung spezialisiert sich die Literatur auf die Rolle der skeptischen und mahnenden Beobachterin des lebensberatenden Schreibens oder besinnt sich in Form von Parodien auf ihr früheres Doppelleben. In der Kürzesterzählung *Gründe für ein Massaker* von Burkhard Spinnen (abgedruckt in: *Trost und Reserve*. Frankfurt am Main: Schöffling 1996, S. 32–33) zum Beispiel erschlägt ein Familienvater seine Familie, weil der Anblick eines unaufgeräumten Regalfachs ihn in blinde Wut versetzt habe. Die wahren Gründe für diese Überreaktion kann man nur erahnen.

Jacques Rancière unterschreibt diese institutionelle Verschiebung der Rolle der Literatur nicht. Er sieht eher eine Kontinuität zwischen Belletristik und Ratgeberliteratur. Im 19. Jahrhundert könne man neben Ratgebern auch Romanen schichtgebundenen Rat in Fragen der Mode, des Benehmens und der Konversation entnehmen. Die Proliferation und auch mediale Diversifikation von Ratgebermedien seit der Mitte des 19. Jahrhunderts sei erst denkbar vor dem Hintergrund der *Revolution der Literatur*, in der „das Leben jedes ‚unbedeutenden' Beliebigen so viel zählt wie das Leben der großen Figuren".[71] Spätestens gegen Ende des 18. Jahrhunderts ist die Frage, *wie lebe ich mein Leben?*, politisch geworden und darüber hinaus auch „Sache der Poetik"[72]. Leben und Schrift sind im *Regime der Literatur* untrennbar. Die Formen und Institutionen des Schreibens selbst prägen Lebenserzählungen und sind nicht länger eine angemessene und konventionelle Darstellung einer Umwelt großer Worte und Taten außerhalb ihrer selbst. Ratgeber führen die von Benjamin für verlustig erklärte Erzählkultur in gewissem Sinne fort, wenn man sie wie Peter Sloterdijk als literarisches Übungsmedium unter vielen ebenso für die Leser wie für den Schreiber versteht.[73] Das Medium steht im weiteren Kontext von Praktiken der Selbstsorge und des Selbstmanagements, die für Michel Foucault prägend für das 20. Jahrhundert sind.[74] Es ist die Ratgeberliteratur, die in der Nachfolge des Romans des 19. Jahrhunderts weiterhin das fiktive Gefüge reproduziert, das kritisch für die Montage[75] moderner Subjektivität ist. Sie umrankt Lebenserfolg mit Geschichten, und entsprechend fallen die Bücher „in

71 Jacques Rancière: Der Historiker, die Literatur und das biografische Genre. In: Ders.: *Politik der Literatur*, aus d. Franz. v. Richard Steurer. Wien: Passagen 2008, S. 203–220, hier S. 212.

72 Ebd., S. 211.

73 Sloterdijk entdeckt in der Ratgeberkultur eine Wiederbelebung des antiken Übungsbewusstseins (vgl. Sloterdijk: *Du mußt dein Leben ändern*, S. 49–50).

74 Vgl. Peter Friedrich: Mut zur Wahrheit. Michel Foucault als Supervisor und Berater. In: *Forum Supervision* 41 (2013): Supervision und Verletzbarkeit, S. 39–64.

75 „*Montages* veut dire agencement de médiations qui, dans l'espèce parlante, rendent possible *le forçage normatif que nous appelons vivre en société* : jeter un pont entre l'insu subjectif avec ce qu'il comporte de délirant et l'exigence de renoncement portée par la culture" (Pierre Legendre: *L'Autre Bible de l'Occident. Le monument romano-canonique*. Paris: Fayard 2009, S. 115).

die Kategorie der Romanpoetiken, sie geben Anleitungen, wie man einen Roman lebt."[76] Im Falle der Messie-Ratgeberliteratur wird der mittels einer Sagenstruktur genährte phantasmatische Anspruch, dass jeder ‚Herr im eigenem Hause' sein kann, ratgebergerecht derartig aufbereitet, dass die Leser „zu Autoren ihrer eigenen Geschichte"[77] werden können.

76 Rudolf Helmstetter: Viel Erfolg. Eine Obsession der Moderne. In: *Merkur* 771 (2013), S. 706–719, hier S. 711.
77 Bröckling: *You are not responsible*, S. 332.

Niklaus Ingold

Fitness als Glück?

Gesundheit, Unbehagen und kein Sex im Film *JE KA MI*

„Wie soll man leben? Wie bleiben wir gesund?"[1] Im Dokumentarfilm *JE KA MI – oder Dein Glück liegt ganz in dieser Welt* (CH 1978, R.: Roman Hollenstein) präsentierten Cineasten aus dem alternativen Milieu das Streben nach Fitness als ironische Antwort auf diese Fragen. (Abb. 1) Die Aufblende lässt einen Sonnenaufgang über dem Alpenkranz erscheinen, während der in die Jahre gekommene Schweizer Nudist Werner Zimmermann sein Verständnis des Zwecks menschlichen Daseins erklärt. In den darauffolgenden 95 Minuten schlägt der Film den großen Bogen von der Freikörperkultur zu Breitensportanlässen und kommerziellen Fitness- und Sportangeboten aus den 1970er Jahren. Der Eindruck entsteht, dass körperliche Ertüchtigung zur Herstellung und Aufrechterhaltung individueller Gesundheit zum Mittelpunkt des Lebens in der Schweiz geworden sei. Folgerichtig endet der Film in der Wohnung einer dreiköpfigen Familie, die bei laufendem Fernseher mit Fitnessgeräten trainiert. Weit weg sind nun Sonnenaufgang und Alpenkranz: In der Abblende gleitet die

1 Filmcooperative Zürich: Filmplakat zu *JE KA MI oder Dein Glück liegt ganz in dieser Welt* (CH 1978, R: Roman Hollenstein). https://www.filmkollektiv.ch/pagina.php?0,90,2,0,68,&n=01&obt=pl (Zugriff am 23.09.2015). Ich danke Lukas Engelmann für den Hinweis auf *JE KA MI* und Felix Aeppli für Zugang zu seiner Filmsammlung. Maria Böhmer, Janina Kehr, Erich Keller, Alois Unterkircher und Anita Winkler danke ich für den Austausch sowie Anregungen und Kommentare.

Abb. 1
Filmplakat
für den Film
JE KA MI (1978).

Kamera über den Asphalt einer Straße, um langsam den Blick auf den Kühlturm eines Atomkraftwerks freizugeben.

Dieser Plot karikierte die zeitgenössische Öffentlichkeitsarbeit für Gesundheitssport. Die Abkürzung im Filmtitel – „JE KA MI“ für „Jeder kann mitmachen“ – griff das Motto von Kampagnen auf, die Sport als gesundheitsförderndes Verhalten darstellten und alle Menschen zu regelmäßiger sportlicher Betätigung im Alltag anzuregen versuchten. In der Bundesrepublik fuhr der Deutsche Sportbund (DSB) eine solche Kampagne unter dem Leitspruch „Trimm Dich – durch Sport“, während in der Schweiz der Schweizerische Landesverband für Leibesübungen (SLL, ab 1977 Schweizerischer Landesverband für Sport, SLS, heute Swiss Olympic) seine Version kurz „Sport für alle“ nannte. Solche Kampagnen zählten zu den Triebkräften hinter dem Fitnessboom, der Ende der 1960er Jahre mit einer steigenden Nachfrage nach Fitnesscentern, neuen Trendsportarten wie dem

Jogging und Trimm-Dich-Pfaden begonnen hatte.[2] Letztere hießen in der Schweiz „Vita Parcours", da sie ab 1968 von der Vita Lebensversicherung in einer großangelegten Sponsoring-Aktion eingerichtet wurden.[3] All diese Kampagnen propagierten den durchtrainierten, schlanken Körper als Idealkörper, der am besten an die Lebensbedingungen in westlichen Konsum- und Leistungsgesellschaften angepasst sei. Fitness versprach Funktionalität – durch dieses Ziel unterscheidet sich das Fitnesstraining vom Bodybuilding, dessen einziger Zweck in einer auffälligen Ästhetik besteht.[4] *JE KA MI* bietet als kritische Auseinandersetzung mit entsprechenden Anleitungen zum Umgang mit dem eigenen Körper Gelegenheit, die Trägerschaft des präventivmedizinischen Denkstils der 1970er Jahre zu beschreiben und eine zeitgenössische Problematisierung des dazugehörigen Präventionsregimes zu erfassen.

Die von den Filmschaffenden aufgegriffene Öffentlichkeitsarbeit für Gesundheitssport folgte einer Vorbeugungslogik, die mit dem Aufkommen des Risikofaktorenkonzepts in der Präventivmedizin vor allem seit den 1960er Jahren an Wirkmacht gewonnen hatte.[5] Die

2 Vgl. Ralf Forsbach: *Die 68er und die Medizin. Gesundheitspolitik und Patientenverhalten in der Bundesrepublik Deutschland (1960–2010).* Göttingen: V&R Unipress 2011, S. 187; Markus Lamprecht / Hanspeter Stamm: *Sport zwischen Kultur, Kult und Kommerz.* Zürich: Seismo 2002, S. 36, 63–64. Zur Geschichte von Fitnesscentern im 20. Jahrhundert siehe Bernd Wedemeyer-Kolwe: Zwischen „Beruf" und „Berufung". Zur Geschichte der kommerziellen Fitnessanbieter. In: Andreas Schwab / Ronny Trachsel (Hrsg.): *Fitness. Schönheit kommt von aussen.* [Gunten]: Palma 3 2003, S. 35–51. Zur Geschichte des Joggings siehe Tobias Dietrich: Laufen als Lebensinhalt. Körperliche Praxis nach dem Boom. In: Morten Reitmayer / Thomas Schlemmer (Hrsg.): *Die Anfänge der Gegenwart. Umbrüche in Westeuropa nach dem Boom.* München: Oldenbourg 2014, S. 123–134; Tobias Dietrich: Eine neue Sorge um sich? Ausdauersport im „Zeitalter der Kalorienangst". In: Martin Lengwiler / Jeannette Z. Madarász (Hrsg.): *Das präventive Selbst. Eine Kulturgeschichte moderner Gesundheitspolitik.* Bielefeld: Transcript 2010, S. 279–304.

3 1993 gab es in der Schweiz 500 solcher Trimm-Dich-Pfade. Vgl. Guido Nonella: Die Erfolgsgeschichte einer gesunden Idee. In: VITA Lebensversicherungs-Gesellschaft (Hrsg.): *Vita Parcours. Der grösste Fitnessclub der Schweiz.* Zürich: Werd 1993, S. 7–11.

4 Vgl. Jörg Scheller: *No sports! Zur Ästhetik des Bodybuildings.* Stuttgart: Steiner 2010, S. 12–13.

5 Vgl. Carsten Timmermann: Risikofaktoren. Der scheinbar unaufhaltsame Erfolg eines Ansatzes aus der amerikanischen Epidemiologie in der deutschen Nachkriegsmedizin. In: Lengwiler / Madarász (Hrsg.): *Das präventive Selbst*, S. 251–277,

Kampagnen vollzogen zudem den sogenannten epidemiologischen Übergang nach: Sie wollten eine Antwort geben auf die wachsende Bedeutung chronischer Leiden gegenüber Infektionserkrankungen in den Sterbestatistiken westlicher Staaten. Mit Wahrscheinlichkeitsrechnung und Statistik suchten die Vertreter der Risikofaktorenmedizin nach den Ursachen der chronischen Krankheiten. Bis die Erforschung der Viruserkrankung Aids in den 1980er Jahren Ansteckung wieder auf die Agenda der Präventivmediziner setzte, problematisierten sie Konsumverhalten, Leistungsdruck und Bewegungsgewohnheiten als Risikofaktoren. Die dazugehörige Präventionslogik akzentuierte die Bedeutung individuellen Verhaltens für die gute Gesundheit und verlangte nach einer wirksamen „Gesundheitserziehung".[6] Die einzelnen Menschen sollten das Streben nach Gesundheit verinnerlichen und Risiken wie Alkohol- und Tabakkonsum oder Bewegungsmangel durch Veränderung der Lebensweise ausschalten.

JE KA MI als kritische Reaktion auf diese Gesundheitserziehung zu betrachten, entspricht der Rezeption des Films Ende der 1970er Jahre. Martin Walder, Filmkritiker der *Neuen Zürcher Zeitung* (*NZZ*), schrieb beim Kinostart 1978:

> Vordergründig wohl eine dokumentarische Variationenschau zum Thema „Fitness" und zu seinen Ideologien, ist „JE KA MI..." schliesslich eine verzweifelt raffinierte, aggressive Abrechnung, die einem wiederholt übel macht mit Bildern und Tönen, die selbst vor den als Opfern gezeigten Menschen nicht mehr Respekt wahren, sondern sie als gesundheitssüchtige Produkte einer krankmachenden Welt mitunter pietätlos vor der Kamera festnageln.[7]

hier S. 253–257; Martin Lengwiler / Stefan Beck: Historizität, Materialität und Hybridität von Wissenspraxen. Die Entwicklung europäischer Präventionsregime im 20. Jahrhundert. In: *Geschichte und Gesellschaft* 34 (2008), S. 489–523, hier S. 514–515, 521.

6 Zur Präventivmedizin in der BRD und der DDR siehe Christian Sammer: Die „Modernisierung" der Gesundheitsaufklärung in beiden deutschen Staaten zwischen 1949 und 1975. Das Beispiel Rauchen. In: *Medizinhistorisches Journal* 50 (2015), S. 249–294.

7 Martin Walder: ... dein Glück ist ganz von dieser Welt. „Je Ka Mi..." – Roman Hollensteins letzter Film. In: *Neue Zürcher Zeitung*, 10.03.1978, S. 65.

Abb. 2: Roman Hollenstein bei Dreharbeiten Anfang der 1970er Jahre.

Dass Regisseur Roman Hollenstein (Abb. 2) während der Schneidarbeiten Suizid beging, trug zum düsteren Eindruck bei. Der Film sei „das Werk eines Verzweifelten", „der nicht fertig geworden ist mit dem, was sich ihm darbot"[8], schrieb der Film- und Fernsehkritiker Bernhard Giger. Obwohl *JE KA MI* auf Festivals Lob erntete, lehnte das Deutschschweizer Fernsehen eine Ausstrahlung zweimal ab. Im alternativen Milieu stand der Film deshalb für die Mutlosigkeit der Fernsehmacher, das Publikum mit unbequemen, zum Nachdenken anregenden Inhalten zu konfrontieren.[9] Das machte ihn für die Jugendbewegung der 1980er Jahre interessant. Als die Zürcher Stadtregierung im Sommer 1980 nach international beachteten

8 Bernhard Giger: Nicht für das Fernsehen. Warum Roman Hollensteins Film „Jekami" nicht ausgestrahlt wird. In: *Der Bund*, 27.12.1980, S. 29. Zu Hollensteins Freitod vgl. Georg Janett: Bilder aus der Vergangenheit. In: *Ciné-Bulletin* 3,27 (1977), S. 4–5.

9 Vgl. Giger: Nicht für das Fernsehen, S. 29. An der Internationalen Filmwoche von Mannheim erhielt *JE KA MI* eine Empfehlung der Volkshochschuljury, und die Jury des Zürcher Filmpreises lobte seine Qualität, auch wenn sie eine Auszeichnung wegen der Selbsttötung des Regisseurs ablehnte (vgl. Deutscher Depeschendienst: Preise für Schweizer Filmautoren. In: *Neue Zürcher Zeitung*, 17.10.1978,

Straßenschlachten zwischen Polizei und Jugendlichen erstmals der Forderung nach einem Autonomen Jugendzentrum (AJZ) nachgekommen war, zeigten die Aktivisten *JE KA MI* als ersten Film im Kinobetrieb des Jugendhauses.[10] Doch was genau hatten die Cineasten um Hollenstein in der Öffentlichkeitsarbeit für das Streben nach Fitness und in entsprechenden Angeboten gesehen? Woher rührte ihr Unbehagen?

Der Historiker Andreas Schwab hat die Bedeutung der Kritischen Theorie für die Fitnesskritik der 1960er und 1970er Jahre betont.[11] Mit Rekurs auf die Schriften des Soziologen Herbert Marcuse hätten Protagonisten der 68er-Bewegung den neuen Körperkult als Beispiel für die Manipulation und Verfälschung der menschlichen Bedürfnisse in den Arbeits- und Konsumgesellschaften der 1960er und 1970er Jahre gedeutet. Wichtigstes Motiv der Fitnesskritik sei die Angst vor einem neuen Faschismus gewesen, der sich einer leicht beeinflussbaren Masse gestählter Männer und Frauen bedienen könnte. In den 1970er Jahren baute aber auch Michel Foucault als Inhaber des Lehrstuhls für Geschichte der Denksysteme am Collège de France das Streben nach Fitness in sein Nachdenken über Formen des Regierens ein. Sein Erkenntnisinteresse galt dem deutschen Nachkriegsliberalismus und dem Programm der neoliberalen Chicagoer Schule. Das Streben nach Fitness bezog er auf die sogenannte Sexwelle und führte aus, dass Macht nicht einfach als Repression von oben gedacht werden könne, sondern sich vielmehr in stimulierenden Effekten äußere: „‚Zeige dich nackt … aber sei schlank, schön und gebräunt!‘“[12] Darauf bezieht sich die sozialwissenschaftliche

S. 7; Ingrid Telley: Je-Ka-Mi oder Dein Glück ist ganz von dieser Welt. In: Hervé Dumont und Maria Tortajada (Hrsg.): *Histoire du cinéma suisse, 1966–2000*, Bd. 1. Lausanne: Cinémathèque Suisse 2007, S. 302–303.

10 Vgl. Kristina Trolle: Das legendäre Kino im Herzen von Zürich. 25 Jahre Xenix. In: *Cinema* 50 (2005), S. 153–160, hier S. 154. Zur Jugendbewegung der 1980er Jahre siehe Jakob Tanner: *Geschichte der Schweiz im 20. Jahrhundert*. München: Beck 2015, S. 423–429.

11 Andreas Schwab: Natürliche Bewegung versus Schönheitswahn. Fitnesskritik von 1900 bis in die Gegenwart. In: Ders. / Trachsel (Hrsg.): *Fitness*, S. 102–119, hier S. 109–110. Für einen Überblick über Kritik am Streben nach Gesundheit in den 1990er Jahren siehe auch Forsbach: *Die 68er und die Medizin*, S. 210–218.

12 Michel Foucault: Macht und Körper. In: Ders.: *Schriften in vier Bänden. Dits et Ecrits*, Bd. 2: 1970–1975, hrsg. v. Daniel Defert / Francois Ewald / Jacques Lagrange. Frankfurt am Main: Suhrkamp 2002, S. 932–941, hier S. 934.

Gegenwartsdiagnose, die das Streben nach Fitness als Symptom jener Optimierungszwänge betrachtet, die das neoliberale „Leitbild" des „unternehmerischen Selbst" erzeuge.[13] In dieser Perspektive ist das Streben nach Fitness zu einem Verhalten geworden, zu dem Menschen in vielfältiger Weise angeregt werden, um für sich selbst Verantwortung zu übernehmen und um für das Wohl der Gesellschaft zu sorgen.[14] In welcher Beziehung steht *JE KA MI* zu diesem kritischen Nachdenken über Körper, Wissen und Macht? Mit welchen Anleihen drückten die Filmschaffenden ihr Unbehagen gegenüber dem Streben nach Fitness aus? Und was kennzeichnet eigentlich die Vorstellungen von Gesundheit und Fitness, gegen die sich der Film wendet?

Über eine Kontextualisierung von *JE KA MI* wird nachfolgend der Gesundheitsbegriff erfasst, dessen Zirkulation jene heterogene Allianz aus Medizinern, Sportlehrern und privaten Akteuren antrieb, die in der Schweiz der 1960er und 1970er Jahre das Streben nach einem fitten Körper als gesundheitsförderndes Verhalten propagierte. Aus Sicht der Filmschaffenden um Hollenstein war es nur ein kleiner Schritt, diesem Gesundheitsbegriff und den damit verbundenen Praktiken manifest dystopische Züge abzugewinnen. Auch dies wird nachgezeichnet. Besondere Beachtung kommt dabei der Frage zu, wie die Filmemacher Sexualität thematisierten. Denn der fitte Körper erscheint über weite Strecken des 20. Jahrhunderts als ein hochgradig sexualisierter Körper.[15] In *JE KA MI* ist das anders – deshalb schärft dieser Film den Blick für unterschiedliche Formen der Sexualisierung fitter Körper. Zunächst ist jedoch ein kurzer Abriss zur Erfindung des Neuen Schweizer Films angezeigt, gehörten die *JE KA MI*-Macher doch zu einer Gruppe Filmschaffender, die einen Bruch mit dem klassischen Schweizer Film, mit seiner Idealisierung eines imaginierten Landlebens und mit dem dadurch erschaffenen Schweizbild anstrebte.[16]

13 Vgl. Ulrich Bröckling: *Das unternehmerische Selbst. Soziologie einer Subjektivierungsform*. Frankfurt am Main: Suhrkamp 2007, S. 17.

14 Vgl. Simon Graf: Leistungsfähig, attraktiv, erfolgreich, jung und gesund. Der fitte Körper in post-fordistischen Verhältnissen. In: *Body Politics* 1,1 (2013), S. 139–157, hier S. 140–141, 147.

15 Vgl. Dorothy Porter: *Health, Civilization and the State. A History of Public Health from Ancient to Modern Times*. London: Routledge 1999, S. 311.

16 Thomas Schärer: *„Wir wollten den Film neu erfinden!" Die Filmarbeitskurse an der Kunstgewerbeschule Zürich 1967–1969*. Zürich: Limmat 2005, S. 13.

Ein neuer, gesellschaftskritischer Schweizer Film

Der Neue Schweizer Film entstand in den 1960er Jahren in Auseinandersetzung mit innovativem Filmschaffen in anderen europäischen Staaten. Roman Hollenstein nannte 1977 den jugoslawischen beziehungsweise serbischen Filmemacher Dušan Makavejev sowie die Deutschen Alexander Kluge und Edgar Reitz als Vorbilder.[17] Makavejev war mit *W. R. – Misterije organizma* (*W. R. – Die Mysterien des Organismus*, JUG 1971) ein Film gelungen, der im Westen große Beachtung fand und zum Kultfilm wurde. Inspiriert durch das Denken des linken Psychoanalytikers Wilhelm Reich setzte sich der Film kritisch mit dem Sozialismus sowjetischer Prägung auseinander.[18] Kluge und Reitz zählten als Mitglieder der DOC 59 – Gruppe für Filmgestaltung zu den Autoren des *Oberhausener Manifests.*[19] 1962 an den Oberhausener Kurzfilmtagen der Presse vorgestellt, behauptete es nichts weniger als den Zusammenbruch der kommerziellen Filmindustrie der BRD. Während diese Niedergangerzählung mehr über ihre Vertreter als über die Filmindustrie der Bundesrepublik aussagt,[20] trifft eine solche Diagnose auf die damalige Filmindustrie der Schweiz eher zu. Die renommierte Produktionsfirma Praesens-Film hatte Ende der 1950er Jahre ihr Zürcher Studio geschlossen. Andere Unternehmen übernahmen vermehrt Auftragsproduktionen, statt Spielfilme zu drehen. Das 1963 in Kraft tretende Bundesgesetz über das Filmwesen, das zum ersten Mal eine staatliche Filmförderung vorsah, zeigte keine unmittelbare Wirkung. 1966 scheiterte der Bau eines neuen Tonfilmstudios in Zürich an der Finanzierung. Für den ausschließlichen Dreh vor realer Kulisse fehlten hingegen Technik und Können.[21]

Diese Schwierigkeiten standen im Gegensatz zur Begeisterung von Filminteressierten für neue Autorenfilme aus den europäischen

17 Vgl. Kellerkino Bern: *1957–1976. Von „Nice Time" bis „Früchte der Arbeit": Materialien zur Entwicklung des Dokumentarfilms in der Schweiz*. Bern: Selbstverlag 1977, S. 179.

18 Vgl. Dagmar Herzog: *Sexuality in Europe. A Twentieth-Century History*. Cambridge: Cambridge UP 2011, S. 147.

19 Vgl. Michael Wedel: *Filmgeschichte als Krisengeschichte. Schnitte und Spuren durch den deutschen Film*. Bielefeld: Transcript 2010, S. 363–368.

20 Vgl. Tim Bergfelder: *International Adventures. German Popular Cinema and European Co-productions in the 1960s*. New York: Berghahn 2005, S. 1–2.

21 Schärer: *„Wir wollten den Film neu erfinden!"*, S. 13–17.

Nachbarstaaten, die sich unter anderem in der Gründung von Filmklubs in Schweizer Städten niederschlug.[22] Auf deren Treffen nahmen weitere Projekte ihren Anfang. Aus dem alternativen Zürcher Filmklub Der andere Film (DAF), dessen Start 1968 vom linken Buchhändler Theo Pinkus unterstützt wurde, gingen 1972 der genossenschaftliche Filmverleih Filmcooperative Zürich und 1975 die Produktionsgesellschaft Filmkollektiv Zürich hervor.[23] Zum jährlichen Treffpunkt der neuen Filmszene entwickelten sich die Solothurner Filmtage, die 1966 vom lokalen Filmklub erstmals organisiert worden waren. Aus der Tagung wurde eine politische Veranstaltung, deren Teilnehmerinnen und Teilnehmer eine linke Grundhaltung und die Ablehnung des klassischen Schweizer Films einte.[24] Diese alternativen Strukturen waren für die Entstehung und Verbreitung von *JE KA MI* wichtig. Mit Unterstützung des Filmkollektivs hergestellt, wurde der Film 1978 an den Solothurner Filmtagen uraufgeführt und von der Filmcooperative vertrieben.

Roman Hollenstein gehörte ab 1968 zum Kern der cineastischen Erneuerungsbewegung in der Schweiz. In seinem ersten Dokumentarfilm *Freut euch des Lebens* (CH 1973) hatte er drei Menschen mit Behinderung porträtiert, „die sich an den Normen der ‚Normalen' wundscheuern".[25] Davor hatte er zwei der drei Filmkurse der Zürcher Kunstgewerbeschule besucht, die in den Jahren 1967 bis 1969 erstmals eine filmische Aus- und Weiterbildung in der Schweiz ermöglicht hatten. Die Kurse sollten das Filmschaffen neu beleben und gleichzeitig Filmfachleute hervorbringen, die beim Fernsehen gefragt waren.[26] Hans Heinrich Egger, Präsident des Syndikats der Schweizer Filmschaffenden, hatte 1965 ein Ausbildungskonzept für eine Regie- und eine Kameraklasse ausgearbeitet, dessen Schwerpunkt beim Dokumentarfilm lag und sich vorwiegend an international

22 Vgl. ebd., S. 13.

23 Thomas Schärer: Zwischen Agitation und Avantgarde. Filme als Experimente, Waffen und sozialer Kitt. In: Erika Hebeisen / Elisabeth Joris / Angela Zimmermann (Hrsg.): *Zürich 68. Kollektive Aufbrüche ins Ungewisse.* Baden: hier + jetzt 2008, S. 125–133, hier S. 127, 129, 131.

24 Thomas Schärer: *Zwischen Gotthelf und Godard. Erinnerte Schweizer Filmgeschichte, 1958–1979.* Zürich: Limmat 2014, S. 327.

25 Walder: ... dein Glück ist ganz von dieser Welt, S. 65.

26 Schärer: *„Wir wollten den Film neu erfinden!"*, S. 27.

renommierten Filmschulen in Polen, Ungarn und der damaligen Tschechoslowakei orientierte. Sein Vorhaben, Dozenten aus dem Ostblock zu rekrutieren, brachte ihm nicht nur eine mehrjährige Überwachung durch den Schweizer Staatsschutz ein, sondern sorgte sowohl auf politischer Ebene wie unter den Schweizer Filmschaffenden für Unruhe. Letztere wollten von den neuen Stellen in einem Ausbildungslehrgang profitieren können. Als Kompromiss wurde ein künstlerischer Leiter aus der Schweiz gewählt – der Regisseur Kurt Früh –, während die Dozentenstellen international besetzt wurden.[27] Weil auch Kursleiter aus sozialistischen Staaten angestellt wurden, erhob ein *NZZ*-Redakteur den Vorwurf, dass der Lehrgang eine „gewisse weltanschaulich-ideologische Tendenz"[28] habe. Dieses Urteil steht im Gegensatz zur kritischen Dokumentarfilmtradition, die in Osteuropa vor dem Zweiten Weltkrieg entstanden war und im Kalten Krieg fortbestand. Zu ihren Exponenten mit Verbindung nach Zürich zählte beispielsweise Stanislaw Wohl, Prorektor der polnischen Filmhochschule Łódź.[29] Mit den Dozenten aus Osteuropa kam also kein verklärter Sozialismus nach Zürich. Dennoch waren die Kurse keine auf technische Aspekte des Filmemachens beschränkte, apolitische Veranstaltung, sondern geprägt von den Themen und Aktivitäten der 68er-Bewegung.

Die Studierenden der Kunstgewerbeschule befanden sich mitten im Geschehen. Beispielsweise dokumentierten Hollensteins Kommilitonen Jürg Hassler und Eduard Winiger die Zürcher Unruhen. Aus diesem Material schufen sie den Film *Krawall* (CH 1970), der an den Solothurner Filmtagen erstmals gezeigt wurde.[30] Auch Hollenstein beschäftigte sich vor der Kamera mit den Unruhen, allerdings auf andere Art. In der Regieklasse fertigte er den Kurzfilm *Sisifus* (CH 1968), der als „Chronik einer scheiternden Revolte"[31] verstanden werden kann: Ein junger Mann zerschießt die Einrichtung

27 Schärer: *„Wir wollten den Film neu erfinden!"*, S. 35–37, 69.

28 Zit. n. ebd., S. 38.

29 Vgl. Christiane Mückenberger: Zeugen der Anklage. Die subversive Kamera in Polen. In: Hans-Joachim Schlegel / Anita Raith (Hrsg.): *Die subversive Kamera. Zur anderen Realität in mittel- und osteuropäischen Dokumentarfilmen*. Konstanz: UVK 1999, S. 37–63, hier insb. S. 38, 52.

30 Schärer: *„Wir wollten den Film neu erfinden!"*, S. 65–67.

31 Ebd., S. 71. Zum Filminhalt siehe ebd., S. 188.

eines Zimmers, um den zerstörten Raum bei jedem erneuten Eintreten wieder intakt vorzufinden. Hinter der Kamera dachte Hollenstein über die Arbeitsteilung zwischen Autoren und Technikern nach. „Autorenkult" und Selbstdarstellung der Filmemacher lehnte er ab, erachtete sie als problematische Aspekte des Autorenfilms.[32] Hollenstein verstand das Filmemachen als kollektive Tätigkeit und versuchte, sein Filmschaffen entsprechend zu organisieren. Bei den Arbeiten zu *JE KA MI* beteiligten sich verschiedene Personen an den Recherchen und an der Ausarbeitung des Drehbuchs. In Gruppensitzungen diskutierten sie den Stoff und entwickelten das Filmprojekt.[33] Hollensteins Freitod setzte ein dramatisches Ausrufezeichen hinter dieses Verfahren kollektiver Filmproduktion. Der Film wurde nicht von ihm fertiggestellt, sondern von Georg Janett. Er hatte als Assistent des künstlerischen Leiters Kurt Früh an den ersten beiden Filmkursen teilgenommen, dann aber in einem Streit um den Lehrplan das Projekt zusammen mit Früh und einigen Studierenden verlassen.[34] Neben Janett waren in die *JE KA MI*-Produktion weitere Personen aus den Filmkursen involviert.[35] Für den Ton war Matthias Knauer zuständig, der 1972 zu den Mitbegründern der Filmcooperative Zürich gehört hatte.

Gesundheitsexperten in der Schweiz der 1960er und 1970er Jahre

Als Dokumentarfilm betrachtet stellt *JE KA MI* eine Reihe von Personen vor, die in den 1960er und 1970er Jahren sportliche Betätigung als notwendigen Bestandteil des Lebens in einer Leistungs- und Konsumgesellschaft darstellten und die Bevölkerung zu entsprechendem Verhalten zu animieren versuchten. Im Film variieren sie alle dieselbe Problematisierung der Lebensbedingungen in westlichen

32 Kellerkino Bern: *1957–1976*, S. 175, 178.

33 Gemäß Abspann schrieben Roman Hollenstein, Georg Janett und Alexa Haberthür das Drehbuch.

34 Schärer: *„Wir wollten den Film neu erfinden!"*, S. 77–83.

35 Otmar Schmid, der in den ersten beiden Kursen die Kameraklasse besucht hatte, führte die Kamera und Jean Jaques Vaucher, der ebenfalls in der Kameraklasse im ersten Kurs dabei gewesen war, arbeitete als Techniker mit (vgl. ebd., S. 182–183).

Gesellschaften, wenn sie auf gesundheitsschädigende Auswirkungen von Rationalisierung, Automatisierung, Leistungsdruck und Massenkonsum hinweisen und sportliche Betätigung als individuelle Ausgleichsmöglichkeit vorstellen. Diese Ausführungen sind teils als Interviewsequenzen wiedergegeben, teils über Filmsequenzen geschnitten, die verschiedene Formen sportlicher Betätigung im Wald und im Gebirge, auf dem FKK-Gelände, im Fitnesscenter oder in der Turnhalle, im Bürohaus und in der Maschinenhalle zeigen. Dabei durchbrechen gespielte Szenen, die allerdings nicht als solche kenntlich gemacht werden, die Reportagesequenzen. Hollenstein nannte diese Verarbeitungsweise „Montagefilm". Er rechtfertigte die Schnitttechnik mit einer ohnehin nicht klaren Grenze zwischen Dokumentation und Fiktion.[36] Aufnahmen aus einem Einkaufszentrum und Kamerafahrten durch neue Betonüberbauungen in Vorstädten erzeugen zudem eine spezifische Kulisse für die vom Film suggerierte Entwicklung des Strebens nach Fitness zum zentralen Lebensinhalt.
Wen genau stellten die *JE KA MI*-Macher nun aber als Gesundheitsexperten vor und was charakterisierte deren Gesundheitsbegriff? Auffallend ist, dass die Filmschaffenden keine Vertreter der Sozial- und Präventivmedizin befragten. Exponenten jener medizinischen Disziplin, der die historische Forschung die Popularisierung der Risikofaktorenmedizin in den 1960er und 1970er Jahren zuschreibt, fehlen in dieser Quelle gänzlich.[37] Stattdessen führt *JE KA MI* Sportmediziner und -lehrer als die großen Gesundheitserzieher ein. Diese Wahrnehmung der Sportexperten kann darauf zurückgeführt werden, dass die Verselbständigung der Sozial- und Präventivmedizin zu einer medizinischen Disziplin in der Schweiz wie in der Bundesrepublik Deutschland erst in den 1960er Jahren mit der Gründung erster eigener Institute (1962 in Heidelberg und 1963 in Zürich) einsetzte.[38] Zu

36 Kellerkino Bern: *1957–1976*, S. 178.

37 Vgl. Lengwiler / Beck: Historizität, Materialität und Hybridität von Wissenspraxen, S. 514; Martin Lengwiler: *Risikopolitik im Sozialstaat. Die schweizerische Unfallversicherung, 1870–1970*. Köln: Böhlau 2006, S. 155–158.

38 Timmermann: Risikofaktoren, S. 265; Flurin Condrau / Niklaus Ingold: Gesundheit am Arbeitsplatz. Bewegungspausen, Ausgleichssport und Gesundheitserziehung in der Schweiz der 1960er und 1970er Jahre. In: Brigitta Bernet / Jakob Tanner (Hrsg.): *Ausser Betrieb. Metamorphosen der Arbeit in der Schweiz*. Zürich: Limmat 2015, S. 276–292, hier S. 280. Methodologisch schloss das Fach in

diesem Zeitpunkt bestand in der Schweiz mit der Eidgenössischen Turn- und Sportschule (ETS, ab 1989 Eidgenössische Sportschule Magglingen, ESSM, und ab 2005 Eidgenössische Hochschule für Sport Magglingen, EHSM) seit gut zwanzig Jahren eine Einrichtung, über die Sportlehrer und -mediziner auf dem Gebiet der Gesundheitserziehung aktiv waren. Die Geschichte der ETS ist deshalb für das Fitnessbild und den Gesundheitsbegriff in *JE KA MI* von Bedeutung.

Die Eidgenössische Sportschule war 1944 im kleinen Ort Magglingen im Berner Jura gegründet worden und zwar als Nachfolgeeinrichtung der 1942 geschaffenen Eidgenössischen Zentralstelle für Vorunterricht, Turn-, Sport- und Schiesswesen (EVZ), die Kursleiter zur militärischen Vorbildung von Jungen ausgebildet hatte. Mit dem Aufbau einer Sportlehrerausbildung ab Ende der 1940er Jahre und mit dem 1959 gefassten Beschluss zur Angliederung eines Forschungsinstituts wurde die ETS von der militärischen zur zivilen Einrichtung umgebaut. 1964 kam die Förderung des Spitzensports hinzu. Administrativ blieb die ETS jedoch dem Militärdepartement zugeteilt. Das änderte sich auch 1970 nicht, als die stimmberechtigten Schweizer Männer – Frauen mit Schweizer Pass erhielten erst 1971 das Stimm- und Wahlrecht in eidgenössischen Angelegenheiten – einen Verfassungsartikel annahmen, der die Förderung des Sports zur Staatsaufgabe machte und den von der ETS fortgeführten militärischen Vorunterricht in die Institution Jugend&Sport umwandelte, die künftig junge Frauen wie Männer zu Leitern von Sport- und Jugendvereinen ausbildete.[39] Unterstützt wurde der Verfassungsartikel unter anderem von Politikern, die nach den Krawallen vom Sommer 1968

erster Linie an die Risikoforschung der Arbeitsmedizin an. Diesen Ansatz verfolgten zunächst US-amerikanische Mediziner. Berühmt geworden ist die nach der amerikanischen Kleinstadt Framingham benannte Framingham-Studie, die seit 1947 Daten zum Zusammenhang zwischen Lebensweise und Herzkreislauferkrankungen hervorbringt. An solchen Arbeiten orientierte sich die Sozial- und Präventivmedizin in der Schweiz. (Lengwiler: *Risikopolitik im Sozialstaat*, S. 157–158. Zur Framingham-Studie siehe auch Timmermann: Risikofaktoren, S. 255.)

39 Lutz Eichenberger: *Die eidgenössische Sportschule Magglingen 1944–1994. 50 Jahre im Dienst der Sportförderung.* Magglingen: Eidgenössische Sportschule Magglingen 1994, S. 107, 138, 145, 178.

über Sportangebote den gesellschaftlichen Wandel beeinflussen wollten. Insofern war die Sportförderung auch eine Reaktion auf die Pluralisierung der Lebensstile und die damit verbundene Unruhe.[40]

Über die gesellschaftlichen Funktionen des Sports war bereits in der Gründungsphase der ETS rege diskutiert worden. Anlass war die Ausrichtung der neuen Einrichtung auf militärische oder zivile Zwecke gewesen. Die Kontroverse wurde von Vertretern der Sportverbände und von Personen aus dem Umfeld der Vorunterrichts-Zentralstelle geführt. Alle Beteiligten – ausschließlich Männer – waren auch Offiziere in der Schweizer Milizarmee. Zu den Wortführern gehörte zum Beispiel der spätere Sportverbandspräsident und Zürcher Regierungsrat Robert Zumbühl, Oberst im Militär und Mitglied der politisch tonangebenden, bürgerlichen Freisinnig-demokratischen Partei (FDP). 1943 distanzierte er sich an einer Tagung des Sportverbands vom „Wehrsport“: Dem Landesverband für Leibesübungen gehe es nicht um die Förderung der „Kriegstüchtigkeit des modernen Volkes“, sondern um die „Gesundheit und um die Vervollkommnung des menschlichen Körpers“.[41] Hingegen stellte Ernst Hirt, Sektionschef in der militärischen Vorunterrichtszentrale, ebenfalls Oberst im Militär und Sportschuldirektor von 1957 bis 1968, den Sport als Mittel zur Ausbildung leistungsfähiger Soldaten dar. Turnlehrer Hirt war beeindruckt vom nationalsozialistischen Körperkult und galt als Bewunderer der Wehrmacht. Anders als 1957 verhinderte dieser Ruf 1947 noch seine Wahl zum ETS-Direktor.[42]

Die neue Sportschule übernahm von ihrer Vorgängerin nicht nur den Auftrag, Leiter für den militärischen Vorunterricht auszubilden, sondern führte auch deren Öffentlichkeitsarbeit für Sport weiter. Die 1942 gegründete und an Vorunterrichtsleiter gerichtete Zeitschrift *Starke Jugend, Freies Volk* wurde in eine Fachzeitschrift für Fragen der Gesundheitserziehung von Mädchen und Jungen umgewandelt. Ab 1967 erschien sie unter dem neuen Titel *Jugend und Sport.*[43]

40 Vgl. Monika Wicki: *Gleichzeitig – Ungleichzeitig. Stabilität und Wandel von Vorstellungen über Kindheit, Jugend und Generationenbeziehungen*. Bern: Lang 2008, S. 162–163.

41 Zit. n. Eichenberger: *Die eidgenössische Sportschule Magglingen 1944–1994*, S. 60.

42 Vgl. ebd., S. 51, 60, 79, 84.

43 Vgl. ebd., S. 166–167.

Neben der Herausgabe dieser Fachzeitschrift produzierte die Sportschule auch Fernsehsendungen, die die gesundheitliche Bedeutung des Sports erklärten. Beispielsweise strahlte das Deutschschweizer Fernsehen im Herbst 1965 die Serie *Fit mit Fernsehen* (CH 1965, R: Eidgenössische Turn- und Sportschule) aus. Im Unterschied zu ähnlich betitelten Gymnastiksendungen, die das Deutschschweizer Fernsehen in den 1970er Jahren produzierte oder einkaufte, traten darin noch keine Vorturnerinnen und Vorturner auf. Stattdessen wurde die Bedeutung regelmäßiger körperlicher Betätigung von Experten referiert. Konzeptionell beteiligt an diesen Fernsehauftritten der Sportschule war Marcel Meier, der während des Zweiten Weltkriegs in die Vorunterrichts-Zentralstelle eingetreten war und bis 1981 Redaktor der ETS-Zeitschrift blieb. Meier gehörte zudem 1971 zu den Planern der „Sport-für-alle"-Kampagne des Landesverbands für Leibesübungen.[44] Das Gesicht dieser Kampagne war allerdings ein jüngerer Kollege, Jörg Stäuble, Leiter des Ressorts Breitensport des SLL. Er zählt zu den Sportexperten, die in *JE KA MI* zu Wort kommen. Im Film stellt er die Broschürensammlung *Fit-Parade* vor, die in zehn Bänden den gesundheitlichen Nutzen unterschiedlicher Formen sportlicher Betätigung im weitesten Sinne – von Bürogymnastik über Schwimmen bis zum Wandern – anpries und Hilfsmittel zur Aufzeichnung und Kontrolle der eigenen Aktivitäten anbot.[45]

Für diese Sportfachleute war das Ziel des Einbaus von Sport in die Alltagsroutinen nicht einfach die Herstellung von Gesundheit, wie sie die Weltgesundheitsorganisation (WHO) 1946 als vollständiges körperliches, psychisches und soziales Wohlbefinden definiert hatte.[46] Stattdessen verknüpften sie diese Definition mit dem Leistungsgedanken zu einem spezifischen Fitnessverständnis und machten dieses zum Kern der Gesundheitserziehung. *Fitness* bezeichnete dabei sowohl einen physischen wie einen mentalen Zustand. Der Physiologe Gottfried Schönholzer, der in den 1960er Jahren das

44 Vgl. Sportinformation: „Sport für alle" im Planungsstadium. In: *Neue Zürcher Zeitung*, 03.06.1970 (Morgenausgabe Nr. 250), S. 35.

45 *JE KA MI*, 00:29:02.

46 Vgl. Robert Jütte: Gesundheitsverständnis im Zeitalter (un-)begrenzter medizinischer Möglichkeiten. In: Daniel Schäfer / Andreas Frewer / Eberhard Schockenhoff / Verena Wetzstein (Hrsg.): *Gesundheitskonzepte im Wandel. Geschichte, Ethik und Gesellschaft*. Stuttgart: Steiner 2008, S. 53–64, hier S. 53.

Forschungsinstitut der Eidgenössischen Turn- und Sportschule aufgebaut hatte, stellte diesen Fitnessbegriff in *JE KA MI* vor. In der Version einer 1970 durchgeführten Tagung in Magglingen zum Thema *Fitness als Begriff und Ziel* lautete er wie folgt:

> Fitness ist ein ausgewogenes Mass an optimaler – nicht maximaler – Leistungsfähigkeit in allen Komponenten, an Leistungsbereitschaft, Fehlen von Krankheit, psychischem und sozialem Wohlbefinden, das dem Menschen bewusst ist und ihn zu Leistungen befähigt, die seinen besten persönlichen Möglichkeiten entsprechen. Diese wieder sollen in einem harmonischen Mass von persönlicher und kollektiver Freiheit und Verantwortung erbracht werden.[47]

Der gesunde Körper war also ein Leistungskörper, dessen Leistungsniveau immer wieder festgestellt werden musste. Sportexperten arbeiteten deshalb an der internationalen Standardisierung von Fitnesstests. Schweizer Promotor dieses Vorhabens mit einem Auftritt in *JE KA MI* war Carl „Charly" Schneiter, der seit 1939 an der Eidgenössischen Technischen Hochschule Zürich (ETHZ) als Sportdozent tätig war, dort den Akademischen Sportverband Zürich (ASVZ) gegründet hatte und für die FDP von 1964 bis 1978 im Zürcher Stadtparlament saß.[48] Die *JE KA MI*-Macher ließen sich Nahaufnahmen schwitzender Teilnehmer solcher Fitnesstests in Turnhallen nicht nehmen. Sie zeigten aber auch, wie das computergesteuerte „Trainingsgerät der Zukunft"[49] nach Eingabe von Alter, Gewicht und Geschlecht Angaben zur Minimal- und Maximalleistung machte und die Kondition der Anwenderin auf eine Zahl brachte. (Abb. 3)
Die Kopplung von Gesundheit und Leistung verweist auf das ökonomische Potenzial des Strebens nach Fitness. In der oben genannten

47 Gottfried Schönholzer: Was ist Fitness? In: Ders. (Hrsg.): *Fitness als Begriff und Ziel. 11. Magglinger Symposium, 31. August bis 3. September 1970*. Basel: Birkhäuser 1971, S. 9–13, hier S. 13.

48 Zu seinem Lebenslauf vgl. Jean-Claude Bussard: Schneiter, Charly (Version v. 17.12.2010). In: *Historisches Lexikon der Schweiz (HLS)*, hrsg. v. Stiftung Historisches Lexikon der Schweiz. http://www.hls-dhs-dss.ch/textes/d/D49186.php (Zugriff am 23.09.2016). Zu seinem Engagement für die Einführung standardisierter Fitnesstests vgl. Carl Schneiter: Die Sportkongresse in Mexiko 1968. In: *Neue Zürcher Zeitung*, 09.12.1968 (Abendausgabe Nr. 762), S. 23.

49 *JE KA MI*, 01:30:54.

Abb. 3
Fitnesstests gehören zu den wiederkehrenden Sujets in *JE KA MI.*

Sendung *Fit mit Fernsehen* stellt der Humanbiologe Rolf Albonico, Dozent an der Hochschule für Wirtschafts- und Sozialwissenschaften St. Gallen sowie nebenberuflicher Mitarbeiter am Forschungsinstitut der Sportschule, das Streben nach Fitness als Strategie vor, um die Arbeitsfähigkeit zu sichern und um die Kosten zu minimieren, die der Allgemeinheit durch Krankheit und Arbeitsunfähigkeit – in der Sendung ist von „Frühinvalidität" die Rede – entstehen würden. Seine Lektion endet in der Aufforderung an die Zuschauerinnen und Zuschauer, weniger Geld für Alkohol und Tabak auszugeben und dafür das eigene Sportbudget zu erhöhen, um der Allgemeinheit Kosten zu ersparen.[50] Die Sendung führt damit musterhaft vor, wie ökonomisches Denken in der zweiten Hälfte des 20. Jahrhunderts das politische Interesse an der Gesundheit der Bevölkerung anleitete und individuellem Konsumverhalten gesamtgesellschaftliche Relevanz gab.[51] Assoziierten in *Fit mit Fernsehen* Bilder von Arbeitern an Werkbänken die erwähnte Frühinvalidität mit niedrigerem Einkommen, bezeichnete die sogenannte Managerkrankheit im deutschsprachigen Raum seit den 1950er Jahren die Angst vor dem Ausscheiden der wirtschaftlichen und politischen Eliten wegen Überarbeitung und Erschöpfung. Die verstärkte Rezeption angelsächsischer

50 *Fit mit Fernsehen*, 26.10.1965. Schweizer Radio und Fernsehen (SRF), Archiv, Datenträger ANR 9308551, 01:00:09.

51 Vgl. Nikolas Rose: The Politics of Life Itself. In: *Theory, Culture and Society* 18,6 (2001), S. 1–30, hier S. 5–6.

Stress-Konzepte demokratisierte in den 1970er Jahren diese Risikofaktoren.[52] Das Streben nach Fitness blieb dabei keine kompensatorische Handlung, sondern wurde auch zum Versprechen, trotz hoher Belastung gesund zu bleiben. *Fit zum Führen* lautete der Titel eines 1991 in der Reihe *Management heute* erschienen Ratgebers, in dem Sportlehrer, Psychologen, Krankengymnasten und Ärzte Kaderleute in einer angemessenen Gesundheitsvorsorge unterwiesen.[53]

Die Filmschaffenden um Hollenstein griffen diese Verbindung von Fitness mit Fragen der Produktivität anhand zweier Beispiele auf. Sie filmten in „Gesundheitsseminare[n] für Führungskräfte", die ein Sportarzt im Engadin anbot, und zwar in Zusammenarbeit mit einem Hotelier, mit dem Getränkehersteller Rivella, der auch als Sponsor der Schweizer Skimannschaft auftrat, sowie mit dem Sportlehrer Günter Traub, Weltmeister in Eisschnell- und Rollschuhlauf.[54] Das Gesundheitsseminar umfasste einen „ärztlichen Check-up", auf dessen Grundlage die Kursleitung dann ein individuelles Fitnessprogramm bestehend aus Schwimmen, „Unterwassermassagen", „Yogagymnastik", Skilanglauf und Sauna zusammengestellte. In Vorträgen und persönlichen Gesprächen erfuhren die Teilnehmerinnen und Teilnehmer, wie sie ihren Alltag nach gesundheitlichen Gesichtspunkten umzustellen hatten, um „vorzeitige[n] Verschleißkrankheiten und allzufrühe[r] Einschränkung der Leistungsfähigkeit" infolge von „Alltagsstreß und Zeitdruck" vorzubeugen.[55] Das zweite Beispiel handelte von der Umsetzung dieses Programms in einem Betrieb. 1973 hatte der Schweizer Lebensmittelhersteller Haco AG für seine rund fünfhundertköpfige Belegschaft eine Bewegungspause eingeführt. Sie fand unter dem Motto „Haco fit und froh" in Form einer freiwilligen, geleiteten Kurzgymnastik vor der Neun-Uhr-Pause statt. Solche strukturierten Pausen haben in industrialisierten Staaten

52 Vgl. Patrick Kury: *Der überforderte Mensch. Eine Wissensgeschichte vom Stress zum Burnout*. Frankfurt am Main: Campus 2012, S. 256–258.

53 Skola-Team: *Fit zum Führen. Sport, Ernährung, Entspannung*. Zürich / Wiesbaden: Orell Füssli 1991. Zu diesem Aspekt siehe auch Graf: Leistungsfähig, attraktiv, erfolgreich, jung und gesund, S. 145.

54 *JE KA MI*, 00:09:01.

55 Fred Auer: Gesundheitsseminar für Führungskräfte. Ein physisches und psychisches Fitness-Training unter ärztlicher Leitung im Engadin [Inserat]. In: *Neue Zürcher Zeitung*, 30.01.1973, S. 4.

Abb. 4
Angestellte des Lebensmittelherstellers Haco AG in der Bewegungspause. Das Foto entstand während der Dreharbeiten zu *JE KA MI*.

eine Geschichte, die bis in die 1920er Jahre zurückreicht. Die Haco-Bewegungspause war aber die Schweizer Variante eines neuen westdeutschen Versuchs zur Verankerung solcher Bewegungspausen im Arbeitsalltag, auf den sich 1971 Arbeitsmediziner, Gewerkschaftsvertreter und Arbeitgeber mit dem Sportbund als Vermittler geeinigt hatten.[56] In *JE KA MI* dehnen und beugen sich Arbeiterinnen und Arbeiter zwischen Maschinen zu Musik aus einer Lautsprecheranlage, während Angestellte und Management in den engen Büroﬂuren zur Gymnastik zusammenkommen, nachdem ein Vorturner ein Tonbandgerät eingeschaltet hat. (Abb. 4) Haco-Personalchefin Jensi Tschanz sagt im Film, dass dem Personal in einem hektischen Arbeitsalltag sehr viel abverlangt werde und das Unternehmen mit der Bewegungspause der Belegschaft deshalb etwas zu bieten versuche.[57] In der Öffentlichkeit bezeichnete Tschanz die Bewegungspause auch als Maßnahme zur „Vermenschlichung des Betriebs", nahm also auf die von der International Labor Organisation (ILO) geforderten Programme zur Humanisierung der Arbeit Bezug.[58] Beraten wurde die Personalchefin vom deutschen Sozialhygieniker Kurt Biener, der 1964 ans Zürcher Institut für Sozial- und Präventivmedizin

56 Vgl. Condrau / Ingold: Gesundheit am Arbeitsplatz, S. 285.

57 *JE KA MI*, 00:31:51.

58 Jensi Tschanz: Erfahrungsbericht aus der Praxis mit dem Lockerungs- und Kontaktprogramm „Fit durch Büro und Werkhalle" (mit Kurzfilm). Vortrag im Carlton-Elite-Hotel, Zürich, 16.01.1985, S. 3. Haco AG, Archiv. Siehe auch Condrau / Ingold: Gesundheit am Arbeitsplatz, S. 279–280.

gekommen war, wo er sich mit einer Untersuchung zur wirkungsvollen Gesundheitserziehung habilitierte.[59] In der Haco-Mitarbeiterzeitschrift, dem *„Suppentopf"*, wies er anlässlich der Einführung der Bewegungspause auf die gesundheitliche Bedeutung regelmäßiger sportlicher Betätigung hin: Aus präventivmedizinischer Sicht sei es „dringend notwendig", „die aktive Sporttätigkeit das ganze Leben hindurch wachzuhalten", um gesundheitsschädigenden Auswirkungen von „Bewegungsarmut" und „ständige[r] Konzentration" vorzubeugen.[60] Dass Biener vom Arbeitgeber keine Anpassung der Arbeitsbedingungen forderte, sondern lediglich ein Zeitfenster, in dem die Belegschaft gesundheitsfördernde Ausgleichsgymnastik einüben und praktizieren konnte, macht die Fokussierung der Vorbeugungsbemühungen auf individuelles Verhalten deutlich. Eine Veränderung der äußeren Bedingungen individuellen Handelns stand nicht auf der Agenda der Vertreter des gesundheitsfördernden Sports. *JE KA MI*-Regisseur Hollenstein sah in dieser Unterlassung eine „Verschleierung der gesellschaftlichen Verhältnisse".[61]

Das Dispositiv 1984 und der fehlende Sex

Roman Hollensteins Ansicht nach kam die Öffentlichkeitsarbeit für das Streben nach Fitness „neutral" daher, diente aber „sehr konkreten Interessen".[62] Der Haco-Direktor, der die Bewegungspause als ein Mittel zur temporären Auflösung der betrieblichen Hierarchie bewirbt und Auswirkungen auf die Produktivität kleinredet, gehört zu den Personen, die diese Interessen in *JE KA MI* verkörpern.[63] Weitere solche Personen sind ein Militärangehöriger in Uniform, der dem Engadiner Skimarathon beiwohnt,[64] oder der Chef

59 Vgl. Tschanz: Erfahrungsbericht aus der Praxis, S. 281. Siehe auch Kurt Biener: *Wirksamkeit der Gesundheitserziehung. Prospektive Studie über die präventivmedizinische Beeinflussung Jugendlicher unter besonderer Berücksichtigung der Sporthygiene*. Basel: Karger 1970.

60 Kurt Biener: Fitness – eine Notwendigkeit. In: *„Suppentopf"* 13 (1973), S. 5–6. Haco AG, Archiv.

61 Kellerkino Bern: *1957–1976*, S. 179.

62 Ebd., S. 180.

63 *JE KA MI*, 00:34:34, 00:37:17.

64 Ebd., 01:21:57.

der Vita Lebensversicherung, der die gute Gesundheit als Gewinn für Versicherung und Versicherte beschreibt.[65] Solche Figuren machen im Film das Streben nach Fitness zu einem Beispiel jener „Theorien" und „Sachverhalte", die eine manipulative Vorstellung „gesellschaftlichen Glück[s]" stützen würden. Hollenstein zufolge zeichneten „Höherkommen" und „Emporstreben" und damit Leistungs- und Konkurrenzdenken diese Glücksvorstellung aus.[66] Aufnahmen einer Gebirgskette, die im Film immer wieder gezeigt werden, sind das Symbol dieses Glücksentwurfs. Dagegen sollten die Kamerafahrten durch Betonüberbauungen als „reale" Alltagsumgebung darauf hinweisen, dass die Wirklichkeit, die durch Leistungsdenken geschaffen wird, keine „glückselige" sei. Das Fernsehen wird dabei als das Mittel der „sehr un-liberale[n] Manipulation"[67] eingeführt. Wenn der Film mit einer Sequenz aus einer Wohnung endet, in der bei laufendem Fernsehen an Fitnessgeräten trainiert wird, werden damit Fitnesssendungen der 1970er Jahre gespiegelt, die die Kleinfamilie zu Wohnzimmergymnastik animieren wollten.

Um ihren kritischen Blick auf das Streben nach Fitness nachvollziehbar zu machen, ließen die Filmschaffenden Ton und Bild auseinanderklaffen. So unterlegten sie Ausführungen von Haco-Personalchefin Tschanz über die Intention der Unternehmensleitung, mit der Bewegungspause den Arbeiterinnen und Angestellten ein Lächeln ins Gesicht zu zaubern und einen „Sonnenstrahl" in den Arbeitsalltag zu bringen, mit Filmsequenzen, die die Belegschaft bei monotoner Fließbandarbeit und Maschinenaufsicht ohne nur den Anflug eines Lächelns zeigen.[68] Daneben sollten die fließenden Übergänge zwischen Interviewsequenzen, Dokumentation und Fiktion deutliche Aussagen über die gesellschaftliche Wirklichkeit hervorbringen. Indem die befragten Experten nicht vorgestellt werden und die Interviewfragen gänzlich fehlen, verfließt das Reden der vielen Experten zu einem einzigen Text. Die „einzelne[n], in sich mehr oder weniger unverfängliche[n] Szenen [sollen] ihre eigentliche Aussage,

65 Ebd., 00:11:30.

66 Kellerkino Bern: *1957–1976*, S. 179.

67 Ebd., S. 181.

68 *JE KA MI*, 00:35:30–37:40.

ihr Gesicht, durch allmählich sich öffnende Widersprüche zeigen".[69] Ein langsamer Schnitt sollte es den Zuschauerinnen und Zuschauer ermöglichen, „sich selbst [im Film] zurechtzufinden und erlebte Realität wiederzuerkennen".[70]

Die Gruppe um Hollenstein beließ es allerdings nicht bei der Kritik einer bestimmten Glücksvorstellung und beim Vorwurf der gezielten Manipulation. Das Streben nach Fitness wird in *JE KA MI* zum Ausdruck einer Entwicklung, die aus der Schweiz einen totalitären Überwachungsstaat mache. Für diese Wendung gab es einen spezifisch schweizerischen Anlass: 1976 hatten Aktivisten um den Journalisten Jürg Frischknecht die privaten Staatsschutzaktivitäten des selbsternannten Subversivenjägers und FDP-Politikers Ernst Cincera aufgedeckt. Cincera hatte Personen aus der linken Szene systematisch bespitzelt und die dabei erhobene Daten an Interessierte aus Wirtschaft, Politik und Verwaltung weitergegeben. Geheim blieb allerdings noch, dass auch die Bundespolizei eine riesige Kartei führte, die bei ihrer Aufdeckung 1989 900.000 Fichen zu Personen, Organisationen und Ereignissen umfasste.[71]

Die angeblich repressiven und totalitären Züge der Fitnessbewegung belegen in *JE KA MI* zwei Sequenzen, bei denen es einerseits um Nacktgymnastik und andererseits um Fitnesstests geht. Die Cineasten filmten auf einem FKK-Gelände, das die 1961 aus der Organisation der Naturisten in der Schweiz (ONS) hervorgegangene Stiftung Die neue Zeit betrieb. (Abb. 5) Darüber schnitten sie ein Interview mit einer auf dem Gelände tätigen, deutschen Nacktgymnastiklehrerin, die den nationalsozialistischen Arbeitsdienst und die nationalsozialistische Kraft-durch-Freude-Organisation lobt. Sie verlangt, dass die Regierung Bürgerinnen und Bürger zu regelmäßiger sportlicher Betätigung verpflichten müsse und Kinder und Jugendliche unbedingt in entsprechend ausgerichteten Jugendgruppen mitzumachen hätten.[72] In der zweiten Sequenz will Ferdinand R. Imesch, der 1971 bis 1990 dem Schweizerischen Landesverband für Leibesübungen vorstand, Fitnesstests für die ganze Bevölkerung für obligatorisch

69 Kellerkino Bern: *1957–1976*, S. 180.

70 Ebd., S. 179.

71 Vgl. Tanner: *Geschichte der Schweiz*, S. 435, 471.

72 *JE KA MI*, 00:38:17.

Abb. 5 Nacktgymnastik-Lehrerin auf dem FKK-Gelände der Stiftung Die neue Zeit am Neuenburgersee, aufgenommen während der Dreharbeiten zu *JE KA MI*.

erklären. Die Reaktion auf die Testresultate sei allerdings den einzelnen Menschen zu überlassen.[73] Die Filmschaffenden schnitten diese Ausführungen über Bilder aus einem Rechenzentrum, die Lochkarten und Magnetbänder, aber auch Warnlampen und eine fernsehüberwachte Tür zeigen. Mit diesem Schritt von realen Fitnesstests zur imaginären elektronischen Speicherung der Testresultate wiederholten sie die Verschiebung von Abhörtechniken zur Datenspeicherung in zeitgenössischen Debatten zu Ost-West-Spionage und Rasterfahndung. Der letzte Kameraschwenk auf den Kühlturm eines Atomkraftwerkes in der Abblende war eine Anspielung auf das viel beachtete Buch *Der Atomstaat*, in dem Robert Jungk 1977 die überwachte Gesellschaft als unausweichliche Folge aus der Etablierung der Atomtechnik beschrieben hatte.[74] So gewendet kann *JE KA MI* als eine Erscheinungsform des Dispositivs 1984 verstanden werden. Darin ist George Orwells 1949 erschienener Roman *1984* die zentrale Referenz zur Beschreibung von Machtmechanismen und von totalitären Tendenzen in der Gegenwart.[75] *JE KA MI* wurde genauso rezipiert: „Es ist durchaus

73 Ebd., 00:01:22.

74 Vgl. Patrick Kupper: *Atomenergie und gespaltene Gesellschaft. Die Geschichte des gescheiterten Projektes Kernkraftwerk Kaiseraugst*. Zürich: Chronos 2003, S. 150–151.

75 Vgl. Nicolas Pethes: EDV im Orwellstaat. Der Diskurs über Lauschangriff, Datenschutz und Rasterfahndung um 1984. In: Irmela Schneider / Christina Bartz / Isabell Otto (Hrsg.): *Diskursgeschichte der Medien nach 1945*, Bd. 3: Medienkultur der 70er Jahre. Wiesbaden: Westdeutscher Verlag 2004, S. 57–75, hier S. 59.

eine Art Science-fiction-Welt – der Film sollte denn auch einmal den Titel „1983½" tragen: ein halbes Jahr also vor ‚1984'"[76], schrieb *NZZ*-Kritiker Walder.

Ausgeschlossen aus dieser Dystopie blieb die Sexualität. In den Interviews kommt einzig der alte Nudist Werner Zimmermann auf das Sexuelle zu sprechen:

> Das möchte ja die Natur, dass die Wesen, die da sind, immer vollkommener, gesünder und besser werden. Und das ist eben schwer, wenn man besonders die Minderwertigen fast mehr möchte fördern als die Anderen. Darum ist beim Menschen das wirklich eine tragische Sache. Wir möchten dem Schwachen, dem Krüppel, all diesen, genauso gerne helfen wie den Andern. Aber: im Ganzen gesehen, wenn wir die Schwachen und Krüppel fast besser pflegen als die Anderen und vielleicht auch noch probieren, dass sie sich auch noch fortpflanzen können, ist das für den Aufstieg der Menschheit eine große Gefahr.[77]

Dieses eugenische Reden reproduzierte die produktivistische Vorstellung einer auf Fortpflanzung gerichteten Sexualität, wie sie in der Nacktkulturbewegung der ersten Hälfte des 20. Jahrhunderts verbreitet war.[78] Die Wortführer dieser Bewegung sprachen der Nacktheit nicht nur die Funktion zu, die befürchtete zivilisatorische Entfremdung des Menschen von seiner – imaginierten – natürlichen Umgebung zumindest temporär beim Sonnen- und Luftbaden zu überwinden. Ebenso sollte die Nacktheit „Abnormalitäten" vorführen, die als Zeichen der „Degeneration" betrachteten wurden. Der trainierte Körper hingegen stand für Gesundheit und damit auch für die Möglichkeit, gesunden Nachwuchs zu zeugen.[79] Die Gruppe um Hollenstein ergänzte diese alte Sexualisierung des fitten Körpers nicht durch

76 Walder: ... dein Glück ist ganz von dieser Welt, S. 65.

77 *JE KA MI*, 00:01:10:48 (Transkription N. I.).

78 Zur Unterscheidung von Produktivismus und Konsumismus siehe Heiko Stoff: Der Orgasmus der Wohlgeborenen. Die sexuelle Revolution, Eugenik, das gute Leben und das biologische Versuchslabor. In: Jürgen Martschukat (Hrsg.): *Geschichte schreiben mit Foucault.* Frankfurt am Main: Campus 2002, S. 170–192, hier S. 174–176.

79 Maren Möhring: *Marmorleiber. Körperbildung in der deutschen Nacktkultur (1890–1930).* Köln / Weimar / Wien: Böhlau 2004, S. 364.

neue, in der Fitnessbewegung der 1970er Jahre durchaus vorhandene Formen. Beispielsweise lässt sich in der Jogging-Bewegung eine neue Sexualisierung des fitten Körpers auffinden, wenn Läuferinnen und Läufer über die Auswirkungen ihrer sportlichen Aktivitäten auf ihre Sexualität nachdachten.[80] Um Fortpflanzung ging es dabei nicht. Stattdessen setzte eine konsumistische Sexualisierung des fitten Körpers ein, die die Suche nach Befriedigung über Fragen der Reproduktion stellte und mit der neuen Medialität des Sexuellen einherging. Die Popmusik der 1980er Jahre zeugt von dieser Erotisierung trainierter Körper: 1982 sang Olivia Newton John genauso zweideutig *(Let's Get) Physical* wie Diana Ross im gleichen Jahr *Work that Body* verlangte.[81] Gleichzeitig wurden Leistungsdenken und Sexualität miteinander verbunden.[82]

Eine Erklärung für das Ausklammern dieser Entwicklungen aus *JE KA MI* gibt die Überhöhung der Sexualität als etwas urtümlich Gutem in der 68er-Bewegung.[83] Das Fehlen des Sexuellen lässt sich als eine konsequente Umsetzung der Repressionshypothese deuten, wie sie 68er-Aktivistinnen und Aktivisten den Schriften Wilhelm Reichs entnahmen. Auf dieser Grundlage ließen sich Sport und Sex als zwei entgegengesetzte Bereiche denken: Sport dient der Unterdrückung der Sexualität und wirkt damit stabilisierend auf die kapitalistische Ordnung; hedonistisches, sexuelle Genüsse einschließendes Streben hingegen zielt auf die Schaffung einer gerechteren Gesellschaft.[84] Die Filmschaffenden um Hollenstein waren mit dieser Reich-Auslegung vertraut. Nicht nur trug Hollensteins Vorbild Dušan Makavejev mit *W. R. – Die Mysterien des Organismus* zur anhaltenden Popularität Reichs bei. In der Schweiz hatte Regisseur Rolf Lyssy – er wird mit einer Komödie über das Schweizer Einbürgerungsverfahren 1978 den ersten großen Kinoerfolg des Neuen Schweizer Films erzielen – 1971 eine Hommage an Wilhelm Reich an die Solothurner Filmtage

80 Vgl. Dietrich: Laufen als Lebensinhalt, S. 134.

81 Shelly McKenzie: *Getting Physical. The Rise of Fitness Culture in America.* Lawrence: University of Kansas Press 2013, S. 164–165, 169–172.

82 Zum Leistungssex siehe Ulrike Heider: *Vögeln ist schön. Die Sexrevolte von 1968 und was von ihr bleibt.* Berlin: Rotbuch 2014, S. 251–270.

83 Vgl. ebd., S. 109.

84 Herzog: *Sexuality in Europe*, S. 146. Siehe auch Heider: *Vögeln ist schön*, S. 69–70.

gebracht. Sein Kurzfilm *Vita Parcoer* (CH 1971) verspottete mit Reich die neuen Trimm-Dich-Pfade der Vita Lebensversicherung: Ein heterosexuelles Paar folgt auf dem Vita-Parcours nicht den Anweisungen zur körperlichen Ertüchtigung, sondern zieht bei jeder Station ein Kleidungsstück aus, um unter freiem Himmel Sex zu haben. Zwischen diese Inszenierung der Sexuellen Revolution sind Interviewsequenzen mit Passantinnen und Passanten geschnitten, die Fragen beantworteten wie: „Wann ist ein Volk gesund?" und „Besteht ein Zusammenhang zwischen Volksgesundheit und Sexualität?". Zudem werden Reich-Zitate eingeblendet: „Die Sexualscheu und Sexualheuchelei bilden den Kern dessen, was man Spiessertum nennt" – „Der Sport ist zwar ein Mittel zur Herabsetzung der Sexualerregung, aber so ungeeignet, das Sexualproblem der Menschen zu lösen, wie irgendeines, das auf Ertötung der Sexualerregung zielt!" – „Die Sexualunterdrückung ist eines der wichtigsten ideologischen Mittel der herrschenden Klasse zur Unterdrückung der werktätigen Bevölkerung!" In einer Gesellschaft, in der sportliche Betätigung die arbeitsfreie Zeit ausfüllt, ist demnach kein Platz für Sexualität mehr.[85]

Vom Streben nach Fitness zur politischen Umgestaltung der Verhältnisse

JE KA MI ist ein Beispiel dafür, wie Vertreter des Neuen Schweizer Films die Frage nach der Macht in westlichen Gesellschaften stellten. Sie orientierten sich dabei an der intellektuellen Auseinandersetzung mit Nationalsozialismus und Faschismus. Neoliberale Optimierungszwänge sind noch kein Thema. Das Streben nach Fitness wird als kollektivierende Praxis betrachtet und die Gesundheitserziehung als Versuch zur Gleichschaltung der Bevölkerung, die mit den Mitteln elektronischer Datenverarbeitung überwacht und vom Staat durchgesetzt werde. Sport wird als Herrschaftstechnik inszeniert und besitzt keinerlei subversives Potenzial. Dieses wird allein auf das Sexuelle projiziert, das in einer Welt voller Sport allerdings (fast) keinen Platz mehr habe. So verstanden macht *JE KA MI* deutlich, dass

85 Zur Vorstellung einer Desexualisierung des Körpers in kapitalistischen Gesellschaften siehe auch Herzog: *Sexuality in Europe*, S. 146.

die mit der Reich-Rezeption der 1960er Jahre einhergehende Überhöhung der Sexualität als etwas natürlich Gutem bei gleichzeitiger Kritik am Sport als Repressionsinstrument die Desexualisierung fitter Körper zur Folge haben konnte. Noch wird die linke Kritik an der sogenannten Sexwelle als Unterwerfung des Sexuellen unter die Regeln von Warenproduktion und -tausch nicht mit Fitnesskritik verbunden. In den 1990er Jahren wird das anders sein: Der französische Autor Michel Houellebecq betrachtet in seinem Roman *Extension du domaine de la lutte* (dt.: *Ausweitung der Kampfzone*) aus dem Jahr 1994 Sexualität als eine Ware, zu der der fitte Körper als Währung gehört.[86]

In den 1970er Jahren konterten die *JE KA MI*-Macher mit ihrer Fitness-Dystopie die Vorstellung, dass es Sache des Individuums sei, chronischen Krankheiten durch eine Veränderung des Lebensstils vorzubeugen. Stattdessen müsste es ihrer Ansicht nach darum gehen, eine „krankmachende Welt" zu verändern. Diese Konstellation ist insoweit bemerkenswert, als auch die mit *JE KA MI* angegriffenen, bürgerlichen Fitness-Promotoren durchaus kritisch gegenüber den Lebensverhältnissen in westlichen Gesellschaften eingestellt waren, daraus jedoch keine politischen Forderungen ableiteten, die auf eine einschneidende Korrektur der Verhältnisse abgezielt hätten. Die 1980er Jahre bringen hier eine signifikante Veränderung mit sich: Die Vorstellung einer die menschliche Natur offenkundig gefährdenden Zivilisation dient der Fitnessbewegung dazu, offen Kritik an den etablierten gesellschaftlichen Verhältnissen zu artikulieren. Dafür steht die Aerobic-Ikone der 1980er Jahre: Bei Jane Fonda ist politische Agitation, die auf Veränderung der Verhältnisse zielt, die unbedingte Folge aus der Hinwendung zum Körper. Ihr 1981 in Englisch und 1983 auf Deutsch erschienenes *Workout Book* endet mit der Aufforderung, in die Politik einzugreifen:

> Es liegt an uns. Als Individuen können wir uns für *richtige* Mahlzeiten und gegen Schnellimbißlokale entscheiden; wir können unsere Ernährung mit naturbelassenen und gesundheitsfördernden Nahrungsmitteln bereichern,

86 Schwab: Natürliche Bewegung versus Schönheitswahn, S. 104–105; siehe auch Stoff: Der Orgasmus der Wohlgeborenen, S. 175.

> und wir können unseren Körper täglich trainieren. Soll aber unsere private Entscheidung für ein gesundes Leben wirklich Sinn haben, müssen wir uns aktiv, kämpferisch und systematisch mit den umfassenderen Problemen der nationalen Politik auseinandersetzen. Denn letztlich hängt es von politischen Entscheidungen ab, wie sicher und gesund unsere Nahrung, unsere Umwelt und unsere Arbeitsplätze sind.[87]

Als Quelle zur Gesundheitserziehung in der Schweiz der 1960er und 1970er Jahre veranschaulicht *JE KA MI*, dass die Gesundheitsdefinition der WHO aus den 1940er Jahren in den darauffolgenden Jahrzehnten ausgelegt und verändert wurde. Gesundheit war kein stabiles Konzept. Die in *JE KA MI* befragten Experten waren Vertreter eines produktivistischen Gesundheitsverständnisses, das Leistungsdenken über Hedonismus stellt. Derart gesund wollten die Filmschaffenden um Hollenstein nicht sein.

87 Jane Fonda: *Jane Fondas Fitness-Buch. „Ich fühle mich gut"*. Frankfurt am Main: Krüger 1983, S. 250.

Katja Rothe

Autismus

Glückspathologisierung 2.0

Spätestens seit dem furiosen Auftritt der Hackerin und Asperger-Autistin Lisbeth Salander in Stieg Larssons Kriminalroman-Trilogie (*Verblendung*, *Verdammnis*, *Vergebung*) ist der Autismus im öffentlichen Diskurs angekommen. Der Autismus, ein äußerst unscharfes Krankheitsbild, scheint eine Radikalisierung moderner Heldenentwürfe zu ermöglichen. In der vernetzten Welt figurieren Autisten als die genialen, aber isolierten, einsamen Hacker-Kämpfer. Dieses Paradox drückt sich auch in anderen gegenwärtigen Erzählungen aus, z. B. über die autistischen Züge des Erfinders des sozialen Netzwerks Facebook, Mark Zuckerberg, ebenso wie des Microsoft-Gründers Bill Gates.
Ich werde im Folgenden unter Einbezug der Schizoanalyse von Gilles Deleuze und Felix Guattari den Autismus als eine Form der gesellschaftlichen Wunschproduktion der vernetzten Welt beschreiben. Das *immersive virtual environment*, das wir aus Computerspielen kennen, scheint im Autismus eine Handlungsform zu finden, in der sich auch ein Unbehagen an den heutigen Utopien sozialer Medien ausdrückt: Die Utopien von Transparenz, Kommunikation, Vernetzung, Teamgeist kehren sich unter den Vorzeichen des Autistischen um in unhaltbare Zumutungen der mediatisierten Welt. Geheimnis, Spionage, Informationspolitik inklusive Informationsklau und Datenmissbrauch, Isolation und Weltabkehr werden im Autistischen zu wesentlichen Kategorien eines „Unbehagen an der Moderne“[1], das

1 Charles Taylor: *Das Unbehagen an der Moderne*, aus d. Engl. v. Joachim Schulte. Frankfurt am Main: Suhrkamp / Insel 1995.

man als eine Glückspathologisierung 2.0, also unter den Bedingungen der sozial gewordenen Medien, beschreiben könnte. Doch schließen meine Ausführungen mit einem Zweifel an dieser Figuration des Autistischen in der Tradition Lara Crofts und ich skizziere als Alternative einen depressiven Realismus im Sinne Lauren Berlants in den Begegnungen mit den Anti-Heldinnen der Gegenwart.

Lisbeth und Pipi

Lisbeth Salander ist die Heldin der drei Bücher mit den biblisch anmutenden deutschen Titeln *Verblendung*, *Verdammnis* und *Vergebung*. Im schwedischen Original nannte Stieg Larson den ersten Teil der Trilogie: *Männer, die Frauen hassen* (*Män som hatar kvinnor*, 2005). Larsson konzipierte die Geschichte von Lisbeth Salander im Genre des Kriminalromans. Der gegenwärtige Kriminalroman in Nord-Europa wird von einem Thema regiert: sexuelle Gewalt. Dabei ist es oftmals ein schmaler Grat zwischen dem Potential diese Gewalt als Kritik an soziopolitischen Formationen, an Körperpolitiken, an der Beziehung der Einzelnen zur Gesellschaft und der puren Lust an der Ausmalung sadistischer Szenerien. Die Gewalt ist zum Teil so explizit, dass es mehr und mehr Kritik an diesen Darstellungen gerade in Kriminalromanen gibt.[2] Insofern ist Larssons Trilogie Mainstream, Populärliteratur. Auch der Plot der Trilogie ist von sexueller Gewalt motiviert und getragen. Im Hintergrund der Geschichten von Lisbeth Salander stehen die Vergewaltigungen an Mädchen und Frauen. Doch in der Trilogie steht die Rache im Vordergrund. Es wird eine Gesellschaftskritik geäußert und zwar vor der Folie der Rache einer traumatisierten jungen Frau, die selbst wiederholt schwerster sexuellen Gewalt durch Menschen ausgesetzt war, die sie von Staats wegen schützen sollen. Berit Aström, Katarina Greg und Tanya Horeck stellen heraus, dass Lisbeth Salander deshalb zur Ikone wurde, weil sie sowohl verletzlich als auch gewalttätig ist.[3]

2 Berit Aström / Katarina Greg / Tanya Horeck: Introduction. In: Dies. (Hrsg.): *Rape in Stieg Larsson's Millennium Trilogy. Contemporary Scandinavian and Anglophone Crime Fiction*. London: Palgrave 2013, S. 1–20, hier S. 3–4.

3 David Denby schreibt 2011 in *The New Yorker*: „She is both a victim and an avenger, a woman damaged, abused, yet defiantly sexual – a woman prepared to hit back and to stay out in the danger zone, unwilling to change, ready for more." (Zit. n. Aström / Greg / Horeck: Introduction, S. 5.)

Der Text selbst führt Lisbeth Salander als Nerd ein. Sie wird als Mitarbeiterin der Sicherheitsfirma Milton Security vorgestellt, allerdings erst, nachdem sowohl der Journalist Michael Blomkvist und Dragan Armanskij, der Chef der Sicherheitsfirma, bereits etabliert sind. Lisbeth wird durch die Augen von Dragan Armanskij skizziert:

> Argwöhnisch musterte er die zweiunddreißig Jahre jüngere Mitarbeiterin Lisbeth Salander. Zum tausendsten Mal stellte er fest, dass in einem renommierten Sicherheitsunternehmen wohl kaum ein Mensch so augenfällig fehl am Platze sein konnte wie sie. Doch für Armanskij war Lisbeth Salander die fähigste Ermittlerin, die er in dieser Branche je kennengelernt hatte. Während der vier Jahre ihrer Zusammenarbeit mit ihm hatte sie weder bei einem Auftrag geschludert noch einen einzigen mittelmäßigen Bericht abgegeben – ihre Arbeit war eine Klasse für sich. Armanskij war überzeugt, dass Lisbeth Salander über ein einmaliges Talent verfügte. Jeder konnte Kreditauskünfte einholen oder beim Gerichtsvollzieher nachfragen, aber Salander besaß die Phantasie und legte immer völlig unerwartete Ergebnisse vor. Wie sie das anstellte, hatte er nie verstanden, und bisweilen schien ihre Fähigkeit, Informationen ans Licht zu holen, die reine Magie zu sein. Sie war aufs Beste vertraut mit allen möglichen bürokratischen Archiven und konnte die zwielichtigsten Existenzen ausfindig machen. [...] Wenn da irgendetwas war, das ans Tageslicht geholt werden musste, schoss sie so treffsicher auf ihr Ziel zu wie ein programmiertes Cruisemissile.[4]

Auf drei Seiten entwirft Stieg Larson die Figur Lisbeth Salander als eine ganz und gar untypische Mitarbeiterin der Sicherheitsfirma: dünn, punkig, ruppig, kontaktscheu, aber brillant in ihren Ermittlungen, wissenschaftlich exakt und unfehlbar genau.[5] Sie ist eine „Cruisemissile" – eine scharfe Waffe, die vor allem auf das Thema sexuelle Gewalt gegen Kinder und Frauen ausgerichtet ist. Dieses Ziel verfolgt sie ohne jede Gnade, mit einem „bemerkenswerten Mangel an Emotionen"[6]. Sie hat kurze, schwarz gefärbte Haare, Piercings, am Hals ein Wespentattoo, noch ein größeres Drachen-Tattoo auf der

4 Stieg Larsson: *Verblendung*, aus d. Schwed. v. Wibke Kuhn. München: Heyne 2006, S. 45–46.

5 „Der Bericht war wie immer nüchtern geschrieben und mit fast wissenschaftlicher Sorgfalt erstellt, inklusive Fußnoten, Zitaten und exakten Quellenangaben." (Ebd., S. 46.)

6 Ebd., S. 47.

Schulter, anorektisch, klein, mädchenhaft.[7] „Sie sah aus, als wäre sie gerade nach einer einwöchigen Orgie mit einer Hardrockgang aufgewacht."[8] Lisbeth – eine Kindfrau im Punkrock-Outfit – so skizziert Larson Salander, ohne Zweifel auch mit Lolita-Konnotation, denn sie wird gleichzeitig immer wieder als sexuell anziehend beschrieben. Damit ist sie als Frauenstereotyp gesetzt, neben Vladimir Nabokovs Lolita klingen auch Motive Arno Schmidts an (z. B. aus *Julia, oder die Gemälde*). Diese Kindfrau entbehrt Attribute üppiger Weiblichkeit wie beispielsweise einer vollen Brust und wird auf Grund der Sexualisierung des Mädchenhaften im Kontext pädophiler Fantasien diskutiert.[9] Lisbeth wird vom auktorialen Erzähler den Leserinnen und Lesern als ein männliches Wunschkonstrukt präsentiert, das sich nahtlos in den entsprechenden Trend, z. B. in Modeindustrie und Film, einordnet. Christina von Braun spricht in diesem Zusammenhang auch von einem Verschwinden der realen Frauen im magersüchtigen Mädchenkörper, der Ausdruck einer patriarchalen Gewalt ist.[10] Doch Lisbeth Salander ist in den drei Romanen kein passives, namenloses Opfer männlicher Begierde. Ich möchte drei weitere Figurationen in den Blick nehmen, mit denen Salander verwoben ist: Pipi Langstrumpf, den Nerd und das Tier. Diese drei Figurationen Salanders markieren sie als personifizierten Regelbruch.

Larssons Protagonistin ist eine Fortschreibung der bekanntesten schwedischen Erzählung von weiblicher Abweichung schlechthin, die gleichzeitig auch ein Hohelied auf die bedingungslose Selbstverwirklichung ist: Pippi Langstrumpf. In einer E-Mail an seinen schwedischen Verleger erklärt Stieg Larsson, wie er Salander geschaffen hatte:

7 Larsson: *Verblendung*, S. 48.

8 Ebd.

9 Vgl. Horst-Jürgen Gerigk: Salome und Lolita. Die ‚Kindfrau' als Archetypus. In: Edith Düsing / Hans-Dieter Klein (Hrsg.): *Geist, Eros und Agape. Untersuchungen zu Liebesdarstellungen in Philosophie, Religion und Kunst.* Würzburg: Königshausen & Neumann 2009, S. 463–480.

10 Christina von Braun: *Nicht Ich. Logik, Lüge, Libido.* Frankfurt am Main: Neue Kritik 2003.

> Ich habe versucht, gegen den Strom zu schwimmen, verglichen mit den üblichen Krimis. Ich wollte Hauptcharaktere schaffen, die sich dramatisch von denen der üblichen Krimis unterscheiden. Mein Ausgangspunkt war, wie Pippi Langstrumpf als Erwachsene wäre. Würde man sie eine Soziopathin nennen, weil sie die Gesellschaft anders betrachtet und sie keine sozialen Kompetenzen hat? Sie wurde zu Lisbeth Salander, die viele maskuline Züge hat.[11]

Larsson deutet hier an, dass es ihm um eine Fortschreibung der zwischen 1944 und 1948 erstmals publizierten Pippi Langstrumpf-Geschichten von Astrid Lindgren ging. Tatsächlich findet man im Text zahlreiche Bezüge zu Lindgrens Werk, z. B. in der Namensgebung zu den Geschichten um Kalle Blomquist. Dem Journalisten Mikael Blomkvist, der Mitspieler Lisbeth Salanders, wird der Spitzname Kalle zugewiesen, und zwar mit direktem Verweis auf die Kalle Blomquist-Figur Lindgrens, Anders Holm und Erika Berger, seine beiden engen Kollegen bei der Zeitschrift *Millennium*, erinnern zumindest namentlich an einen der beiden Freunde von Meisterdetektiv Kalle Blomquist – Anders Bengtsson. Lisbeth Salander wurde dagegen ganz dezidiert in Anlehnung an die zweite Freundin benannt: Eva-Lotta Lisander, wiederum eine ‚untypische' Mädchen-Figur der 1940er und 1950er Jahre.

Tatsächlich ist auch Lisbeth Salander eine Figur, die stark ist, ungebunden, regellos und wild. Das Motto Pippi Langstrumpfs und auch Lisbeth Salanders kulminiert im Pippi-Langstrumpf-Lied: „Zwei mal drei macht vier widdewiddewitt und drei macht neune, ich mache mir die Welt, widdewidde wie sie mir gefällt." In Larssons Salander wird allerdings dieser Traum von Autonomie, Antiautorität und Selbstverwirklichung mit der in den 1960er und 1970er Jahren aufkommenden und heute Realität gewordenen Maximen des Sozialverhaltens – soziale Kompetenz, Transparenz, gewaltfreie Kommunikation – konterkariert. Salander ist eine Pippi-Langstrumpf-Figuration

11 Stieg Larsson: Mail an schwedischen Verleger, zit n. Lisbeth Salander: Hackerin, Kämpferin – Autistin? http://autismus-kultur.de/autismus/buecher/lisbeth-salander-hackerin-kaempferin-autistin.html (Zugriff am 17.11.2015).

unter den Bedingungen des *Homo communicans*, wie ihn Eva Illouz beschreibt:

> So haben die Psychologen in einer ironischen Wendung der Kulturgeschichte Adam Smith' eigennützigen Homo oeconomicus in einen Homo communicans verwandelt, der die Welt und seine Gefühle reflexiv überwacht, sein Selbstbild kontrolliert und den Perspektiven der anderen Anerkennung zollt.[12]

In dieser Welt des wertschätzenden Sozialverhaltens und der Soft Skills, der angeblich ‚weichen', ‚weiblichen' Fähigkeiten zu Teamwork und Konfliktmanagement, erscheint Lisbeth Salander als gestört, ja als Figur der Störung. Gleich zu Beginn, als Salander eingeführt wird, heißt es etwa:

> Kollegen, die mit ihr ins Gespräch zu kommen versuchten, stießen kaum auf Resonanz und gaben schnell auf. Außerdem sagte man ihr nach, ihre Stimmung könne abrupt umschlagen, wenn sie merkt, dass jemand sie aufzog, obwohl das durchaus zum allgemeinen Umgangston am Arbeitsplatz gehörte. Ihr Auftreten weckte weder Vertrauen noch lud es zu Freundschaften ein, und bald wurde sie zu einer seltsamen Erscheinung, die wie eine herrenlose Katze durch die Korridore von Miltons strich. Sie galt als hoffnungsloser Fall.[13]

Lisbeth Salander hat nichts von einer netten, kommunikationsfreudigen Kollegin an sich.

Kompetenz-Killer und Informationsmaschinen

Lisbeth Salander besitzt keine Sozialkompetenz, ein Begriff, der 1959 von Roger White aus motivationspsychologischer Perspektive definiert wurde.[14] Der Begriff beschreibt Fähigkeiten, die vom Individuum selbst organisiert erworben werden, weder angeboren noch das

12 Eva Illouz: *Die Errettung der modernen Seele. Therapien, Gefühle und die Kultur der Selbsthilfe*, aus d. Engl. v. Michael Adrian. Frankfurt am Main: Suhrkamp 2009, S. 165.

13 Larsson: *Verblendung*, S. 49–50.

14 Roger W. White: Motivation Reconsidered. The Concept of Competence. In: *Psychological Review* 66 (1959), S. 297–333.

Produkt von Qualifikationen sind. Sie verweisen auf Dispositionen für ein selbstgesteuertes Handeln und Verhalten, sind selbst aber nicht messbar, sondern können nur in ihrer Performanz beobachtet und von Beobachtern zugeschrieben werden (*attribution*). Kompetenz und Performanz gehören zusammen.[15] Was beobachtet wird, ist also nicht von seiner Aufführung zu trennen, der Forschungsgegenstand und seine Erforschung bedingen sich gegenseitig. Dazu kommt, dass soziale Kompetenz nicht nur erst in der beobachtbaren Aufführung von Soft Skills ‚messbar' wird, sondern gleichzeitig die Selbststeuerung von Verhalten im Sinne einer ‚Angemessenheit' auf einen sozialen Kontext bezieht. Man führt seine Kompetenz nicht nur auf, man steuert diese Aufführung dabei gleichzeitig darüber, dass man die Aufführungen der anderen selbst beobachtet und bewertet. Die Beobachtung wie die Performanz dienen dem Zweck, mögliches zukünftiges Verhalten zu optimieren und zu steuern. *Kompetenz* ist somit eigentlich keine Messgröße, die sich auf das Vorhandensein von etwas bezieht, sondern auf die erwartbare Handlungsfähigkeit von Akteuren, eine in der Zukunft stattfindende Aufführung, die man im Hier und Jetzt beobachten und erweitern kann. Die Kategorie der Kompetenz impliziert eine permanente Selbstverbesserung, ein lebenslanges Lernen. Kompetenzen, Angemessenheit kann und muss man immer wieder aufs Neue erlernen und sie müssen beobachtbar sein.[16]

Diese Beobachtungsmaxime bestimmt die gegenwärtige Arbeitswelt. Kai van Eikels spricht deshalb von der Herausbildung einer „Assessokratie".[17] Arbeit wurde im Laufe des 20. Jahrhunderts mehr und mehr zur ‚Wissensarbeit', die weniger Waren produziert, als vielmehr für eine wachsende Zahl von Beschäftigten Prozesse des Bewertens und Spekulierens umfasst. Im 21. Jahrhundert ist Arbeit in Westeuropa vielerorts immaterielle Arbeit, die geprägt ist von Kommunikation auf sprachlicher, körperlicher, sozialer sowie emotionaler Ebene.

15 Noam Chomsky führt das Begriffspaar Kompetenz/Performanz in die Linguistik ein, von wo vor allem der Performanz-Begriff seinen Siegeszug in den Sprach- und Kulturwissenschaften antritt. Mit geht es in dem vorliegenden Text nicht um Chomskys Konzept, sondern um die anfänglichen Diskussionen des Begriffs *Kompetenz* in der Psychologie. (Noam Chomsky: *Aspects of the Theory of Syntax*. Cambridge: MIT Press 1965.)

16 Siehe auch Andreas Gelhard: *Kritik der Kompetenz*. Berlin: Diaphanes 2011.

17 Kai van Eikels: Nichtarbeitskämpfe. In: Jörn Etzold / Martin Jörg Schäfer (Hrsg.): *Nicht-Arbeit. Politiken, Konzepte, Ästhetiken*. Weimar: Verlag der Bauhaus-Universität Weimar 2011, S. 17–39.

Kommunikation ist in den Zyklus der Kapitalreproduktion integriert.[18] Evaluation und Assessment sind die Hauptinhalte der Wissensarbeit. Jeder beurteilt und bewertet jeden, die Gutachterfunktion wird liberalisiert.[19] Das Besondere an dieser Form der Arbeit ist ihr Nichtendenkönnen. Ihr Kontrollmechanismus ist im Gegensatz zur Disziplin einer, der vom lebenslangen Lernen geprägt ist. Deleuze schreibt: „In den Disziplinargesellschaften hörte man nie auf anzufangen (von der Schule in die Kaserne, von der Kaserne in die Fabrik), während man in den Kontrollgesellschaften nie mit irgendetwas fertig wird."[20]
Wenn Arbeit aber zu endloser Kommunikation und stetem Assessment wird, dann steht Lisbeth Salander für Arbeitsverweigerung, da sie jede Kommunikation, jede Form der gefälligen Selbstaufführung und auch der Beobachtbarkeit verweigert. Sie verweigerte sich bereits als Kind in der Psychiatrie dem ärztlichen Blick und der aktiven Teilnahme an den psychiatrischen Untersuchungen. Die bei Salander beobachtete Performance ist die des schizophrenen, gestörten Kindes bzw. Menschen, woraus mangelnde Sozialkompetenz abgeleitet und ihr ihre Selbstständigkeit abgesprochen werden. Sie erkämpft sich erst im Laufe der Trilogie ihre rechtliche Mündigkeit. Tatsächlich will auch ihr Arbeitgeber sie wegen ihres Verhaltens sehr schnell entlassen, doch dann entdeckt er, dass Lisbeth Salander eine spezielle Fähigkeit hat – nicht zur Kommunikation, sondern zur Informationsbeschaffung. In der Figur Lisbeth Salander wird Kommunikation durch Information ersetzt. Dabei spielt es sicherlich eine Rolle, dass Larsson selbst aus dem Journalismus kommt und diese Tätigkeit der konsequenten Aufdeckung rechtsextremer Strukturen in Schweden gewidmet hatte. Salander ist eine beeindruckende investigative Ermittlerin, auch im Ausforschen von Mikael Blomkvist, der dennoch den Bericht über sich selbst in seiner Qualität zu schätzen weiß:

18 Maurizio Lazzarato: Verwertung und Kommunikation. Der Zyklus immaterieller Produktion. In: Thomas Atzert (Hrsg.): *Umherschweifende Produzenten. Immaterielle Arbeit und Subversion*. Berlin: ID 1998, S. 53–65, hier S. 53.

19 Eikels: Nichtarbeitskämpfe, S. 29.

20 Gilles Deleuze: Postskriptum über die Kontrollgesellschaften. In: Ders.: *Unterhandlungen 1972–1990*. Frankfurt am Main: Suhrkamp 1993, S. 254–262, hier S. 257.

> Als Journalist hatte Mikael über die Jahre gelernt, Informationen aus Personen herauszulocken, und aus rein beruflichen Gründen könnte er die Qualität des Berichts beurteilen. Seines Erachtens gab es keinen Zweifel, dass Lisbeth Salander teuflisch gut darin war, Informationen zutage zu fördern. Er bezweifelte, dass er selbst einen entsprechenden Bericht über einen ihm völlig unbekannten Menschen zustande gebracht hätte.[21]

Im Buch selbst werden zudem immer wieder Informationsmaterialien eingestreut, z. B. auf den Seiten der Kapitelüberschriften. Der Teil I „Reizmittel“ wird unten mit folgender Information versehen: „18 % aller schwedischen Frauen über fünfzehn sind schon einmal von einem Mann bedroht worden.“[22] Aber vor allem die Figur Salander wird im Sinne einer datenverarbeitenden Maschine gezeichnet. Ihr Kommunikationsverhalten gleicht eher der Informationstheorie von Claude Shannon, da sie Information als eine messbare Größe mit Eintrittswahrscheinlichen behandelt.[23] Salander betrachtet die statistischen Effekte innerhalb eines ihr vorliegenden Codes. Sie analysiert, vermittelt, manipuliert und extrapoliert Informationen. Anschließend sucht sie nach der optimalen Reaktion auf die so gewonnenen Informationen. Selbstverständlich ist somit Lisbeth Salander eine Codespezialistin, Hackerin und ein Mathematikgenie, das in ihrer Freizeit komplizierte mathematische Probleme löst:

> Aber dann war ihr mit einem Schlag die unbeirrbare Logik aufgegangen, die hinter den Gedankengängen und Formeln stecken musste, und sie war in die Mathematikabteilung der Universitätsbuchhandlung gelandet. Doch erst als sie „Dimensions in Mathematics“ aufschlug, hatte sich eine ganz neue Welt vor ihr aufgetan. Eigentlich war die Mathematik nichts anderes als ein logisches Puzzle mit unendlichen Variationen – Rätsel, die man lösen konnte.[24]

21 Larsson: *Verblendung*, S. 281–282.

22 Ebd., S. 11.

23 Claude E. Shannon / Warren Weaver: *Mathematische Grundlagen der Informationstheorie*. München / Wien: Oldenbourg 1976.

24 Stieg Larsson: *Verdammnis*, aus d. Schwed. v. Wibke Kuhn. München: Heyne 2009, S. 32.

Zu diesen bemerkenswerten kognitiven Fähigkeiten gesellt sich ein fotografisches Gedächtnis. Salander benutzt ihre Talente, um sich an Feinden zu rächen, wobei dabei auch eine millionenschwere Aneignung von Internetbankkonten eines Feindes gehört. Informationspolitik ist Teil ihres ‚Kriegszugs'.

Larsson setzt die Figur als quasi-journalistisches Analyse-Tool ein, das gnadenlos die gewaltvollen und dunklen Seiten der schwedischen Gesellschaft seziert. Dabei richtet sich dieses Werkzeug nicht allein gegen dunkle, kriminelle Mächte, sondern gegen die schwedische Politik selbst, die unter dem Stichwort *Schwedisches Modell* gerade in Bezug auf Kinder und Jugendliche nach Maßgabe einer ‚sozialen Ingenieurskunst' massenhaft in das Privatleben eingegriffen hatte. Die jahrzehntelang stilprägende Sozialpolitik von Gunnar und Alva Myrdal in den 1930er Jahren ist bis heute nicht recht reflektiert[25] – ein Social Engineering, das u. a. massenweise ‚merkwürdige' Kinder und Jugendliche in Zwangspflege oder in kinder- und jugendpsychiatrischen Einrichtungen einlieferte (immerhin 5 % aller schwedischen Kinder!), ein Schicksal, das auch Lisbeth Salander teilt.

Lisbeth Salander organisiert dabei ihre ‚Kriegszüge' in den Datennetzen so, dass sie nicht beobachtet werden kann, gleichwohl sie selbst alle anderen überwacht – inklusive Mikael Blomkvist, der Salander überhaupt erst kennenlernt, weil er ihren Bericht in der Sicherheitsfirma liest und so entdeckt, dass sie seinen Computer überwacht:

> „Lisbeth Salander hat den Originalwortlaut des Textes verwendet." Er warf einen Blick auf den Umschlag, in dem der Bericht gesteckt hatte. Er war auf drei Tage vor dem Zeitpunkt datiert, an dem Mikael das Urteil gesprochen wurde. „Das ist unmöglich." An diesem Tag hatte die Pressemitteilung nur an einem einzigen Ort auf der Welt existiert. In Mikaels Computer. In seinem eigenen iBook, nicht im Computer in der Redaktion. [...] „Du bist in meinem Computer gewesen, Lisbeth Salander", sagte er laut zu sich selbst. „Du bist eine verdammte Hackerin."[26]

25 Thomas Etzemüller: *Die Romantik der Rationalität. Alva & Gunnar Myrdal – Social Engineering in Schweden*. Bielefeld: Transcript 2010.

26 Larsson: *Verblendung*, S. 282–283.

Lisbeth Salander ist eine „verdammte Hackerin“ und damit eine, die sich der Assessokratie des *Homo communicans* nicht allein widersetzt, sondern sich selbst als Instanz der Überwachung in einem Netz der Daten und Codes konstituiert. Doch eine Besonderheit hat diese Instanz: Sie ist illegal, jenseits des Rechts, aber legitim, wird als moralisch integer dargestellt. Und: Diese Instanz der Macht erscheint als eine anti-soziale, eine autistische.

Autismus als Subjektivierungsform der vernetzten Welt

Seit 2000 boomen Erzählungen über Autismus, im Film, in der Literatur, im Theater, vor allem in den USA. Ian Hacking stellt 2010 die These auf, dass diese Explosion der Erzählungen vom Autismus mit der gesellschaftlichen Rolle des Internets zusammenhängt, vor allem mit der durch das Netz veränderten Kommunikation.[27] In Anschluss an Susan Sontags These von der *Krankheit als Metapher*[28] führt er aus, dass diese Erzählungen vom Autismus (nicht der Autismus als Krankheit!) ein Schlaglicht auf die Neuformation von Kommunikation werfen.[29] Ein Blick auf den deutschsprachigen Buchmarkt bestätigt diese Diagnose und zeigt eine bemerkenswerte Vielfalt an ‚Autie'-Literatur.[30] Es handelt sich zumeist um populäre Literatur, darunter Kinderbücher, Biographien und Ratgeber, vor allem aber Kriminalliteratur. In der fiktionalen und faktionalen Literatur haben sich im Laufe der letzten 15 Jahre bestimmte kulturelle Beschreibungsmuster etabliert: Merkwürdigkeit im Kommunikations- und Kontaktverhalten, Emotions- und Humorlosigkeit, Sozialphobie, Hoch- bzw. Inselbegabung. Diese kulturellen Muster werden zudem hauptsächlich Männern zugeschrieben, die zunehmend auch als Nerds, als Computerfreaks und Gamer auftreten. Eine der ersten Ausformungen des medialen Autisten war der von Dustin Hoffman gespielte

27 Zur Entwicklung des Autismus siehe z. B. Gil Eyal: *The Autism Matrix. The Social Origins of the Autism Epidemic.* Malden: Polity 2010.

28 Susann Sonntag: *Krankheit als Metapher.* Frankfurt am Main: Fischer 1996.

29 Ian Hacking: Autism Fiction. A Mirror of an Internet Decade? In: *University of Toronto Quarterly* 79 (2010), S. 632–655, hier S. 633.

30 Beispielsweise Donna Williams: *Ich könnte verschwinden, wenn du mich berührst. Erinnerungen an eine autistische Kindheit.* München: Droemer Knaur 1994.

Raymond Babbitt in *Rain Man* (US 1988, R: Barry Levinson), in dem bereits die Verquickung des Autistischen mit der Inselbegabung erfolgte.[31] Neben der gutmütigen Figur des begabten Autisten werden auch immer wieder bedrohliche Szenarien von Autisten als Aliens – seltsame, fremde, unverständliche Geschöpfe – aufgerufen,[32] eine Codierung, die auch von Autisten selbst benutzt wird, um die Welt um sich herum wie einen fremden Planeten zu beschreiben: „Much of the time I feel like an anthropologist on Mars."[33]

Es sei erwähnt, dass der Autismus eine Krankheit ist, die sich sehr individuell ausprägt und ein sehr vielfältiges Krankheitsbild ausbildet, gerade was das Asperger-Syndrom, also eine leichte Form des Autismus, anbelangt. Das Krankheitskonzept Autismus wird auch von Seiten der Wissenschaften sehr breit beschrieben. Das Diagnose-Manual *DSM-V* unterscheidet unter dem Stichwort „Autismus-Spektrum-Störung" nicht mehr zwischen schweren Formen des Autismus und leichten wie dem Asperger-Syndrom.[34] Das Asperger-Syndrom ist in erster Linie durch Schwächen in den Bereichen der sozialen Interaktion und Kommunikation gekennzeichnet.[35] Man weiß recht wenig über das Entstehen dieses Syndroms, das als angeboren und nicht heilbar gilt. Dass eine Gesellschaft ihre Befindlichkeit im Modus medizinischer Diagnostik beschreibt, ist nicht neu. Erinnert sei an die großen Erzählungen vom sogenannten Nervösen Zeitalter, in deren Verlauf die Mediziner George Miller Beard und William Erb die Neurasthenie ‚entdecken'.[36] Bereits hier gibt es bestimmte Beschreibungen, die dann auch die Autismus-Erzählung prägen: Zumeist männliche Hochbegabte, die intellektuelle Elite der Gesellschaft,

31 Auch in der skandinavischen Literatur gibt es ein großes Vorbild: Karin Fossums *Black Seconds* von 2002.

32 Ian Hacking: Humans, Aliens & Autism. In: *Daedalus* 138,3 (2009), S. 44–59.

33 Temple Grandin in einem Interview mit Oliver Sacks, zit. n. Hacking: Autism Fiction, S. 644.

34 American Psychiatric Association: *Diagnostic and Statistical Manual of Mental Disorders, Fifth Edition (DSM-5)*. Lake St. Louis: Selbstverlag 2013.

35 Hans Asperger: Das psychisch abnorme Kind. In: *Wiener Klinische Wochenzeitschrift* 51 (1938), S. 1314–1317; Helmut Remschmidt / Inge Kamp-Becker: *Asperger-Syndrom*. Berlin: Springer 2006.

36 Dazu der ‚Klassiker' von Joachim Radkau: *Das Zeitalter der Nervosität. Deutschland zwischen Bismarck und Hitler*. München: Hanser 1998.

werden an der Gesellschaft selbst krank. Als Gegenmaßnahme entwickelten sich um 1900 die Lebensreformbewegungen mit der Heilbad-Kultur und gesunden Ernährungsweise wie auch die Diätetik aus Medienverzicht und Kulturkritik, die die frühen 1920er Jahre prägten. Doch bei Autismus gibt es kein Zurück zur Natur (wie vielleicht beim Burnout heute empfohlen wird), sondern ein Hinein ins Virtuelle.

Insofern ist es folgerichtig, dass Salander – eine zugleich seltsame, kommunikationsunfähige, in ihrem Sozialverhalten gestörte Hochbegabte – von der Rezeption als Asperger-Autistin beschrieben wird und gleichwohl eine geniale Hackerin ist.[37] Die Verbindung zwischen Autist und Hacker gehört ebenfalls zum fiktionalen Code der kulturellen Figuration von Autisten. Hacking schreibt: „Because of the difficulty in face-to-face relationships, autism is a pathology made for the Internet."[38] Gerade das Internet eröffnete Möglichkeiten für Autisten, am ‚normalen' Leben teilzunehmen, was als große Befreiung erlebt werde. Aber diese Passung macht auch klar, dass das gesamte soziale Netz mit all der Partizipation und dem Ideal des Teilens gleichzeitig ein Ort der konsequenten Selbstbezüglichkeit ist und damit quasi-autistische Züge annimmt. Jeder lebt in einer total selbstbezogenen Welt, starrt auf seinen Screen, das IPod im Ohr, ist aber gleichzeitig Teil einer seltsamen Sozialität. Wir sind ‚eingekapselt'. Ian Hacking weist darauf hin, dass der Name für die Kapsel, den Pod, mit dem Apple 2001 auf dem Markt kam, von kleinen, für eine Person ausgelegten Spaceships in Stanley Kubricks Film *2001: A Space Odyssey* (US 1968) inspiriert war. Ein Pod für eine Person – das Symbol für die Selbsteinkapselung im Cyberspace.[39] Und tatsächlich hat Douglas Coupland mit *JPod* 2006 dafür dann auch die entsprechende Autistengeschichte geliefert.[40] Der I-Pod stehe dafür, so Hacking, dass „the neurotypical are becoming autistic".[41]

Ein solches verkapseltes Ich ist auch Salander, ein Nerd (für *non emotionally responding dudes*). Mit der autistisch gezeichneten Figur

37 Aström / Greg / Horeck: Introduction, S. 5.

38 Hacking: Autism Fiction, S. 650.

39 Ebd., S. 652.

40 Douglas Coupland: *Jpod*. New York: Bloomsbury 2006.

41 Hacking: Autism Fiction, S.652.

Salander verbindet sich in der Trilogie eine Gesellschaftskritik, die die schwedische Sozialpolitik mit dazugehöriger Psychiatrie und Jugendfürsorge ebenso im Visier hat wie die globale Ausbreitung des neoliberalen *Homo communicans*. Salander agiert als Analysetool, die gesellschaftliche Konstruktion von Pathologien wie dem Autismus sichtbar macht.

Schluss: ‚Auties' und ‚Schizos'

In ihrem Buch *Anti-Ödipus. Kapitalismus und Schizophrenie* entwerfen Gilles Deleuze und Félix Guattari anhand der Schizo-Analyse ein Gegenmodell zur Psychoanalyse. Sie setzen der Interpretation der ödipalen Phase als familiärer Sozialisationsgeschichte die kapitalistische Vergesellschaftung der Subjektivierung entgegen. Dabei machen sie den Typus des Schizophrenen zum Idealsubjekt, denn das Unbewusste sei gespalten und widersprüchlich, das Subjekt immer prekär in einer Phase des Übergangs bzw. des Werdens, eine zufällige Assemblage von Kräften. „Die Schizo-Analyse trägt diesen Namen, weil sie, statt wie die Psychoanalyse zu neurotisieren, während ihres gesamten Behandlungsverfahrens schizophreniert."[42] Schizo-Analyse ist Gesellschaftsanalyse und Schizophrenie eine Reaktionsform auf die kapitalistische Gesellschaft,[43] wobei Deleuze und Guattari nicht die klinische Schizophrenie meinen, sondern den philosophischen Schizo als Figuration der Deterritorialisierung. Deleuze schreibt: „Mein Lieblingssatz im Anti-Ödipus ist: nein, wir haben nie Schizophrene gesehen."[44] Der Schizo ist also eine Figuration des gesellschaftlich erzeugten Gespalten-Seins (*schize*: Spaltung). Er ist „der universelle Produzent",[45] der durch sein Gespaltensein immer im Werden begriffen ist. Der Schizo ist im Fluss, verweist auf eine nomadische, fluide, nicht mit sich identische Subjektivität, die nicht mehr dem ödipalen Familiendreieck verpflichtet ist: „[I]ch werde nicht mehr Ich, nicht

42 Gilles Deleuze / Félix Guattari: *Anti-Ödipus. Kapitalismus und Schizophrenie.* Frankfurt am Main: Suhrkamp 1977, S. 470.

43 Siehe Stephan Günzel: *Immanenz. Zum Philosophiebegriff von Gilles Deleuze.* Essen: Blaue Eule 1998, S. 32.

44 Gilles Deleuze: Brief an einen strengen Kritiker In: Deleuze: *Unterhandlungen*, S. 11–24, hier S. 24.

45 Deleuze / Guattari: *Anti-Ödipus*, S. 13.

mehr Papa-Mama sagen – und er hält Wort"[46]. Deleuze und Guattari fragen die philosophischen Schizos: „[W]as sind deine Wunschmaschinen? In welcher Form delirierst du das gesellschaftliche Feld?".[47] Die Schizo-Analyse ist also im Sinne Deleuzes und Guattaris eigentlich eine Analyse der gesellschaftlichen Konstruktion von Pathologien als Wunschproduktion und keine Analyse missglückter individueller Subjektivierung und Sozialisierung. Der Autismus lässt sich gleichermaßen als eine Form der gesellschaftlichen Wunschproduktion verstehen, denn Schizophrenie und Autismus sind nicht so weit voneinander entfernt, wie man vielleicht glauben mag. Der Begriff *Autismus* wurde von dem schweizerischen Psychiater Eugen Bleuler geprägt, der ihn 1911 in dem Buch *Dementia praecox (die Kindheit betreffend) oder Gruppe der Schizophrenien* als Symptom der Schizophrenie einführte, die vor allem Kinder ‚befällt'.[48] Der Begriff begann dann seine Karriere von Zürich aus Anfang des 20. Jahrhunderts über Leo Kanner und Hans Asperger vor allem in den USA. Heute unterscheidet man zwischen frühkindlichem Autismus (Kanner-Syndrom) und dem Asperger-Syndrom, das sich oftmals erst nach dem dritten Lebensjahr bemerkbar macht. Man könnte also sagen, der Autismus ist eine Form der Schizophrenie, die aber vor allem in der Kindheit auftritt. Statt eines recht expressiven gespaltenen, vervielfältigen Ichs stellt das Autistische eher das stumme kindliche Einkapseln in eigene Welten in den Mittelpunkt.[49]

Den Autismus im Sinne einer Schizo-Analyse zu verstehen, hieße, ihn als Form der Vergesellschaftung durch die Erzeugung von materialistischen Wünschen zu begreifen, die von der Gesellschaft produziert werden. Und die Wünsche der Gesellschaft im Zeitalter des Internet scheinen vor allem Wünsche nach einer neuen Form der Zurückgezogenheit, der Abkapslung und Eintauchens (Immersion), zu sein.

46 Ebd., S. 469.

47 Gilles Deleuze / Félix Guattari: Gespräch über den Anti-Ödipus. In: Deleuze: *Unterhandlungen*, S. 25–40, hier S. 35.

48 Eugen Bleuler: *Dementia praecox oder Gruppe der Schizophrenien*. Gießen: Psychosozial-Verlag 2014.

49 Das Konzept des Autismus wurde von Sigmund Freud mit dem Narzissmus assoziiert und dem Sozialen entgegengestellt. (Sigmund Freud: Massenpsychologie und Ich-Analyse. In: Ders.: *Gesammelte Werke in Einzelbänden*, Bd. 13, hrsg. v. Anna Freud / Marie Bonaparte / E. Bibring / W. Hoffer / E. Kris / O. Osakower. Berlin: Fischer 1940, S. 71–161, hier S. 73–74.)

War der Schizophrene bei Deleuze Idealtypus des Unbewussten als gespaltenes und subversives, könnte der Autist nun Idealtypus des Unbewussten als abgekapseltes und immersives sein.
Salander ist ein ‚Autie' in der Tradition des Deleuzschen Schizos. Die Deterritorialisierung des Schizos, also das Auflösen von starren Strukturen, Organisationsformen, das Zerfließen von Konstanten und Gesetzen verbunden mit einem Zugewinn an Möglichkeiten, wird in der Autismus-Figuration der Lisbeth Salander mit einer seltsamen Form der Re-Territorialisierung verbunden: Mit der Fixierung und Einschränkung auf die eigene Welt, die sie von allen anderen abgrenzt, eine Welt allerdings, die immersiv-virtuell ist. Salander lebt im Internet. Und sie ist eine Figur, die sich gerade durch ihren Autismus unglaubliche Möglichkeiten eröffnet. Am Beginn von *Verdammnis*, als sie den Industriellen Wennerström via Hacking um seine Millionen erleichtert hat, lässt sie sich nicht nur die Brüste vergrößern, sondern auch das Wespentattoo entfernen, um nicht so leicht identifizierbar zu sein.[50] Von nun an ist Salander frei, steht nicht mehr unter der Kontrolle ihres Vormunds und wechselt zwischen mehreren Identitäten. Sie ist nicht mehr in Stockholm lokalisierbar und unternimmt große Reisen. Doch dabei bleibt sie allein, isoliert, unidentifizierbar.
Im Roman gibt es immer wieder Situationen, in denen sie gar nicht-menschliche, tierhafte, mythische Züge annimmt. Ihr Bruder Ronald Niedermann, selbst eine beinahe mythische Figur – riesig, unglaublich stark und schmerzunempfindlich – beschreibt Salander wiederholt als Fabelwesen:

> Das Mädchen auf dem Boden war tot. Daran konnte es keinen Zweifel geben.
> Er selbst hatte sie begraben.
> Also war dieses Wesen auf dem Boden kein Mädchen, sondern ein Geschöpf, das von der anderen Seite des Grabes wiedergekehrt war und nicht mit menschlicher Kraft bekämpft werden konnte.
> Die Verwandlung vom Menschen zum Untoten hatte bereits eingesetzt. Ihre Haut war ein eidechsenähnlicher Panzer, ihr Gebiss voller nadelspitzer Reißzähne, mit denen sie Fleischstücke aus ihrer Beute riss. Ihre blutigen Hände hatten lange, rasiermesserscharfen Klauen. Er sah ihre

50 Larsson: *Verdammnis*, S. 25–26.

Augen glühen. Er konnte hören, wie sie knurrte, und sah, wie sie die Muskeln anspannte, um ihm an die Kehle zu springen.

Plötzlich sah er auch klar und deutlich, dass sie einen Schwanz hatte, der sich krümmte und hasserfüllt auf den Boden peitschte.

Da hob sie die Pistole und schoss.[51]

Salander – eine Kindfrau, androgyn, die ihren Körper mittels Tätowierung und Operationen mehrfach umgestaltet – erscheint in der Beschreibung ihres Bruders als werdende Untote, als fabelhaftes Raubtier. Eindrücklich wird beschrieben, wie vor allem ihr Kopf – Augen, Mund, Zähne – immer wieder tierähnliche Züge annimmt. Die Schizo/Autie-Analyse der Figur Salander muss also neben der Eingekapseltheit auch ihre fluide Körperlichkeit, ihr Nichtmensch-, ihr Tierwerden berücksichtigen. Tatsächlich kombinieren auch Deleuze und Guattari den Begriff des Schizos mit der Subversion der organlosen Körper. Der organlose Körper ist bei Deleuze und Guattari kein Konzept oder Begriff,[52] sondern eine subversive Praxis,[53] die den Organismus als einziges Organisationsprinzip in Frage stellt.[54] „Du wirst organisiert, du wirst zum Organismus, du mußt deinen Körper gliedern – sonst bist du nur entartet."[55] Damit blockiere der Organismus die Möglichkeiten des Strömens und Fließens der Intensitäten.[56] Die Perspektive des organlosen Körpers ist hier eine Perspektive des Werdens, in der es keine Hierarchien gibt (Kopf steht für Geist, Bauch für Gefühl).[57]

Dennoch erscheint mir Lisbeth Salander nicht nur als subversive, sondern auch als konservative Figur. Salander bekämpft und eliminiert die Akteure des patriarchalen Herrschaftsdiskurses (den Vergewaltiger, den Frauenmörder, den Frauenhändler usw.), sie ist eine Figur des Werdens. Dazu kommt aber, dass sie die einzige ist, die sich bewusst jeder Beobachtbarkeit entzieht, aus dem Hintergrund agiert und somit

51 Ebd., S. 741.

52 Gilles Deleuze / Felix Guattari: *Tausend Plateaus. Kapitalismus und Schizophrenie II* [1980]. Berlin: Merve 1992, S. 206.

53 Ebd., S. 206.

54 Ebd., S. 218.

55 Ebd., S. 219.

56 Ebd., S. 215.

57 Ebd., S. 371.

eine zwar illegitime (weil außerhalb der Institutionen wie ‚Sicherheitsfirma', ‚Polizei', ‚Justiz' usw. agierend), aber fast unangreifbare Machtposition einnimmt, die keiner anderen Figur zugeschrieben wird. Ihre Handlungsfähigkeit scheint sogar noch jenseits körperlicher Versehrtheit zu funktionieren, was insbesondere im obigen Zitat des Bruders zum Ausdruck kommt. Sie hat eine Position der Allmacht inne. Das wiederum macht sie zur Schwester von Figuren wie Lara Croft, Tank Girl und Lolita – ikonische Frauenbilder des 20. Jahrhunderts. Gerade ein Blick auf Lara Croft kann hilfreich bei der Analyse der Figur sein. Lara Croft wie Lisbeth Salander sind männliche wie weibliche Ermächtigungsphantasien. Sie sind „imaginäre Illusionen", Bilder, die mit der Realität verwechselt werden, was keine Kleinigkeit ist:[58]

> An der Fähigkeit, zwischen einer imaginären Illusion und einer symbolischen Fiktion zu unterscheiden, hängt wie an einem seidenen Faden der Einsatz für eine Realität, in der wir uns als andere erkennen, anerkennen und leben lassen, sei es im oder außerhalb des Cyberspace.[59]

Und weiter:

> Damit erfordert die symbolische Fiktion die Anerkennung, daß wir es nie mit einer erfüllten, wahren, natürlichen, unmittelbaren Realität zu tun haben werden. Sie fordert somit die Anerkennung jener Mehrdeutigkeit, die aus der Doppelursprünglichkeit jeder Realität im Zusammenwirken zwischen Realem, Imaginärem und Symbolischen resultiert. Diese Mehrursprünglichkeit macht eine Grenzziehung zwischen Illusion und Realität unabdingbar und macht sie zur gleichen Zeit unmöglich. Mit dieser paradoxen Situation, in der wir uns strukturell verfehlen, gilt es zu leben.[60]

Astrid Deuber-Mankowsky macht in ihrer Analyse der ‚Traumfrau' Lara Croft deutlich, dass diese Allmachtsfantasie eine Entwertung der im Alltag gelebten, oft weniger heldenhaften Wirklichkeiten zur Folge hat. Tatsächlich sind die vielen Frauen (und auch Männer)

58 Astrid Deuber-Mankowsky: *Lara Croft. Modell, Medium, Cyberheldin*. Frankfurt am Main: Suhrkamp 2001, S. 77.

59 Ebd., S. 78.

60 Ebd., *Lara Croft*, S. 79.

diesseits einer Lisbeth Salander auf eine vergängliche, oftmals übergewichtige, alternde Körperlichkeit verwiesen, mäßig intelligent, oftmals zu emotional und eher unwissend in Bezug auf Mathematik und der Programmiersprachen nicht fähig. Dies spricht dafür, Deuber-Mankowskys Argument auch auf Lisbeth Salander anzuwenden. Denn ein Blick auf die US-amerikanische Übersetzung des Titels der Trilogien mit *Das Mädchen mit dem Drachen-Tattoo* (*The Girl with the Dragon Tattoo*) zeigt das Potential der Figur zur zweiten Lara Croft. In den Filmen rückte mehr und mehr die lolitahafte Lisbeth Salander in den Mittelpunkt. Diese Umgestaltung der Geschichte – der sich Stieg Larson nicht mehr erwehren konnte, er starb an einem Herzinfarkt kurz nach Veröffentlichung des letzten Bandes – wird so auch in der feministischen Kritik heftig attackiert.[61]

Die ‚Autie'-Figur Lisbeth Salander ist somit eine ambivalente. Sie ist eine Figuration von Kritik und Widerstand gegen patriarchale Macht und sexuelle Gewalt. Sie ist eine Agentin des Werdens. Ihren Körper unterwirft sie ständigen Modifikationen. Und sie ist als Gegenthese zum *Homo communicans* konzipiert. Statt auf die erfüllte zwischenmenschliche Face-to-Face-Kommunikation setzt Salander auf die Einkapselung und das Eintauchen in Datenströme. Und dennoch ist sie gerade auch in dieser Form des Autistischen, das als Transhumanes auftritt, eine Figuration von Allmachtphantasien in der Tradition von Lara Croft, angesichts deren Heldentum das tägliche, kleine Leben mit allen Unzulänglichkeiten entwertet zu werden droht. Sie wird als jene beschrieben, die die neuen Herrschaftsinstrumente der Wissensgesellschaft – das Internet, den digitalen Code, mathematische Logik – fast automatisch beherrscht. Salander ist somit nicht nur die Figuration einer gesellschaftlichen Pathologie, sondern gleichzeitig ein Wunschtraum dieser zur steten Kommunikation verdammten Gesellschaft. Diese Wünsche sollte man ernst nehmen, aber von der vielschichtigen, uneindeutigen und oft wenig heldentümlichen Realität unterscheiden. Aus diesem Grund sei auch der Lektüre der Autismus-Trilogie ein depressiver Realismus als kritischer Korrekturmodus anempfohlen.[62] Die Depression ist für Lauren Berlant ein affektiver Modus der Gesellschaftskritik: Im Depressiven erlebt man

61 Aström / Greg / Horeck: Introduction, S. 6.

62 Lauren Berlant: *Cruel Optimism*. Durham: Duke UP 2011.

das komplizierte In-der-Welt-Sein als eine schwierige Verbindung zwischen einem vagen Versprechen auf die Zukunft und der Gefährlichkeit der gelebten Realität, die geschlechtlich codiert ist.[63] Berlant führt also im Affektiven eine Differenz ein zwischen dem Versprechen auf Glück und der lebendigen, schwierigen Realität der Ausführung dieses Versprechens. In dieser Spannung zwischen Wunsch und Realität öffnet sich nach Berlant der Raum für eine kritische Auseinandersetzung mit der Verletzbarkeit der eigenen Wünsche. Bei aller Begeisterung für die wilden Pipis, Laras und Lisbeths mit ihren subversiven Kräften schließe ich also mit einem Skrupel, mit einem Zögern im Angesicht der Allmacht des *Homo communicans* ebenso wie des *Auties*.

63 Berlant: *Cruel Optimism*, S. 96–97.

Wiebke Wiede

Die glücklichen Arbeitslosen

Zu einer paradoxen Subjektivierungsform

1. Einleitung: Glückliches Nichtstun

Problematisierungen von Passivität und Handlungsunterlassung begleiten konstitutiv die moderne Theoriebildung und Geschichte von Aktivität und Handlung seit dem 17. Jahrhundert. Gesellschaftshistorisch beförderten kapitalistische Wirtschaftsorganisation und Auseinandersetzungen um politische Partizipation seit dem späten 18. Jahrhundert Dispositive von Tätigsein und Aktion.[1] Nichtstun nimmt in diesen Zusammenhängen die Funktion eines komplementären, meist negativ konnotierten Ergänzungsbegriffs ein, der Aktivität erklärt und nur in Abgrenzung und Relation zur Aktivität Bedeutungsgehalt gewinnt. In einer solchen Lesart gerinnt Passivität zum Begriff, der Unterbrechung, Regeneration und Verbesserung von Produktivität bezeichnet.[2] In den letzten Jahren gewinnen in der politischen Theorie Positionen wieder an Gewicht, die im Nichtstun Potentiale von Verweigerung oder gar Widerstand gegenüber aktivierenden Adressierungen erkennen lassen.[3] In Begriffen von Müdigkeit,

1 Philosophiehistorisch: Helmut Draxler: Was tun? Was lassen? Passivität und Geschichte. In: Ders. / Kathrin Busch (Hrsg.): *Theorien der Passivität*. München: Fink 2013, S. 196–215.

2 Kathrin Busch: Elemente einer Philosophie der Passivität. In: Ebd., S. 14–31, hier S. 19.

3 Vgl. zusammenfassend ebd.; aus historischer Perspektive: Joseph Vogl: *Über das Zaudern*. Zürich / Berlin: Diaphanes 2007; Martina Kessel: *Langeweile. Zum Umgang mit Zeit und Gefühlen in Deutschland vom späten 18. bis zum frühen*

Langeweile, Zaudern, Willensschwäche oder Faulheit ausgeformt, wird das Nichtstun als Ausdruck mit eigener Sinnhaftigkeit gelesen, der ein spezifisches „Vermögen im Unvermögen" sichtbar macht.[4]

Die Glücksversprechen der Moderne sind eng mit Bewertungen des Nichtstuns verschränkt. Spätestens seit der Wende zum 19. Jahrhundert ist die Diskussion des *pursuit of happiness* in kapitalistisch und liberal organisierten Gesellschaften mit dem Recht auf Eigentumserwerb und der produktiven Erwerbsarbeit verwoben. Das alttestamentarische Motiv von Arbeit als Fluch der Menschheit hatte sich verkehrt. Arbeit war nun eine Verheißung, die Wohlstand, Unabhängigkeit, Identität, womöglich Seligkeit versprach.[5] Die Denkfigur beglückender Arbeit gestaltete sich allerdings in der organisierten Praxis der Arbeitsgesellschaft immer prekär, und die Utopie des glücklichen Nichtstuns lebte fort: im Frühsozialismus, im Vormärz, in kapitalismuskritischer Faulheitspropaganda. Georg Büchner plädierte in seinem Lustspiel *Leonce und Lena* von 1836 dafür, „daß Jeder, der sich rühmt sein Brot im Schweiße seines Angesichts zu essen, für verrückt und der menschlichen Gesellschaft gefährlich erklärt wird."[6] Karl Marx' Schwiegersohn Paul Lafargue veröffentlichte 1880 sein anarchistisches Pamphlet *Das Recht auf Faulheit*, in dem er die „Arbeitssucht" der Arbeiterklasse kritisierte und demgegenüber die „Faulheit, Mutter der Künste und der edlen Tugenden", als revolutionäre Kraft anrief.[7]

Im Folgenden setze ich mich mit den Ambivalenzen des glücklichen Nichtstuns in Situationen auseinander, die aus dem Mangel von

20. Jahrhundert. Göttingen: Wallstein 2001; zu Faulheitsfiguren in anderem Kontext: Tom Lutz: *Doing Nothing. A History of Loafers, Loungers, Slackers, and Bums in America*. New York: Macmillan 2006.

4 Kathrin Busch / Helmut Draxler: Vorwort. In: Dies. (Hrsg.): *Theorien der Passivität*, S. 5–9, hier S. 5; Barbara Gronau / Alice Lagaay (Hrsg.): *Ökonomien der Zurückhaltung. Kulturelles Handeln zwischen Askese und Restriktion*. Bielefeld: Transcript 2010.

5 Jürgen Kocka: Mehr Last als Lust. Arbeit und Arbeitsgesellschaft in der europäischen Geschichte. http://www.zeitgeschichte-online.de/thema/mehr-last-als-lust (Zugriff am 01.03.2016).

6 Georg Büchner: *Leonce und Lena. Kritische Studienausgabe*, hrsg. v. Burghard Dedner. Frankfurt am Main: Athenäum 1987, S. 86–87.

7 Paul Lafargue: Das Recht auf Faulheit. In: Rainer Barbey (Hrsg.): *Recht auf Arbeitslosigkeit? Ein Lesebuch über Leistung, Faulheit und die Zukunft der Arbeit*. Essen: Klartext 2012, S. 32–36, hier S. 36.

Erwerbsarbeit resultieren. Im Mittelpunkt soll das Glück der Arbeitslosen in der Bundesrepublik seit den 1970er Jahren stehen. In diesen Jahren anwachsender und dann persistenter Massenarbeitslosigkeit ‚nach dem Boom' unterlagen die allgemeinen Glücksversprechen und Glückszumutungen zeitspezifischen Bedingungen: einer expandierenden ‚Verwissenschaftlichung des Sozialen' in Bildungs- und Beratungssektoren, sich ausdifferenzierenden Konsumentenkulturen und Lebensstilen, aber auch Umstrukturierungen von Arbeitsmärkten und Berufsbiographien. Diese Entwicklungen zogen ganz „neuartige Ausbildungs- und Erfolgszwänge auf dem Weg zum gesellschaftlich konformen Glück" nach sich, dem Arbeitslose in spezifischer Weise ausgesetzt waren.[8]

Mein Interesse gilt zum einen den Subjektkonzeptionen und Subjektivierungsprogrammen, die sich aus den Debatten um das ‚Glück der Arbeitslosen' ablesen lassen. Die Untersuchung von Subjektivierungsprogrammen sozialwissenschaftlicher Expertendiskurse der 1970er und 1980er Jahre und ihrer Glücksangebote an Arbeitslose trägt dem zunehmenden Einfluss sozialer Expertise im letzten Drittel des 20. Jahrhunderts Rechnung. Zum anderen werden Subjektivierungspraktiken von Arbeitslosen problematisiert, die versuchten, sich der Erwerbsarbeit zu entziehen und glücklich zu sein. Subjektivierung von Arbeitslosigkeit in den 1970er und 1980er Jahren wird damit aus einer eigenständigen Perspektive von Arbeitslosen lesbar.

2. Vermessung von Qualität: Das wissenschaftliche Glück der Arbeitslosen

In den frühen 1970ern lässt sich in den deutschsprachigen Sozial- und Humanwissenschaften eine Hinwendung zum Qualitativen in Methoden und Inhalten feststellen. Die „Wende zur Qualität" entspann sich aus den Debatten um die „Grenzen des Wachstums" der Weltwirtschaft, wie sie in dem gleichnamigen Bestseller von 1972

8 Anselm Doering-Manteuffel / Lutz Raphael: *Nach dem Boom. Perspektiven auf die Zeitgeschichte seit 1970*. Göttingen: Vandenhoeck & Ruprecht 2008, S. 33; einschlägig: Lutz Raphael: Die Verwissenschaftlichung des Sozialen als methodische und konzeptionelle Herausforderung für eine Sozialgeschichte des 20. Jahrhunderts. In: *Geschichte und Gesellschaft* 22,2 (1996), S. 165–193.

formuliert wurden.[9] Im Rahmen von Qualitätsdebatten wurden in verschiedenen gesellschaftlichen Zusammenhängen wissenschafts- und sozialpolitische Ziele neu austariert, Fragen der Arbeits- und vor allem Lebensqualität waren dabei zentral.[10]
Für die wissenschaftliche, d. h. sozialwissenschaftliche und sozialpsychologische Genealogie des Glücks in Kontexten von Erwerbsarbeit formten sich diese Debatten in erster Linie in der Lebensqualitätsforschung aus. In der Bundesrepublik wurde diese Forschungsrichtung unter Rezeption der US-amerikanischen Forschung konzeptionell seit Beginn der 1970er vor allem vom Soziologen Wolfgang Zapf befördert.[11] Empirische Studien wurden seit den frühen 1980ern publiziert. Die Untersuchungen erhoben einerseits standardisierte Daten zu sozialen Erfahrungsbereichen wie Bildung, Erziehung, Politik, Beziehungen und schließlich Arbeitswelt, andererseits brachten sie Bewertungsraster von Wohlbefinden in ein umfassendes Messungssystem moderner Lebenslagen. Das Konzept der Lebensqualität ermöglichte es, objektive soziale Lebensbedingungen

9 Vgl. Nils Freytag: „Eine Bombe im Taschenbuchformat"? Die „Grenzen des Wachstums" und die öffentliche Resonanz. In: *Zeithistorische Forschungen/Studies in Contemporary History* 3,3 (2006) http://www.zeithistorische-forschungen.de/3-2006/id=4478 (Zugriff am 04.12.2016); die „Wende zur Qualität" bei: Gerhard Huber: „Lebensqualität": modisches Schlagwort oder epochale Wende? In: Karl Bättig / Edmond Ermertz (Hrsg.): *Lebensqualität. Ein Gespräch zwischen den Wissenschaften*. Basel / Stuttgart: Birkhäuser 1976, S. 15–26; zur Entwicklung von Qualitätsdebatten seit den 1990ern vgl. Ulrich Bröckling: *Das unternehmerische Selbst. Soziologie einer Subjektivierungsform*. Frankfurt am Main: Suhrkamp 2007, S. 215–247.

10 So der Artikel „Lebensqualität" in der *Brockhaus Enzyklopädie* (zit n. Alfred Bellebaum: Lebensqualität. Ein Konzept für Praxis und Forschung. In: Klaus Barheier (Hrsg.): *Lebensqualität ein Konzept für Praxis und Forschung*. Opladen: Westdeutscher Verlag 1994, S. 7–12, hier S. 8; vgl. auch Helge Majer: *Wirtschaftswachstum. Paradigmenwechsel vom quantitativen zum qualitativen Wachstum*. München / Wien: Oldenbourg 1992).

11 Wolfgang Zapf: Zur Messung der Lebensqualität. In: *Zeitschrift für Soziologie* 1 (1972), S. 353–376; ders. (Hrsg.): *Lebensbedingungen in der Bundesrepublik. Sozialer Wandel und Wohlfahrtsentwicklung.* Frankfurt am Main / New York: Campus 1971; ders. / Wolfgang Glatzer (Hrsg.): *Lebensqualität in der Bundesrepublik. Objektive Lebensbedingungen und subjektives Wohlbefinden*. Frankfurt am Main / New York: Campus 1984; zur Geschichte der sich aus der Lebensqualitätsforschung entwickelnden Sozialberichterstattung: Jürgen Schupp: *40 Jahre Sozialberichterstattung und Lebensqualitätsforschung in Deutschland – Rückblick und Perspektiven*. Berlin: DIW 2014.

und subjektives Wohlbefinden der Befragten in Relation zueinander zu setzen. Semantisch verwandte Konzepte von Lebensqualität wie Lebensstandard, Wohlbefinden, Zufriedenheit und Glück boten die Möglichkeit, Wohlstand und Wohlfahrtsstaatlichkeit jenseits quantitativer Maßstäbe neu zu diskutieren, mit variablen und subjektiv wertenden Inhalten zu füllen. Gleichzeitig wurden qualitative Forschungsinhalte methodisch quantifiziert. Skalierungsmethoden erleichterten wesentlich die Visualisierung und Vergleichbarkeit der erhobenen Daten zur Lebensqualität. Affektives Wohlbefinden als Schlüsselfaktor von Lebensqualität wurde demnach als Antwort auf wissenschaftliche Fragen nach der „gegenwärtigen Zufriedenheit im Leben" in bis zu zehnstufige Skalen eingeordnet.[12] Das Glück als vage definierter, aber ausdrücklich verwendeter Begriff gehörte seit Beginn der Lebensqualitätsforschung zu den messbaren Indikatoren.[13] Bereits in den 1960ern wurde messbares Glück daneben in psychosozialen Untersuchungen zum Kriterium ‚nationaler Gesundheit'. So gibt die erste Makrostudie zur psychischen Gesundheit der US-amerikanischen Bevölkerung von 1960 in ihrer resümierenden Befragung „Taking all things together, how would you say things are these days?" die dreistufige Antwortauswahl „very happy, pretty happy or not too happy".[14]

Arbeitslosigkeit wurde seit den 1980ern in die Indikation von Lebensqualität aufgenommen.[15] Arbeitslose galten in der bundesrepublikanischen Forschung der 1980er im Allgemeinen als unglücklicher als der

12 Stephen Harding / David Phillips / Michael Fogarty: *Contrasting Values in Western Europe. Unity, Diversity and Change.* London: Macmillan 1986; Regina Berger / Hans-Michael Mohr: Lebensqualität in der Bundesrepublik 1978 und 1984. In: *Soziale Welt* 37 (1986), S. 25–47.

13 Vgl. Felicity F. Miao / Minkyung Koo / Shigehiro Oishi: Subjective Well-being. In: Susan A. David / Ilona Boniwell / Amanda Conley Ayers (Hrsg): *The Oxford Handbook of Happiness.* Oxford: Oxford UP 2004, S. 174–184, hier S. 156; Robert A. Cummins: Measuring Happiness and Subjective Well-Being. In: Ebd., S. 185–200, hier S. 175, 186.

14 Gerald Gurin / Joseph Veroff / Sheila Field: *Americans View Their Mental Health. A Nationwide Interview Study.* New York: Van Nostrand Reinhold 1960.

15 Vgl. Peter Krause: Lebensbedingungen und wahrgenommene Lebensqualität von Arbeitslosen. In: Hans-Jürgen Krupp / Ute Hanefeld (Hrsg.): *Lebenslagen im Wandel. Analysen 1987.* Frankfurt am Main / New York: Campus 1987, S. 105–125.

Durchschnitt der Befragten.[16] Ihr Unglück wurde wie bei Erwerbsunfähigen, Geschiedenen oder Verwitweten einerseits auf schwerwiegende Lebensereignisse zurückgeführt, die gesundheitliche oder finanzielle Probleme verursachen würden. Andererseits wurde auf die allgemein zunehmende Quote von „Unglücklichen" seit 1978 hingewiesen, die man auf einen Wechsel in der gesellschaftlichen Stimmungslage vom „Reformklima" der frühen 1970er zu einem „Problemklima" Anfang der 1980er Jahre, geprägt von Arbeitslosigkeit, Wachstumsschwäche oder ökologischer Belastung, zurückführte.[17] Arbeitslosigkeit war hier Teil gesellschaftlich allgemein verbreiteten Unglücks.

Parallel zur Etablierung der Lebensqualitätsforschung wurde dem Glück der Erwerbsarbeit unter dem Begriff *Humanisierung der Arbeit* seit Ende der 1960er Jahre arbeits- und industriesoziologische Aufmerksamkeit zuteil. Auch diese Forschungen nahmen qualitative Aspekte wie die Gestaltung von Arbeitsplätzen und Arbeitsumgebungen, aber auch Zufriedenheit mit der Arbeit in den Blick.[18] Sie mündeten schließlich 1974 in das staatliche Förderprogramm *Forschungen zur Humanisierung des Arbeitslebens.*

Eine weitere Facette qualitativer Betrachtung des Arbeitslebens lieferten die vorwiegend aus den USA importierten theoretischen Anleihen aus dem Bereich des Human Ressource Management, die in der betrieblichen Praxis der Bundesrepublik seit Mitte der 1960er Jahre Anwendung fanden.[19] Im Unterschied zu betriebssoziologischen Ansätzen der frühen Bundesrepublik, die Arbeitszufriedenheit über ‚Betriebsklima' und ‚Persönlichkeitsentfaltung' definierten, wurde das

16 Berger / Mohr: Lebensqualität in der Bundesrepublik 1978 und 1984, S. 27–28.

17 Ebd., S. 30.

18 Anne Seibring: Die Humanisierung des Arbeitslebens in den 1970er-Jahren: Forschungsstand und Forschungsperspektiven. In: Knud Andresen / Ursula Bitzegeio / Jürgen Mittag (Hrsg.): *„Nach dem Strukturbruch"? Kontinuität und Wandel von Arbeitsbeziehungen und Arbeitswelt(en) seit den 1970er Jahren.* Bonn: Dietz 2011, S. 107–126.

19 Vgl. ebd., S. 111; Ruth Rosenberger: Demokratisierung durch Verwissenschaftlichung? Betriebliche Humanexperten als Akteure des Wandels der betrieblichen Sozialordnung in westdeutschen Unternehmen. In: *Archiv für Sozialgeschichte* 44 (2004) S. 327–355, hier S. 353; Sabine Donauer: Job Satisfaction statt Arbeitszufriedenheit. Gefühlswissen im arbeitswissenschaftlichen Diskurs der 1970er-Jahre. In: Jens Elberfeld / Pascal Eitler (Hrsg.): *Zeitgeschichte des Selbst.*

Arbeitspotential des Einzelnen in seiner affektiven Hinwendung zur Arbeit verortet. In eine ähnliche Richtung gehen Ansätze der zeitgleich personalpolitisch und wirtschaftswissenschaftlich einflussreichen Humankapitaltheorie, deren prominentester Vertreter der Ökonom Gary S. Becker, Vertreter der Chicago School, war.[20] Sie erklären die kognitiven, auf Bildung beruhenden Fähigkeiten von Individuen, ihre Gesundheit, aber auch ihr äußeres Erscheinungsbild zu Ressourcen einer ökonomischen Interessen dienenden Arbeitskraft. Arbeitsethos, Psyche und Physis des Einzelnen und Ökonomie werden miteinander verknüpft.

Anthropologische Grundannahmen dieser Ansätze entstammen dem Umfeld der humanistischen Psychologie, die sich seit den 1960ern in den USA herausgebildet hatte und dort bereits Mitte der 1970er akademisch wieder an Einfluss verlor, aber populärwissenschaftliche Prägekraft in Beratungs- und Therapiegruppen sowie im Management- und Coachingbusiness behielt.[21] Zentrale Konzepte der humanistischen Psychologie – wie das der *Motivation* von Abraham Maslow, des *Encounter* (Begegnung) von Carl Rogers oder von *Kreativität* bei Rollo May – waren auf eine vitalistische Entfaltung und Entwicklung des ‚Selbst' angelegt. Ziel wie auch Instrument ihrer therapeutischen Praxis waren Selbstthematisierung, Selbstverwirklichung und Steigerung des Selbstwerts. Die Potentiale des Einzelnen sollten gefördert werden, um dem Ideal einer autonomen, zum Optimalen strebenden Persönlichkeit näher zu kommen. Schlüsselbegriffe der humanistischen Psychologie wie *Selbstbestimmung* oder *Selbstzufriedenheit* artikulierten den Glauben an eine je individuell durchführbare Praxis glücklichen Lebens. Die Grundannahmen der humanistischen Psychologie mögen von parteipolitischen Implikationen

Therapeutisierung, Politisierung, Emotionalisierung. Bielefeld: Transcript 2015, S. 343–371, hier S. 358–363; Boris Traue: *Das Subjekt der Beratung. Zur Soziologie einer Psycho-Technik.* Bielefeld: Transcript 2010, S. 186–193.

20 Vgl. Bröckling: *Das unternehmerische Selbst*, S. 86–96, der vor allem die Ökonomisierungstendenzen der Humankapitaltheorie betont.

21 Vgl. Jürgen Straub: Wissenschaftliche Psychologie als Humanismus? Rekonstruktion eines hybriden Programms zur Errettung der modernen Seele. In: Ders. (Hrsg.): *Der sich selbst verwirklichende Mensch. Über den Humanismus der Humanistischen Psychologie.* Bielefeld: Transcript 2012, S. 16–67; zur Kreativität vgl. Bröckling: *Das unternehmerische Selbst*, S. 152–168; Traue: *Das Subjekt der Beratung*, S. 148–150.

populärer Programme zur Selbstoptimierung, wie sie besonders in den im US-amerikanischen Rechtskonservatismus seit den späten 1960ern rezipierten Arbeiten von Nathaniel Branden vertreten wurden, zu trennen sein, dennoch bleiben sie grundlegend politische Annahmen, die Probleme gouvernementaler Führung im Foucaultschen Sinn im Kern berühren.[22] Selbstverantwortung und Selbstbestimmung fordern unmittelbar zur Selbstführung der Subjekte auf. Für Nicolas Rose schaffen es die Selbstkonzepte der humanistischen Psychologie denn auch, gleichermaßen den Regierungsweisen liberaler Demokratien und den Anforderungen fortgeschrittener Industriestaaten gerecht zu werden.[23] Ähnlich argumentiert Barbara Cruikshank, die *self-esteem* als *technology of citizenship* bezeichnet, die ‚äußere', polizeiliche, medizinische oder pastorale Führungsformen durch eine auf Selbstverantwortung beruhende, ‚innere' Führung ergänzt oder ersetzt.[24] Die Verknüpfung von Gesundheits- und Zufriedenheitskonzepten mit denen entsprechender Subjektivierungsformen, die im Vokabular der humanistischen Psychologie anklingt, wird greifbarer, zieht man die quantifizierenden Skalierungen von Selbstwert, die seit den 1960ern publiziert wurden, hinzu. Vergleichbar mit den graduellen Einteilungen der Lebensqualitätsforschung wurde der Selbstwert in Skalierungen wie beispielsweise der *self-esteem scale* von Morris Rosenberg aus dem Jahr 1965 zu einem kalibrierbaren Skalenwert zwischen „hoch" und „niedrig".[25]

Die sozialwissenschaftlichen Studien, die dezidiert Arbeitslosigkeit erforschten, betonten in Einklang mit der Lebensqualitätsforschung bis in die Mitte der 1980er nahezu einhellig die psychosoziale Belastung von Arbeitslosigkeit. Die Sozialwissenschaftler

22 Nathaniel Branden: *The Psychology of Self Esteem. A Revolutionary Approach to Self-Understanding that Launched a New Era in Modern Psychology*. Los Angeles: Nash 1969; ders.: *Honoring the Self. The Psychology of Confidence and Respect*. New York: Bantam 1983; ders.: *How to Raise your Self Esteem. The Proven Action-Oriented Approach to Greater Self-Respect and Self-Confidence*. New York: Bantam 1987.

23 Nicolas Rose: *Governing the Soul. The Shaping of the Private Self*. London: Routledge 1990, S. 108–109.

24 Barbara Cruikshank: Revolutions within. Self-Government and Self-Esteem. In: *Economy and Society* 22 (1993), S. 327–343, hier S. 330.

25 Vgl. Morris Rosenberg: *Society and the Adolescent Self-Image*. Princeton: Princeton UP 1965.

griffen, konfrontiert mit dem überraschenden Anstieg der Arbeitslosigkeit in den frühen 1970ern, vorerst auf ältere Forschungen zurück, vor allem auf die Marienthalstudie von Marie Jahoda, Paul Lazarsfeld und Hans Zeisel aus dem Jahr 1933.[26] Deren Studie hatte gezeigt, dass Arbeitslosigkeit ab einer gewissen Dauer zwar nicht wie angenommen und befürchtet zur sozialen Revolte führte, wohl aber eine psychische Deprivation der Arbeitslosen zur Folge hatte. Erzwungenes Nichtstun galt als Belastungsfaktor des arbeitslosen Selbst.[27] Erst Anfang der 1980er Jahre änderte sich dieser inzwischen so genannte Belastungsdiskurs, dessen Ende Wolfgang Bonß, Heiner Keupp und Elmar Koenen 1984 feststellten.[28] Im Zusammenhang mit der ‚Wertewandeldebatte' und in gewisser Spannung zur Lebensqualitätsforschung stellten sie die These auf, dass Arbeit und Beruf keine zentrale identitätsstiftende Bedeutung mehr zukäme, Arbeitslosigkeit demnach nicht zwangsläufig eine belastende Erfahrung sein müsse. Zu vergleichbaren Ergebnissen kamen Studien, die Arbeitslosigkeit als differentielles Problem betrachteten, dessen Effekte nicht verallgemeinert werden könnten. Der britische Arbeitspsychologie Peter Warr entwickelte das so genannte Vitamin-Modell, demnach es von spezifischen Umweltfaktoren (Vitaminen) im Zusammenspiel und Entwicklungspotential abhing, inwiefern ein gesundes, von Zufriedenheit und Selbstwert getragenes Selbstverhältnis vorliegen konnte.[29] Auf Arbeitssituationen wie auch auf Phasen von Arbeitslosigkeit übertragbar, bot das Vitamin-Modell einen Rahmen, um die psychische Gesundheit in der Arbeitslosigkeit zu erhalten. Andere Studien argumentierten mit Modellen von Alternativrollen jenseits von

26 Vgl. auch Wiebke Wiede: The Poor Unemployed. Diagnoses of Unemployment in Britain and West Germany in the 1970s and 1980s. In: Beate Althammer / Lutz Raphael / Tamara Stazic-Wendt (Hrsg.): *Rescuing the Vulnerable. Poverty, Welfare and Social Ties in Modern Europe*. New York / Oxford: Berghahn 2016, S. 307–331.

27 Vgl. Alois Wacker / Anna Kolobkova: Arbeitslosigkeit und Selbstkonzept. Ein Beitrag zu einer kontroversen Diskussion. In: *Zeitschrift für Arbeits- und Organisationspsychologie* 44 (2000), S. 69–82.

28 Wolfgang Bonß / Heiner Keupp / Elmar Koenen: Das Ende des Belastungsdiskurses? Zur subjektiven und gesellschaftlichen Bedeutung von Arbeitslosigkeit. In: Wolfgang Bonß / Rolf G. Heinze (Hrsg.): *Arbeitslosigkeit in der Arbeitsgesellschaft*. Frankfurt am Main: Suhrkamp 1984, S. 143–191.

29 Peter Warr: *Work, Unemployment and Mental Health*. Oxford: Oxford UP 1987.

Arbeitslosigkeit (Christian Brinkmann) oder betonten die Handlungsfähigkeit (Agency) der Arbeitslosen trotz Arbeitslosigkeit (David Fryer).[30] Diese Studien verdeutlichen vor allem, dass die veränderte Wahrnehmung von Arbeitslosen sozial distinktiv vor sich ging. Zunehmend waren Akademiker und Angestellte, die ‚weiße' Mittelschicht, von Arbeitslosigkeit betroffen. Deren psychische und mentale Robustheit wurde verbreitet höher eingeschätzt als diejenige arbeitsloser Arbeiter der 1970er. Mit der sozialen Diversifizierung der Arbeitslosen änderte sich somit auch die sozialwissenschaftliche Einschätzung der psychischen Widerstandskraft der arbeitslosen Subjekte. Wichtig war hier auch der Bezug auf das Stress-Konzept von Richard Lazarus, der – neben anderen – in den 1960ern den Gegenbegriff des Coping in die Stresstheorie einführte, das heißt die individuellen Ressourcen, Stress zu verarbeiten. Je besser das Coping, desto geringer der Stress. Der Psychologe Dieter Ulich stellte so in seiner 1985 publizierten Studie über arbeitslose Lehrer, die seit den späten 1970ern in der Bundesrepublik vermehrt arbeitslos waren, ihr Potential zur Bewältigung der Krise von Arbeitslosigkeit heraus.[31]

Anfang der 1980er Jahre kristallisierte sich im wissenschaftlichen Diskurs allmählich die Subjektform des arbeitslosen „Unternehmers seiner eigenen Arbeitskraft" heraus, der Arbeitslosigkeit bewältigen kann, womöglich sogar glücklich wird, dieses aber von seinen eigenen Coping-Strategien und Coping-Fähigkeiten abhängt.[32] In der Lebensqualitätsforschung war Arbeitslosigkeit ein Faktor unter anderen Faktoren, der Lebensqualität einschränken konnte. In Forschungen

30 Christian Brinkmann: Die individuellen Folgen langfristiger Arbeitslosigkeit. In: *Mitteilungen aus der Arbeitsmarkt- und Berufsforschung* 17 (1984), S. 454–473; David Fryer: Employment Deprivation and Personal Agency during Unemployment. A Critical Discussion of Jahoda's Explanation of the Psychological Effects of Unemployment. In: *Social Behavior* 1 (1986), S. 3–23.

31 Dieter Ulich / Karl Haußer / Philipp Mayring: *Psychologie der Krisenbewältigung. Eine Längsschnittuntersuchung mit arbeitslosen Lehrern.* Weinheim / Basel: Beltz 1985.

32 Bonß / Keupp / Koenen: Das Ende des Belastungsdiskurses?, S. 182–183; ähnlich: G. Günter Voss / Hans J. Pongratz: Der Arbeitskraftunternehmer. Eine neue Grundkraft der Ware Arbeitskraft? In: *Kölner Zeitschrift für Soziologie und Sozialpsychologie* 50 (1998), S. 131–158; Bröckling nimmt im *unternehmerischen Selbst* u. a. Bezug auf Bonß (vgl. Bröckling: *Das unternehmerische Selbst*, S. 55); eine frühe unternehmenshistorische Analyse bei: Rosenberger: Demokratisierung durch Verwissenschaftlichung?

zur psychosozialen Belastung von Arbeitslosigkeit war diese zu einer Herausforderung geworden, die bewältigt werden konnte und kein Glückshindernis mehr darstellen musste, wenngleich dieses Glück trotz Arbeitslosigkeit ein funktionales war. Das stressfähige arbeitslose Subjekt sollte seine Arbeitslosigkeit meistern, um erwerbsfähig zu bleiben und/oder wieder erwerbstätig zu werden.

3. Libertärer Eskapismus? Die glücklichen Arbeitslosen

Öffentlich zelebriertes Nichtstun entwickelte sich seit Mitte der 1960er zu einer Ausdrucksform jugendlicher Protestkulturen. Die so genannten Gammler legten sich auf die Straßen westeuropäischer Großstädte:

> Dann kamen die Gammler. Sie probten keinen Aufstand, sie erhoben sich nicht. Sie legten sich nieder und schlugen nicht zu. Die jungen Helden waren müde. Sie kreierten die langsamste Jugendbewegung aller Zeiten: den Müßiggang.[33]

Die mit ca. 6.000 Beteiligten grob geschätzte Gruppe der Gammler setzte der prosperierenden westdeutschen Arbeitsgesellschaft ihre Passivität entgegen. Fleiß, Leistungsbereitschaft und Ordnung wurden als bürgerliche Wertvorstellungen ausdrücklich abgelehnt. Ihr provozierend auf ‚Faulheit' angelegter Hedonismus fand sich im alternativen Milieu der 1970er Jahre wieder. In der linken Post-68er-Szene war freiwillige Arbeitslosigkeit ein durchaus gängiges Lebensmodell, das einerseits Freiraum bot für politische Arbeit, andererseits ein Statement gegen die kapitalistische Leistungsgesellschaft war. *Ich will nicht werden, was mein Alter ist* bekannte die West-Berliner Politrockband *Ton, Steine, Scherben* auf ihrem Debütalbum *Warum geht es mir so dreckig* von 1971, das mit *Macht kaputt, was euch kaputt macht* und *Keine*

33 Zit. n. Heiko Geiling: Punk als politische Provokation. Mit den Chaos-Tagen in Hannover zur Politik des ‚gesunden Volksempfindens'. In: Roland Roth / Dieter Rucht (Hrsg.): *Jugendkulturen, Politik und Protest. Vom Widerstand zum Kommerz?* Opladen: Westdeutscher Verlag 2000, S. 165–182, hier S. 165; vgl. auch Axel Schildt / Detlef Siegfried: *Deutsche Kulturgeschichte. Die Bundesrepublik. 1945 bis zur Gegenwart.* München: Hanser 2009, S. 258–259; Walter Hollstein: *Die Gegengesellschaft. Alternative Lebensformen.* Bonn: Neue Gesellschaft 1980.

Macht für niemand den Soundtrack zu den ersten Hausbesetzungen in Berlin-Kreuzberg lieferte. Wurde in Besetzungsaktionen und deren Begleitmusik sozialräumliche Freiheit eingefordert, so geht *Warum geht es mir so dreckig* auf Distanz zur geregelten Erwerbsarbeit und nimmt ironisch, aber auch der historischen Entwicklung vorauseilend, Abschied von den Malocherjobs der Industriemoderne und ihrem fordistischen Arbeitsethos: „Arbeit macht das Leben süß, so süß wie Maschinenöl. Ich mach den ganzen Tag nur Sachen, die ich gar nicht machen will."[34] Die Routine monotoner Arbeitsabläufe wurde hierbei einer so beißenden wie melancholischen Kritik unterzogen: „Ich warte jeden Montagmorgen schon auf Freitagnacht."

Praktischen Absentismus predigten linksalternative Zirkulare dieser Zeit, die Ratschläge zum Blaumachen und Krankfeiern gaben. *Wege zu Wissen und Wohlstand oder Lieber krankfeiern als gesundschuften!* war die bekannteste, die in den 1970er Jahren im Milieu die Runde machte.[35] Die Autoren gaben einerseits konkrete Hinweise darauf, Simulation glaubwürdig zu gestalten, und gaben Verhaltenshinweise für den Arztbesuch („sage selber nie die Diagnose").[36] Andererseits wurde Simulation politisch gedeutet, „um einen klaren Kopf für subversive Gedanken" zu bekommen.[37]

Ähnlich gelagert war der soziale und diskursive Kontext der als solche benannten glücklichen Arbeitslosen. Sie traten ebenso in der West-Berliner linken Szene der 1970er Jahre auf, wenngleich vorerst als Phantasieprodukt. Der linke Aktivist, Drucker und Schriftsteller Peter-Paul Zahl veröffentlichte 1979 während seiner Haftzeit, er war seit 1972 wegen versuchten Mordes inhaftiert, den Roman *Die*

34 Zu den frühen Hausbesetzern und der Deutung ihrer Politiken: Thomas Schultze / Almut Gross: *Die Autonomen. Ursprünge, Entwicklung und Profil der autonomen Bewegung.* Hamburg: Konkret 1997; Freia Anders: Wohnraum, Freiraum, Widerstand. Die Formierung der Autonomen in den Konflikten um Hausbesetzungen Anfang der achtziger Jahre. In: Sven Reichardt / Detlef Siegfried (Hrsg.): *Das alternative Milieu. Antibürgerlicher Lebensstil und linke Politik in der Bundesrepublik Deutschland und Europa 1968–1983.* Göttingen: Wallstein 2010, S. 473–498.

35 AutorInnenkollektiv: *Wege zu Wissen und Wohlstand oder Lieber krankfeiern als gesundschuften!* Lollar: Prolit 1980; auch erschienen als: Dr. A. Narcho / Dr. Marie Huana / Privatdozent Dr. Kiff-Turner: *Wege zu Wissen und Wohlstand. Oder: Lieber krankfeiern als gesundschuften.* Hamburg: Selbstverlag 1981.

36 AutorInnenkollektiv: *Wege*, S. 7, 83.

37 Ebd., S. 102.

Glücklichen.[38] Der im Untertitel so benannte Schelmenroman erzählt von den anarchistischen Aktivitäten einer Kreuzberger Ganovenfamilie, die sich mit Gaunereien und Kleinkriminalität durchschlägt, dabei aber moralische, nämlich anti-kapitalistische Werte hochhält. Zwischen Kapitel neun und zehn ist in typisch alternativer Montage- und Copyshop-Optik die fiktive Zeitung *Der glückliche Arbeitslose* eingefügt.[39] Die Zeitung war gemäß der Agenda linker Medienpolitik als Publikationsorgan „von unten" entworfen, „in [der] und mit [der] sich Menschen verwirklichen und ausdrücken".[40] Berufsverbot und Arbeitslosigkeit sind in dieser Zeitung als Vorstufen künftiger, glücklicher Arbeits- und Lebenswelten zu lesen und zu gestalten. Zahl plädiert für das glückliche Nichtstun in der Hängematte: „arbeitslos und brünstig - glücklich das ganze Jahr über."[41] Ganz in der Manier des linken Aktionismus macht Zahls glückliche Arbeitslosigkeit jedoch enorm viel politische Arbeit: Zeitung gründen, Parteibildung, Schulungskurse, Gruppenbildung. Der Roman avancierte bei seinem Erscheinen Mitte der 1980er zu einem „Kult- und Erinnerungsbuch" des alternativen Milieus, vergegenwärtigte er doch eine Art Märchenwelt libertärer Freiheiten zu einem Zeitpunkt, als die Hochphase öffentlichkeitswirksamen Protests bereits Vergangenheit war.[42] Die Idee der Phantasieerzählung, freiwillige Arbeitslosigkeit als politische Verweigerungshaltung zu nutzen, wurde in den späten 1970er und frühen 1980er Jahren weiter reproduziert, war doch strukturelle Arbeitslosigkeit inzwischen in der sozialen, akademischen Trägergruppe des alternativen Milieus angekommen. Auf den wichtigsten Vernetzungstreffen der Szene 1978 wurde Arbeitslosigkeit denn

38 Peter-Paul Zahl: *Die Glücklichen. Schelmenroman*. Reinbek: Rowohlt 1986, S. 197–221; Jan Henschen: „Die Glücklichen". Peter Paul Zahl über Kreuzberger Alternativen, Militanz und Melancholie. In: Cordia Baumann / Sebastian Gehrig / Nicolas Büchse (Hrsg.): *Linksalternative Milieus und Neue Soziale Bewegungen in den 1970er-Jahren*. Heidelberg: Winter 2011, S. 307–322.

39 Zur Optik der alternativen Presse vgl. Sven Reichardt: *Authentizität und Gemeinschaft. Linksalternatives Leben in den siebziger und frühen achtziger Jahren*. Frankfurt am Main: Suhrkamp 2014, S. 301–302.

40 Zahl: *Die Glücklichen*, S. 196.

41 Ebd., S. 202.

42 „Harry Nutt: Freiheit und Glück als Signatur. Nachruf auf Peter-Paul Zahl. In: *Frankfurter Rundschau Online*, 26.01.2011. http://www.fr-online.de/kultur/nachruf-peter-paul-zahl-freiheit-und-glueck-als-signatur,1472786,7125664.html (Zugriff am 01.03.2016).

auch als Chance zur freien, selbstbestimmten Zeitgestaltung diskutiert. „Tunix ist besser als arbeitslos", kommentierte Wolfgang Neuss lakonisch den Tunix-Kongress vom Januar 1978, der Nichtstun zum Motto, wenngleich nicht zum Programm erhoben hatte.[43] Die Teilnehmer von Tunix outeten sich selbst als marginalisierte Freaks von „Knastgruppen, Wohngemeinschaften, Zeitungsinitiativen, Theatermacher[n], Antipsychiatristen, Unifreaks, Arbeitslose[n], Schwule[n], Mescaleros, Stadtindianer[n]", die sich „aus diesem Deutschland verpfeifen" wollten: „segeln wir alle zu Strand von Tunix."[44] Hinter dem lässigen Gestus verbargen sich jedoch handfeste soziale und politische Anliegen, die sich am innenpolitischen Klima des ‚Deutschen Herbsts' 1977 festmachten, aber weiterreichende linke Positionen von Umwelt- und Energiepolitik, alternativen Arbeitens, Geschlechterpolitik oder Fragen der Lebensführung verfolgten.[45] Auch die Arbeitslosen auf dem Tunix-Kongress inszenierten sich einerseits als hedonistische Faulenzer, andererseits waren sie unter Umständen vom Berufsverbot des Radikalenerlasses von 1972 betroffen und setzten politische Arbeit fort. Das West-Berliner Umwelt-Festival, im Juni/Juli 1978 veranstaltet, widmete den Arbeitslosen einen ganzen Veranstaltungstag unter dem Motto „Arbeit hau ab, wir kommen – Tag der Arbeitslosen".[46] Arbeitslosigkeit sollte als Zustand, der temporär frei war von Arbeitshierarchien, genutzt werden: Wir „denken daran, daß Arbeitslose ja auch frei von Chefs sind. Was wir mit dieser Freiheit machen können, besonders im Zusammenhang mit den jeweiligen Themen, darüber wollen wir nicht nur quatschen."[47] Die vagen, aber Aktivität

43 Wolfgang Neuss: *Tunix ist besser als arbeitslos. Sprüche eines Überlebenden*. Reinbek: Rowohlt 1985.

44 Ronald Glomb: Auf nach Tunix. Collagierte Notizen zur Legitimationskrise des Staates. In: Jens Gehret (Hrsg.): *Gegenkultur heute. Die Alternativbewegung von Woodstock bis Tunix*. Amsterdam: Azid 1979, S. 137–144, hier S. 137; Treffen in Tunix (I). In: Johannes Schütte (Hrsg.): *Revolte und Verweigerung. Zur Politik und Sozialpsychologie der Spontibewegung*. Gießen: Focus 1980, S. XXIV–XXVI.

45 Eine verharmlosende Darstellung des Tunix-Kongresses (anschließend an den 68er-Chronisten Wolfgang Kraushaar, der die Deutungshoheit linker Politik seiner eigenen Generation vorbehalten will) bei Philipp Felsch: *Der lange Sommer der Theorie. Geschichte einer Revolte 1960–1990*. München: Beck 2015, S. 146–148.

46 Vorläufiges Programm. In: *Wer keinen Mut zum Träumen hat – hat keine Kraft zum Kämpfen. Eine Dokumentation des Alternativen Umweltfestivals Berlin (4. Juni–16. Juli 1978)*. Berlin: Selbstverlag 1978, S. 61.

47 Ebd.

erfordernden Programmvorstellungen dürften sich um die umwelt- und energiepolitischen Fragen des Festivals gedreht haben, fanden aber bei Arbeitslosen „kaum Resonanz."[48]

Anfang der 1980er Jahre deuteten sich kurzfristige Koalitionen zwischen der alternativen Szene und arbeitslosen Selbsthilfegruppen an, die – bis dato gewerkschaftlich und kirchlich organisiert – der Hegemonie der Arbeitsgesellschaft konzeptionell nichts entgegensetzt hatten und den Diskurs der belastenden Wirkung von Arbeitslosigkeit fortführten.[49] Vor allem im norddeutschen Raum bildeten sich Jobber- und Erwerbslosengruppen, die „alternativ-utopisches Denken mit Formen mobilisierender Beratung und praktischer Unterstützung" verbanden.[50] Gruppen wie die Schwarze Katze (Hamburg) oder das Arbeitslosenforum Bremen traten für die Abschaffung von Lohnarbeit und die Einführung eines bedingungslosen Existenzgeldes ein:

> Wir begreifen uns nicht als Opfer der Arbeitslosigkeit. Wir führen unseren Kampf nicht darum, möglichst schnell wieder Maloche zu bekommen. [...] Als Schritte [...] schlagen wir vor: 1. Vollständiges Ausnutzen der sozialen Hängematte: Arbeitslosengeld, Arbeitslosenhilfe, Sozialhilfe, Wohngeld, Kuren, Krankengeld.[51]

Teilweise waren die Gruppen in der autonomen Szene angesiedelt, die sich seit Mitte der 1970er als militanter Flügel der Linksalternativen gruppiert hatten und die Anfang der 1980er vor allem als Hausbesetzer öffentlich wahrgenommen wurden. Spätestens mit dem Regierungsantritt der christlich-liberalen Koalition 1982 geriet das vergleichsweise hohe Sozialstaatsniveau, das den Autonomen das selbstbestimme Wohnen und Leben in mancher Hinsicht ermöglichte,

48 Ebd., S. 58.

49 Lutz Finkeldey: *Armut, Arbeitslosigkeit, Selbsthilfe. Armuts- und Arbeitslosenprojekte zwischen Freizeit und Markt*. Bochum: SWI 1992, S. 82.

50 Harald Rein: Proteste von Arbeitslosen. In: Roland Roth / Dieter Rucht (Hrsg.): *Die sozialen Bewegungen in Deutschland seit 1945. Ein Handbuch*. Frankfurt am Main / New York: Campus 2008, S. 593–611, hier S. 597.

51 Initiative Arbeitslose, Sozialhilfeempfänger, Jobber, Ausländer (Hrsg.): *Arbeit für alle oder Abschaffung der Lohnarbeit*, Dezember 1982. Archiv für alternatives Schrifttum (afas), Duisburg, S. 1–2.

in Bedrängnis.[52] Zum einen handelte es sich bei den autonomen Arbeitsloseninitiativen um Selbsthilfe, „trotz so genanntem Abbau des Sozialstaats weiterhin locker Kohle" zu ziehen, zum anderen wurden die „Arbeitslosen und Marginalisierten als zu bewegende Masse" entdeckt, um neu „den Kampf gegen die Arbeit, den Kampf vom Klassenstandpunkt aus zu organisieren."[53] Im Kampf gegen den Kapitalismus suchten die Autonomen den politischen Schulterschluss mit den Arbeitslosen. Ähnlich wie zuvor umwelt- oder friedenspolitische Protestanlässe wurde Arbeitslosigkeit als „abstrakter Mobilisierungspunkt" eingestuft, der allerdings kaum erfolgreich genutzt werden konnte, denn schnell wurde klar, dass die politischen Aktionen, „Nulltarifkampagnen, Flugblätter vor den Ämtern, Erwerbslosenfrühstück", „keinen Hund [...] hinterm Ofen" vorlockten.[54]

Konsequenter im Nichtstun waren Arbeitslose der 1990er Jahre. In diesen Jahren wird – parallel zum Aufstieg der Glückssemantik in der empirischen sozialen und psychologischen Forschung sowie der populären Literatur – der Umgang mit dem Glück in und trotz Arbeitslosigkeit in den Arbeitsloseninitiativen spielerischer.[55] Arbeitsloseninitiativen der frühen 1980er Jahre distanzierten sich noch von allgemeinen Glückszumutungen, ausformuliert in Glücksrankings und Lebensqualitätsvergleichen von Städten, Regionen oder Ländern. Der auf Lebensqualitätsmessungen beruhenden Marketing-Kampagne Hannovers, das 1979 zur „glücklichsten Hauptstadt Deutschlands" erklärt wurde, setzte das Arbeitslosen-Zentrum Hannover 1982 die „sozial-psychische Verelendung in der ‚glücklichsten Hauptstadt Deutschlands'" entgegen.[56] Mitte der 1990er imitierten

52 In Anlehnung an Sebastian Haunss, der davon spricht, dass in der autonomen Szene „ein hohes Sozialstaatsniveau existentielle Fragen des Lebensunterhalts [...] weniger in den Vordergrund treten" ließ. (Sebastian Haunss: Antiimperialismus und Autonomie. Linksradikalismus seit der Studentenbewegung. In: Roth / Rucht (Hrsg.): *Die sozialen Bewegungen*, S. 447–473, hier S. 451.)

53 Libertäre Tage. Von sozialen Bewegungen zur sozialen Revolution in Frankfurt/ FH. 16.4. bis 20.4.[1987], afas, S. 4.

54 Ebd.

55 Zur Glückskonjunktur seit den 1990ern: Alfred Bellebaum: Glück. Erscheinungsvielfalt und Bedeutungsreichtum. In: Ders. (Hrsg.): *Glücksforschung. Eine Bestandsaufnahme*. Konstanz: UVK 2009, S. 13–42, hier S. 15.

56 Arbeitslosenzentrum Hannover (Hrsg.): *Arbeitslos nicht wehrlos. Tatsache ist, dass durch die Arbeitslosigkeit ein Grundrecht verletzt wird*. Hannover: Arbeitslosenzentrum 1982, S. 21.

dann selbst gewerkschaftliche, ehemals erwerbsorientierte Gruppen den Gammler-Gestus der 1960er Jahre und veranstalteten Happenings z. B. in der Bielefelder Fußgängerzone, wo Arbeitslose, im Liegestuhl lungernd, mit Schildern darauf hinwiesen: „Haben Sie ein Glück! Solange ich hier liege, nehme ich Ihnen nicht den Arbeitsplatz weg!“[57] Die Sindelfinger Punkband Wizo griff Bobby McFerrins Glücks-Hitparadenhit *Don't Worry Be Happy* von 1988 musikalisch auf und veröffentlichte auf ihrem Debütalbum drei Jahre später mit *We Are Unemployed, Happy, Happy Unemployed* ihre Version musikalischen Glücks. Die Bundestagswahl 1998, am Vorabend der Hartz-IV-Reformen, war schließlich Anlass, Kritik an der Arbeitsgesellschaft öffentlich und auf breiter Basis zu formulieren. Die Anarchistische Pogo-Partei Deutschlands (APPD) trat mit dem Motto „Arbeit ist scheiße“ an und plädierte in ihrem Parteiprogramm „in den Traditionen der Punk- und Pöbel-Bewegung“ auf das „Recht auf Arbeitslosigkeit bei vollem Lohnausgleich.“[58] Der Volksbühnen-Regisseur Christoph Schlingensief veranstaltete gleichzeitig einen „Wahlkampf für Arbeitslose“, denn „nicht die Arbeitslosen versagen, der Staat versagt. Arbeitslose sind Arbeitssuchende, also äußerst wichtig als Archäologen der Gesellschaft.“[59]

Programmatisch vertrat die informelle Aktionsgruppe Die glücklichen Arbeitslosen zu diesem Zeitpunkt den glücklichen Müßiggang.[60] Diese Gruppe war keine Fiktion, gleichwohl flüchtigen Charakters, denn ihre Grundprinzipien waren Spontaneität, Improvisation und nicht zu viel Arbeit. Ihr subventioniertes Nichtstun rechtfertigten sie als Dienst am Gemeinwohl, denn, so die Glücklichen Arbeitslosen in ihrem Gründungsmanifest *Auf der Suche nach unklaren Ressourcen*:

57 Gunter Troost: Arbeit um jeden Preis? In: *Arbeitslosenzeitung Dortmund* 30 (September 1994), afas, S. 7.

58 Die 10 fiktiven Politikleitlinien der Anarchistischen Pogo-Partei Deutschland (APPD), afas 90 II 1995:14; ähnlich: Das APPD-Grundsatzprogramm: Frieden, Freiheit, Abenteuer! http://www.appd-gdnk.de/appd/programm (Zugriff am 01.03.2016).

59 „Sind wir auf Sendung? Sind wir noch da?“. Interview Marcus Grill mit Christoph Schlingensief. In: *taz*, 15.01.1998, S. 7.

60 Vgl. Guillaume Paoli (Hrsg.): *Mehr Zuckerbrot, weniger Peitsche. Aufrufe, Manifest und Faulheitspapiere der Glücklichen Arbeitslosen*. Berlin: Tiamat 2002; Rein: Proteste von Arbeitslosen, S. 602; Bröckling: *Das unternehmerische Selbst*, S. 293–296.

„[D]a die wenigen Stellen, die es gab, von Menschen begehrt wurden, die partout arbeiten wollten, betrachteten wir es als unsere altruistische Pflicht, sie ihnen zu überlassen und selbst auf die Mangelware Arbeit zu verzichten."[61] Die Glücklichen Arbeitslosen veröffentlichten 1996 bis 2002 ein Dutzend Manifeste, Aufrufe und ‚Faulheitspapiere' sowie in unregelmäßiger Folge die Zeitschrift *Müßiggangster*. Daneben veranstalteten sie Happenings und Kunstaktionen, vorwiegend in der Baracke des Ostberliner Praters, dazumal ein Treffpunkt der Ostberliner Querulantenszene. Unter anderem wurde der *Tauglichkeitstest zur Eignung als Glücklicher Arbeitsloser* oder der *Stellenablehnungsgenerator* vorgeführt, Noworkshops durchgeführt, die „fit for unemployment" machen sollten oder ein Personality Styling, das Hinweise dahingehend gab, „welche Stilrichtung passt nicht zu mir" oder „wie drückt man am besten Schwachpunkte aus", denn „für den ersten (schlechten) Eindruck gibt es keine zweite Chance".[62] Die Glücklichen Arbeitslosen begleiteten das Eintreffen des Europäischen Marsches gegen Erwerbslosigkeit in Berlin im Frühjahr 1997 mit demonstrativem Liegenbleiben auf Liegestühlen und Decken in Veranstaltungsnähe, den hauseigenen Sekt Chômeur Brut verkostend und locker plaudernd.[63] Spaziergänge der Glücklichen Arbeitslosen, die nicht allzu zielorientiert verlaufen sollten, führten zur kurzzeitigen Besetzung von Räumlichkeiten im Arbeitsamt, um z. B. umsonst zu kopieren, zu spontanen Bewerbungsaktionen (Deutsche Bank) oder zu mehr oder minder erfolgreichen Essensschnorrereien (Italiener, Café Einstein). Die Spaßguerilla der Glücklichen Arbeitslosen machte sich offenkundig mit gewolltem Dilettantismus, „belanglosen Possen und anarchischem Infantilismus" über Aktivierungsmaßnahmen im Zuge der aktiven Arbeitsmarktpolitik wie Bewerbungstraining oder Rhetorikseminare lustig.[64] Eine Klassifizierung der Gruppe als harmlose Spaßkultur würde allerdings ihr widerständiges Potential unterschätzen. Die Namensähnlichkeit zu Zahls Glücklichen Arbeitslosen

61 Guillaume Paoli: Aussteigen für Einsteiger. Eine Einführung. In: Ders. (Hrsg.): *Mehr Zuckerbrot, weniger Peitsche*, S. 7–27, hier S. 9.

62 Tauglichkeitstest zur Eignung als Glücklicher Arbeitsloser, Stellenablehnungsgenerator. In: Ebd., S. 74–75.

63 Wir bleiben liegen. Neuester Untätigkeitsbericht der Glücklichen Arbeitslosen. In: Ebd., S. 79–80.

64 Paoli: Aussteigen für Einsteiger, S. 7.

war der Aussage ihres Hauptaktivisten Guillaume Paoli zufolge Zufall, jedoch fühlte man sich geistig und politisch verwandt.[65] Die Kritik der Glücklichen Arbeitslosen, so stellte es auch zeitgenössisch Ulrich Beck fest, richtete sich gegen das Postulat der Arbeitsgesellschaft und vor allem gegen ihre Gleichsetzung von Arbeit mit Glück und Arbeitslosigkeit mit Unglück, die längst nicht mehr der gesellschaftlichen Realität einer verbreiteten Normalität von Arbeitslosigkeit entspräche.[66] Ihr Ziel sei hingegen, so die Glücklichen Arbeitslosen in ihrem Gründungsmanifest,

> nicht mehr die Erweiterung einer marginalen Position, sondern die Verringerung der allgemeinen Verzweiflung [...]. Vor fünfundzwanzig Jahren war die Vorstellung vom glücklichen Arbeitslosen eine echte Provokation. Das Neue ist heute, daß sie die meisten nicht mehr schockiert, sondern Sehnsucht erweckt.[67]

An dieser Stelle wird besonders deutlich, dass das ‚faule Glück' der Arbeitslosen kein Ergebnis eines ‚Wertewandels' des Arbeitsethos war, wie sozialwissenschaftliche Analysen in oftmals kulturkritischer Manier konstatierten. Auch entsprach es nicht dem Zerrbild medialer Kampagnen gegen Arbeitslose, die diesen in plakativer Zuspitzung zur Last legten, in der ‚sozialen Hängematte' an den Stränden Floridas ihrem unproduktivem Glück zu frönen - eine Invektive, die in der Polemik des sozialdemokratischen Bundeskanzlers Gerhard Schröder von 2001 kulminierte, es gebe kein Recht auf Faulheit.[68] Die Glücklichen Arbeitslosen zeigten hingegen Sehnsüchte auf: Sehnsucht nach Glück, das nicht von Arbeit abhängt oder von freier Zeit, die nicht von Glücksanforderungen abhängt. Ansetzend an der, wie sie es bezeichnen, „bürgerlichen" Subjektanforderung des Glücklichseins kehrten die Glücklichen Arbeitslosen die Verhältnisse um, d. h.

65 Ebd., S. 14.

66 Ulrich Beck: Das große Los – arbeitslos. In: *Süddeutsche Zeitung*, 19.06.1998, S. 13.

67 Paoli: Aussteigen für Einsteiger, S. 12.

68 Vgl. Frank Oschmiansky / Silke Kull / Günther Schmid: Faule Arbeitslose? Politische Konjunkturen einer Debatte (Discussion Papers/Wissenschaftszentrum Berlin für Sozialforschung). http://nbn-resolving.de/urn:nbn:de:0168-ssoar-115197 (Zugriff am 01.03.2016).

die Bewertung von Lohnarbeit und derjenigen, die ohne Lohnarbeit lebten. Sie beanspruchten die Sagbarkeit des arbeitslosen Glücks und seine breite Akzeptanz:

> In der Öffentlichkeit darf nur von Arbeitsmangel die Rede sein, erst in privaten Sphären, abseits von Journalisten, Soziologen und anderen Schnüfflern, wagt man aufrichtig zu sein: „Ich wurde entlassen, geil! Endlich habe ich Zeit jeden Tag auf Parties zu gehen, brauch nicht mehr aus der Mikrowelle zu essen und kann ausgiebig vögeln."[69]

Das Glück der Arbeitslosen überdauerte die Jahrtausendwende nur kurz. Das soziokulturelle Milieu, in dem sich die Glücklichen Arbeitslosen in den Freiräumen des Nachwende-Berlins bewegten, verlor seine kostengünstige Lebensqualität: Berlin wurde Hauptstadt, Brachen und leere Räume wurden neu bebaut und genutzt, Häuser renoviert, Hausbesetzungen geräumt, die Mietpreise zogen an.

4. Fazit

Das Glück der Arbeitslosen war ein kurzes Glück, aber es ist nachzuweisen. In den 1980er und 1990er Jahren breitete sich die Rede vom Glück aus, und Arbeitslosen wurde unter verschiedenen Vorzeichen erlaubt, glücklich zu sein bzw. sie pochten ihrerseits auf Glück. Sowohl in wissenschaftlichen Konzepten wie in anarchistischen Praktiken scheinen Möglichkeiten des Glücklichseins in der Arbeitslosigkeit auf. Ist denn nun das eine Glück mit dem anderen ins Verhältnis zu setzen? Für die Expertendiskurse über das wissenschaftliche Glück liegt es nahe, von der Entdeckung des arbeitslosen Glücks als, wie es Stefanie Duttweiler für die Glücksratgeber des 21. Jahrhundert formulierte, „neoliberaler Regierungstechnik" zu sprechen.[70] Das selbstbestimmte arbeitslose Subjekt, der arbeitslose Unternehmer, sollte ab Mitte der 1980er gerade glücklich genug sein, um seine Arbeitslosigkeit überwinden und schnell wieder arbeiten zu können. Das arbeitslose Glück war ein funktionales.

69 Auf der Suche nach unklaren Ressourcen. In: Paoli (Hrsg.): *Mehr Zuckerbrot, weniger Peitsche*, S. 30–45, hier S. 32.

70 Stefanie Duttweiler: *Sein Glück machen. Arbeit am Glück als neoliberale Regierungstechnik*. Konstanz: UVK 2007.

In den Subjektivierungspraktiken glücklicher Arbeitsloser der linken Szene der 1970er bis 1990er Jahre scheinen andere Aspekte des subjektiven Glücks auf, die einerseits mit allgemeinen populären und wissenschaftlichen Debatten über ‚Glück' zusammenhängen und sich dazu verhalten, andererseits diesen widerständige Eigenkonzepte entgegensetzen. In den 1970er Jahren wurde Arbeitslosigkeit im linksalternativen Milieu zu politischen Aktionen genutzt, quasi als vom Staat finanzierter Freiraum für alternative Arbeit und Projekte, aber immer im Modus von Tat und Aktion und im Horizont gesellschaftspolitischer Veränderung. Seit Mitte der 1980er Jahre lassen sich Spuren nachweisen, dass die Glückszumutungen von Tätigsein und Aktivität von Arbeitslosen abgewehrt bzw. umgewertet wurden. Am sinnfälligsten sprechen die Nicht-Aktionen der Glücklichen Arbeitslosen der 1990er Jahre für eine subversive Aneignung der Glücksanforderungen. Das von der Soziologie bestaunte und von der Politik stigmatisierte Phänomen der anarchistischen Spaßmacher machte ein Gegen-Verhalten geltend, das sich den Leistungszumutungen der Arbeitsgesellschaft entzog. Nicht in der Arbeit und nicht in der erfüllenden Tätigkeit, sondern im gänzlich unheroischen Vorbeigleiten an den Anforderungen der Arbeitsgesellschaft lag das Glück der Glücklichen Arbeitslosen. Wenngleich Ulrich Bröckling in den Glücklichen Arbeitslosen kein „Widerstandsprogramm gegen die Ökonomisierung des Individuums" erkennen mag, so bleibt doch, ihre Provokationen als Gegenentwürfe zum Imperativ des tätigen Glücklichseins zu lesen.[71] Faulheit mag inzwischen wiederum als publizistisches Geschäftsfeld und Coachingstrategie des Individuums für erwerbsarme Krisenzeiten entdeckt worden sein, eine Differenz zu glücklicher Zurücknahme als politischer Gestus bleibt nicht nur in der Wahrnehmung derjenigen, die Passivität ausüben, bestehen.[72] Um es mit Foucault zu sagen, produzierten die Glücklichen Arbeitslosen Situationen des ‚Entwischens', die ihnen für kurze Zeit den freilich milieu- und

71 Bröckling: *Das unternehmerische Selbst*, S. 296–297.

72 Für die Ausbreitung marktgängiger Faulheit führt Bröckling entsprechende Ratgeberliteratur an, z. B. Corinne Maier: *Die Entdeckung der Faulheit. Von der Kunst, bei der Arbeit möglichst wenig zu tun*. München: Goldmann 2005; Achim Schwarze: *Kleine Brötchen. Von den Vorzügen, ohne feste Anstellung zu sein*. München: Goldmann 2005 (vgl. Bröckling: *Das unternehmerische Selbst*, S. 296); man könnte dem das Wirtschaftsmagazin *Brandeins* hinzufügen, das im August 2015 mit dem Schwerpunktheft *Faulheit* erschien.

öffentlichkeitsabhängigen Raum boten, jenseits des Daseins als ‚Arbeitslose', im Sinn einer sozialen Kategorie, eigensinnig nichts zu tun und dabei glücklich zu sein. Das Glück nahm dabei die Funktion einer Paradoxie ein: War es doch einerseits gegen die Adressierung der Arbeitsgesellschaft gerichtet, in der Arbeitslosigkeit unglücklich zu sein, entkam es andererseits auch den Anforderungen des sozialwissenschaftlichen Expertendiskurses und seinen Möglichkeiten, trotz Arbeitslosigkeit glücklich zu sein. Das Glück der Arbeitslosen war das ‚Vermögen im Unvermögen', sich dem ‚neoliberal' adressierten Glück zu entziehen.

Matthias Leanza

Stress und Resilienz

Zum Unbehagen in der Spätmoderne

1. Immunität im neuronalen Zeitalter

Was macht uns nur so müde? Der Philosoph und Kulturwissenschaftler Byung-Chul Han sieht die Gegenwartsgesellschaft in ein Zeitalter exzessiver Leistungssteigerung eintreten, in dem die Individuen permanent überfordert werden. Wir lebten, so die Botschaft der philosophischen Zeitdiagnose, über unsere psychischen Verhältnisse und bezahlten dies mit ausgedehnten Erschöpfungszuständen, Angsterkrankungen und Depressionen. Die vermeintliche Freiheit des leistungsorientierten Marktsubjekts sei in Wahrheit eine vertiefte Form von Unterwerfung:

> Der Ausbeutende ist gleichzeitig der Ausgebeutete. Täter und Opfer sind nicht mehr unterscheidbar. Diese Selbstbezüglichkeit erzeugt eine paradoxe Freiheit, die aufgrund der ihr innewohnenden Zwangsstrukturen in Gewalt umschlägt. Die psychischen Erkrankungen der Leistungsgesellschaft sind gerade die pathologischen Manifestationen dieser paradoxen Freiheit.[1]

Hinter der schönen, vor Kraft strotzenden Fassade der Aktivgesellschaft verberge sich das schlappe Skelett einer zutiefst gestressten Müdigkeitsgesellschaft, die ihrer selbst überdrüssig geworden sei. Von

1 Byung-Chul Han: *Müdigkeitsgesellschaft*. 6., überarb. Aufl. Berlin: Matthes & Seitz 2015, S. 24–25.

„Hysterie und Nervosität“[2] gezeichnet, versuche das zu Muße, Kontemplation und ästhetischer Erfahrung unfähige Leistungssubjekt dem sozialen Erwartungsdruck standzuhalten.[3]

Bereits Georg Simmel argumentierte 1903, dass das Leben in der modernen Großstadt zu einer „*Steigerung des Nervenlebens*“[4] führe, worauf der Einzelne schon aus Gründen des Selbstschutzes mit Blasiertheit, Reserviertheit und einer allgemeinen Verstandesorientierung reagiere. Auch das Leben im spätmodernen *global village* ist Han zufolge keineswegs beschaulich. Die Idylle des Globalen Dorfs offenbare sich allein dem Kapital, das auf der rastlosen Suche nach Profitchancen nunmehr ungehindert zirkulieren könne. Die zu Humankapital aufgestiegenen Arbeitssubjekte kämpften hingegen mit den psychischen Kosten einer im Zeichen neoliberaler Deregulierung zunehmend rücksichtsloser erfolgenden Ökonomisierung des Sozialen. „Der Exzess der Leistungssteigerung“, heißt es bündig, „führt zum Infarkt der Seele.“[5]

Teilt man Epochen entlang der jeweils vorherrschenden Krankheitsbilder ein, so lebten wir Han zufolge im „neuronalen Zeitalter“.[6] Während das „bakterielle Zeitalter“ mit der Einführung antibiotischer Medikamente geendet habe und man dem hierauf folgenden „viralen Zeitalter“ mithilfe zuverlässiger Schutzimpfungen entkommen sei, bestimmten „seelische Infarkte“ unsere Gegenwart. „Das vergangene Jahrhundert“, so die These, „ist ein immunologisches Zeitalter. Es ist eine Epoche, in der eine klare Trennung von Innen und Außen, von Freund und Feind oder von Eigenem und Fremden vorgenommen wurde.“[7] Die Gegenwartsgesellschaft sei dagegen im Begriff, alles Störende und Fremde auszutreiben.

2 Han: *Müdigkeitsgesellschaft*, S. 40.

3 Als Gegenprogramm hierzu siehe Byung-Chul Han: *Die Errettung des Schönen*. Frankfurt am Main: Fischer 2015.

4 Georg Simmel: Die Großstädte und das Geistesleben (1903). In: Ders.: *Gesamtausgabe*, Bd. 7, hrsg. v. Otthein Rammstedt. Frankfurt am Main: Suhrkamp 1995, S. 116–131, hier S. 116 (Herv. i. Orig.).

5 Han: *Müdigkeitsgesellschaft*, S. 57.

6 Vgl. ebd., S. 7–18.

7 Ebd., S. 8.

> [Psychische Erkrankungen] sind keine Infektionen, sondern Infarkte, die nicht durch die *Negativität* des immunologisch Anderen, sondern durch ein Übermaß an *Positivität* bedingt sind. So entziehen sie sich jeder immunologischen Technik, die darauf angelegt ist, die Negativität des Fremden abzuwehren.[8]

Die für unsere gegenwärtige Epoche typischen Belastungs- und Erschöpfungszustände der Psyche seien nicht die Folge übermäßiger Verdrängung und rigider Verhaltenskodizes, vielmehr resultierten sie aus einem Zuviel an permissiver Sozialität, Partizipationsmöglichkeiten, die zugleich mit Partizipationsverpflichtungen einhergingen, und demokratisiertem Konsum. Im Schwarm eingebunden zu sein, bedeute auch, niemals zur Ruhe zu kommen.[9]

So inspirierend Hans bewusst zuspitzende Zeitdiagnose ist, so problematisch erscheint mir, neben anderem,[10] das allzu einfache Epochenschema, das seiner Analyse zugrunde liegt. Zwar geht Han mit Roberto Esposito[11] davon aus, dass das Denken in immunologischen Kategorien von Angriff und Abwehr regelmäßig „über das Biologische hinaus auf das Soziale"[12] übergreift – eine Übertragung auf den Bereich des Psychischen zieht er jedoch nicht in Betracht. Das neuronale Zeitalter habe das immunologische Paradigma verlassen und folge stattdessen einer positiven Logik des Gleichen. Das Andere werde ausgetrieben.[13] Wie ich im Folgenden am Beispiel des Begriffspaars von

8 Ebd., S. 7 (Herv. i. Orig.).

9 So die mit Blick auf die ‚digitale Revolution' formulierte These (vgl. dazu Byung-Chul Han: *Im Schwarm. Ansichten des Digitalen*. Berlin: Matthes & Seitz 2013).

10 Ein weiterer Einwand, dem hier aber nicht weiter nachgegangen werden soll, kommt vonseiten der Epidemiologie. Wie jüngst Martin Dornes in seinem Buch *Macht der Kapitalismus depressiv? Über seelische Gesundheit und Krankheit in modernen Gesellschaften* (Frankfurt am Main: Fischer 2016) argumentiert hat, sei die vielfach behauptete Zunahme psychischer Erkrankungen unter den Bedingungen neoliberaler Deregulierung lediglich einer erhöhten Sensibilität für das Thema geschuldet; in Wirklichkeit liege kein derartiger Anstieg vor.

11 Vgl. Roberto Esposito: *Immunitas. Schutz und Negation des Lebens*. Berlin: Diaphanes 2004.

12 Han: *Müdigkeitsgesellschaft*, S. 8.

13 Diese These wird ausgearbeitet in Byung-Chul Han: *Die Austreibung des Anderen. Gesellschaft, Wahrnehmung und Kommunikation heute*. Frankfurt am Main: Fischer 2016.

Stress und Resilienz, das seit den 1970/80er Jahren in dieser Form besteht, jedoch aufzeigen möchte, bilden Phänomene der Störung und Negativität, die der Einzelne nutzbar machen könne, um seine psychischen Abwehrkräfte zu stärken, durchaus ein zentrales Thema bei der wissenschaftlichen Erforschung und praktischen Bearbeitung psychischer Belastungszustände in der Gegenwartsgesellschaft. Es wäre dann weniger von einem Bruch als vielmehr von einem Fortleben der ‚immunologischen Epoche' im ‚neuronalen Zeitalter' auszugehen.

Im Unterschied zum Hygienemodell der Bakteriologie, das allgemein empfiehlt, durch Verfahren äußerlicher Reinigung und räumlicher Trennung den Kontakt mit pathogenen Elementen zu vermeiden, macht die Immunologie darauf aufmerksam, dass sich die Selbstreinigungskräfte eines Organismus durch eine dosierte Verschmutzung aktivieren lassen.[14] Das Andere wird dann nicht auf Distanz gehalten, sondern inkorporiert, um die Widerstandskraft zu stärken. Wie Esposito ausführt, „bekämpft das Leben" so in einem dialektischen Prozess „dasjenige, was es negiert, aber nicht in frontaler Gegenüberstellung, sondern gemäß einer Strategie der Überlistung und Neutralisierung".[15] Bereits die im Entstehen begriffene Immunologie um 1900, die maßgeblich von den Schülern bzw. Mitarbeitern Louis Pasteurs und Robert Kochs entworfen worden ist, betonte gegenüber dem bakteriologischen Ansteckungsmodell, dass der Organismus kein passiver Nährboden für Erreger sei,[16] sondern aktiv auf die von außen kommenden Pathogene reagiere.[17] Folglich habe das Interesse den komplexen Regulationsmechanismen zu gelten, mit denen sich der Körper gegen lebensbedrohliche Störungen schütze.

14 Zur Differenz von bakteriologischer Hygiene und immunologischer Abwehr vgl. Ulrich Bröckling: Dispositive der Vorbeugung. Gefahrenabwehr, Resilienz, Precaution. In: Christopher Daase / Philipp Offermann / Valentin Rauer (Hrsg.): *Sicherheitskultur. Soziale und politische Praktiken der Gefahrenabwehr*. Frankfurt am Main / New York: Campus 2012, S. 93–108.

15 Esposito: *Immunitas*, S. 15.

16 Louis Pasteur hat die Wirkungsweise der von ihm entwickelten Impfstoffe durch Aufzehrung erklärt: Immunität stelle sich immer dann ein, wenn ein parasitärer Erreger die für ihn lebenswichtigen Nährsubstanzen im Wirtsorganismus aufgebraucht habe. (Louis Pasteur: *Die Hühnercholera, ihr Erreger, ihr Schutzimpfstoff (1880)*, hrsg. v. Karl Sudhoff. Leipzig: Barth 1923, S. 54–57.)

17 Vgl. Arthur M. Silverstein: *A History of Immunology*. London: Academic Press 2009.

Ein und dasselbe Element kann demzufolge sowohl schädigen als auch schützen. Diese Ambivalenz bewog Immanuel Kant 1797 zur Frage, ob die Pockeninokulation, die zu jener Zeit bereits als Impftechnik verfügbar war, auch wenn sie wissenschaftlich unverstanden blieb,[18] in ethischer Hinsicht zulässig sei, da sich der Einzelne wissentlich in „Todesgefahr"[19] begebe. Im Unterschied zum Seefahrer, der „wenigstens den Sturm nicht macht, dem er sich anvertraut", wage der Impfling „sein Leben aufs Ungewisse, ob er es zwar thut, um sein Leben zu erhalten".[20] Auch wenn Kant die selbst gestellte Frage unbeantwortet ließ, lag innerhalb des von ihm gewählten Bezugsrahmens der Schluss nahe, dass die Inokulation gegen die Pflicht der Selbsterhaltung verstößt – der ersten Pflicht des Menschen gegenüber sich selbst, insofern er ein lebendiges Wesen ist.[21]

In der Welt des Seefahrers, dem ein dauerhafter Aufenthalt im sicheren Hafen verwehrt bleibt, ist es hingegen ratsam, sich auf unruhiges Gewässer einzustellen, indem man zumindest gelegentlich bei leichteren Böen ausfährt. Betrachtet man die Geschichte der miteinander verflochtenen Stress- und Resilienzforschung, entsteht der Eindruck, dass wir inzwischen alle zu Seefahrern geworden sind. Die spätmoderne Lebensform wäre dann eine „nautische Existenzweise".[22] Unruhe und Stress seien allgegenwärtig, niemand könne

18 Ein Jahr später veröffentlichte der englische Landarzt Edward Jenner seine *Untersuchungen über die Ursachen und Wirkungen der Kuhpocken (1798)*, hrsg. v. Karl Sudhoff. Leipzig: Barth 1911. Damit verhalf er, nach anfänglich großem Widerstand, der besser verträglichen Kuhpockenvakzination zum Durchbruch. Jedoch fehlte auch hier eine Erklärung für den lediglich deskriptiv nachvollzogenen Immunisierungseffekt.

19 Immanuel Kant: Die Metaphysik der Sitten [1797]. In: Ders.: *Werke*, Bd. 6, hrsg. v. d. Königlich Preußischen Akademie der Wissenschaften. Berlin: Reimer 1907, S. 203–493, hier S. 424.

20 Ebd.

21 So zumindest in der Lesart von Lambros Kordelas / Caspar Grond-Ginsbach: Kant über die ‚moralische Waghälsigkeit' der Pockenimpfung. Einige Fragmente der Auseinandersetzung Kants mit den ethischen Implikationen der Pockenimpfung. In: *NTM* 8,1 (2000), S. 22–33.

22 Stand das Meer in der Antike für Unberechenbarkeit, Gesetzlosigkeit und unverfügbare Naturgewalt, betont die nautische Metaphorik der Neuzeit hingegen die positiven Seiten der Kontingenz (vgl. dazu Michael Makropoulos: *Modernität und Kontingenz*. München: Fink 1997, S. 7–13, im Anschluss an Hans Blumenberg: *Schiffbruch mit Zuschauer. Paradigma einer Daseinsmetapher*. Frankfurt am Main: Suhrkamp 1979).

ihnen entfliehen.[23] Der Einzelne müsse folglich seine Resilienz oder Widerstandskraft stärken, um die Herausforderungen, mit denen er sich konfrontiert sieht, bewältigen zu können. Andernfalls drohe ein pathogener Spannungszustand, der die individuelle Bewegungsfähigkeit einschränke und auf Dauer nach unten ziehe. In ihrer Analyse des Resilienzdiskurses bestimmen Brad Evans und Julian Reid Resilienz prägnant als „die Kunst, gefährlich zu leben“:

> To be resilient, the subject must disavow any belief in the possibility to secure itself from the insecure sediment of existence, accepting instead an understanding of life as a permanent process of continual adaptation to threats and dangers which appear outside its control.[24]

In einer Welt, die als konstitutiv unsicher erfahren wird, avanciert die Fähigkeit, Störungen zu absorbieren, zu einer elementaren Kulturtechnik. Der Einzelne sei dazu angehalten, „to incorporate the catastrophic intellectually, viscerally and affectively“, sodass sich „[a] certain immunization against a more endangering fate“ einstelle.[25] „Resilient subjects“, heißt es weiter, „have to accept this imperative not to resist or secure themselves from the difficulties they face.“[26] Störungen seien somit nicht zu meiden, vielmehr gelte es, sich ihnen gezielt auszusetzen, um sie als Lernimpulse zu nutzen. Resilienz meint dann nicht einfach lineare Gegenkraft, sondern einen dialektischen Prozess der Umpolung: aus Bedrohungen sollen Ressourcen werden. Insofern erweist sich das resiliente Selbst, das gelernt hat, Stressoren zu verarbeiten und Stress abzubauen, als ein immunes Selbst.[27]

23 Vgl. grundlegend dazu Mark Jackson: *The Age of Stress. Science and the Search for Stability*. Oxford: Oxford UP 2013. Über den kulturhistorischen Hintergrund dieses Arguments informiert Ralf Konersmann: *Die Unruhe der Welt*. Frankfurt am Main: Fischer 2015.

24 Brad Evans / Julian Reid: *Resilient Life. The Art of Living Dangerously*. Cambridge: Polity 2015, S. 68. Leider ist die in diesem Buch unternommene Rekonstruktion des Resilienzdiskurses äußerst lückenhaft, sodass der mich hier interessierende Zusammenhang von Stress und Resilienz – trotz seiner historischen und systematischen Bedeutsamkeit – nahezu unbeachtet bleibt.

25 Ebd., S. 111.

26 Ebd., S. 68.

27 Es mag zunächst befremdlich wirken, Resilienz im oben erläuterten Sinn als Stressimmunität zu beschreiben. Bedenkt man aber, dass sich (a) der medizinische Immunitätsbegriff, wie er im 19./20. Jahrhundert entstanden ist, selbst einer

2. Stress im Regelkreis

Spätestens im Übergang zum 20. Jahrhundert wurde das Problem der Regulation zu einem zentralen Thema der Biologie. Die bereits vom Physiologen Claude Bernard seit den 1850er Jahren vertretene Auffassung, dass jeder Organismus die Körperflüssigkeiten seines inneren Milieus im Gleichgewicht halten müsse, um dem Druck des äußeren Milieus standzuhalten,[28] erfuhr nach der Jahrhundertwende eine Verallgemeinerung. Für den Biologen und Philosophen Hans Driesch waren Lebewesen schlechthin durch die Fähigkeit gekennzeichnet, gefährliche Störungen ihres normalen Körperzustands ausgleichen zu können, wobei zwischen Organisations- und Adaptationsregulation unterschieden wurde.[29] Ähnlich argumentierte Jakob von Uexküll 1909 in seinem Buch *Umwelt und Innenwelt der Tiere*. Im Unterschied zur objektiven „Umgebung" werde die „Umwelt" erst durch die regulierenden Tätigkeiten des Organismus hervorgebracht. Jedes Individuum passe sich aktiv in seine Nische ein.[30]

Es war dieses Bild vom Leben als einem komplexen Regulationsgeschehen, das auch dem Stresskonzept zugrunde lag.[31] Ihren Ausgang nahm die Stressforschung in den Arbeiten des US-amerikanischen Physiologen Walter B. Cannon zur Fight-or-Flight-Reaktion und Homöostase. Gelinge es einem Organismus nicht, die ihn belastenden Störungen zu absorbieren, so die experimentell abgesicherte These,

metaphorischen Übertragung verdankt – *immunitas* bezeichnete im römischen Recht die Freistellung einer Person, Gruppe oder Gemeinde von bestimmten Pflichten (*munus*) gegenüber der *communitas* – und (b) die Stress- und Resilienzforschung gelegentlich selbst eine solche Verbindung herstellt, ohne dies jedoch angemessen zu reflektieren, wie im Folgenden deutlich wird, verliert diese Ausdrucksweise vielleicht ein Stück weit ihre Befremdlichkeit.

28 Vgl. Tobias Cheung: *Organismen. Agenten zwischen Innen- und Außenwelten 1780–1860.* Bielefeld: Transcript 2014, S. 277–296. Zur diskursiven Vorgeschichte vgl. Georges Canguilhem: Die Herausbildung des Konzeptes der biologischen Regulation im 18. und 19. Jahrhundert. In: Ders.: *Wissenschaftsgeschichte und Epistemologie. Gesammelte Aufsätze*, hrsg. v. Wolf Lepenies. Frankfurt am Main: Suhrkamp 1979, S. 89–109.

29 Vgl. Hans Driesch: *Die organischen Regulationen. Vorbereitungen zu einer Theorie des Lebens.* Leipzig: Engelmann 1901, insb. S. 91–108.

30 Vgl. Jakob von Uexküll: *Umwelt und Innenwelt der Tiere*. Berlin: Springer 1909. Der hierbei verwendete Regulationsbegriff stammt von Herbert Spencer Jennings: *Behavior of the Lower Organisms*. New York: Columbia UP 1906, S. 338–350.

31 Vgl. Patrick Kury: *Der überforderte Mensch. Eine Wissensgeschichte vom Stress zum Burnout*. Frankfurt am Main / New York: Campus 2012, S. 55–88.

die er 1932 in seinem Buch *The Wisdom of the Body* ausführlich entwickelte, entstehe ein gefährliches Ungleichgewicht, das körperliche Beschwerden und Erkrankungen nach sich ziehe.[32] Der Körper müsse die lebensnotwendige Homöostase aktiv herbeiführen und aufrechterhalten, sie sei „result of organized self-government".[33] Cannon unterschied hierbei zwei Typen von Regulationsmechanismen: Speicherung und Ausscheidung von Körperstoffen, Verlangsamung und Beschleunigung von Körperfunktionen.[34] In diesem Zusammenhang wurde der Stressbegriff als Gegenbegriff zu *Homöostase* verwendet.[35] Jede Störung des körperlichen Gleichgewichts konnte nunmehr als ein *stress* betrachtet werden.

Auch der österreichisch-ungarische Mediziner Hans Selye, der 1934 eine Professur für Biochemie im kanadischen Montreal antrat, hat mit seinen Arbeiten zum Allgemeinen Adaptationssyndrom die medizinische Stressforschung geprägt.[36] Wie bereits 1936 auf Grundlage von Tierexperimenten dargelegt, existiere bei einer Reihe von Umwelteinflüssen, die Gesundheit und Leben gefährdeten, „such as exposure to cold, surgical injury, production of spinal shock (transcision of the cord), excessive muscular exercise, or intoxications with sublethal doses of diverse drugs (adrenaline, atropine, morphine, formaldehyde, etc.)",[37] eine unspezifische Anpassungsreaktion des Organismus. Es gebe, mit einem Wort, „a response to damage as such".[38] Der vom Körper eingeleitete physiologisch-hormonelle Adaptationsprozess durchlaufe grundsätzlich drei Stadien: Nach einer anfänglichen Alarmreaktion, die sowohl durch eine verstärkte Adrenalinausschüttung wie

32 Vgl. Walter B. Cannon: *The Wisdom of the Body* [1932]. New York: Norton 1939, S. 27–60.

33 Ebd., S. 300.

34 Vgl. ebd., S. 286–304.

35 Vgl. Walter B. Cannon: Stresses and Strains of Homeostasis. In: *The American Journal of the Medical Sciences* 189,1 (1935), S. 1–14.

36 Vgl. Mark Jackson: Evaluating the Role of Hans Selye in the Modern History of Stress. In: David Cantor / Edmund Ramsden (Hrsg.): *Stress, Shock, and Adaptation in the Twentieth Century*. Rochester: Rochester UP 2014, S. 21–48; Cornelius Borck: Kummer und Sorgen im digitalen Zeitalter. Stress als Erfolgsprodukt der fünfziger Jahre. In: *Archiv für Mediengeschichte* 4 (2004), S. 73–83.

37 Hans Selye: A Syndrome Produced by Diverse Nocuous. In: *Nature* 138 (1936), S. 32.

38 Ebd.

eine erhöhte Durchblutung von Muskeln, Herz und Gehirn gekennzeichnet sei, trete der Organismus in ein schützendes Widerstandsstadium ein, das schließlich von einem krankhaften Erschöpfungszustand abgelöst werde, der zum Tod führen könne. In einigen Fällen ließe sich das Adaptationsvermögen eines Organismus aber dadurch erweitern, dass man ihn wiederholt belastenden Einflüssen aussetze. „It seems to us that more or less pronounced forms of this three-stage reaction represent the usual response of the organism to stimuli such as temperature changes, drugs, muscular exercise, etc., to which", wie Selye eher beiläufig erwähnte, „habituation or inurement can occur."[39] Ein Vergleich mit dem Immunsystem lag daher nahe. Das Allgemeine Anpassungssyndrom, schrieb er, „might be compared to other general defense reactions such as inflammation or the formation of immune bodies".[40]

Sein in den Spuren von Bernard und Cannon wandelndes Adaptationsmodell hat Selye in den folgenden Jahren weiter an die Stressforschung angebunden, die während des Zweiten Weltkriegs durch die Militärpsychiatrie an Prominenz gewann.[41] In seinem 1950 erschienenen Hauptwerk *The Physiology and Pathology of Exposure to Stress* führte er auf 800 eng bedruckten Seiten aus, inwiefern das Allgemeine Adaptationssyndrom den konzeptionellen Schlüssel für das wissenschaftliche Verständnis des nunmehr beim Fach- und Laienpublikum auf breites Interesse stoßenden Stressphänomens liefere. Überfordere ein Stimulus aufgrund seiner Dauer, Intensität oder Qualität die Anpassungsreaktionen des Organismus, so das Grundargument, entstehe ein krankhafter Stresszustand. Der irritierende Umweltreiz wirke dann pathogen. Die zu jener Zeit viel diskutierten Zivilisationskrankheiten betrachtete Selye insgesamt als „diseases of adaptation",[42]

39 Ebd.

40 Ebd.

41 Vgl. Kury: *Der überforderte Mensch*, S. 68–88; Theodore M. Brown: 'Stress' in US Wartime Psychiatry. World War II and the Immediate Aftermath. In: Cantor / Ramsden (Hrsg.): *Stress, Shock, and Adaptation in the Twentieth Century*, S. 121–141.

42 Vgl. Hans Selye: *The Physiology and Pathology of Exposure to Stress. A Treatise Based on the Concepts of the General-Adaptation-Syndrome and the Diseases of Adaptation*. Montreal: Acta Medica 1950. Zu den stressbedingten Erkrankungen des Herz-Kreislauf-Systems siehe u. a. ders.: *The Chemical Prevention of Cardiac Necrosis*. New York: Signet 1958.

was jedoch auch Kritik auf sich zog, da man das Stresskonzept auf diese Weise in seinem Erklärungsanspruch zu überlasten drohte.[43]
Schon bald erfuhren Selyes Arbeiten in Nordamerika und Skandinavien eine breite Rezeption. Die Auseinandersetzung verlief aber keineswegs geradlinig. Das zunächst physiologisch-endokrinologisch orientierte Adaptationsmodell wurde um psychosomatische und sozialmedizinische Aspekte erweitert.[44] So erkannte 1959 der schwedische Mediziner Lennart Levi in den vom „herrschenden Kulturmuster ausgelösten Spannungszuständen“[45] die Ursache für zahlreiche Erkrankungen; glücklicherweise lasse sich ihnen aber durch psychohygienische Maßnahmen vorbeugen.[46] Ähnlich erblickte die Weltgesundheitsorganisation im Stresskonzept 1963 den ätiologischen Schlüssel zur Erklärung weit verbreiteter ‚Zivilisationskrankheiten'.[47]
Mit der *Social Readjustment Rating Scale* aus dem Jahr 1967 – um ein weiteres der zentralen Diskursfragmente anzuführen – haben die Psychiater Thomas H. Holmes und Richard H. Rahe schließlich 43 Lebensereignisse, vom Tod des Ehepartners bis hin zum Bagatelldelikt, hinsichtlich ihres stressbedingten Krankheitswerts verglichen. Die pathogene Ladung qualitativ verschiedenartiger Ereignisse wurde genau zu beziffern versucht.[48]
Trotz einer in den 1950er Jahren breit geführten Debatte zur sogenannten Managerkrankheit hat sich die Stressforschung in Deutschland nur langsam durchsetzen können.[49] Vergleichsweise früh nahm hier aber die Psychosomatik die internationale Forschung zur Kenntnis.[50] Für

43 Für eine Kritik an der zu pauschalen Gleichsetzung von Zivilisations- mit stressbedingten Krankheiten vgl. Paul Martini: Über Zivilisationskrankheiten. In: *Ärztliche Wochenschrift* 8,50 (1953), S. 1185–1192.

44 Vgl. Kury: *Der überforderte Mensch*, S. 89–107.

45 Lennart Levi: *Stress: Körper, Seele und Krankheit. Eine Einführung in die psychosomatische Medizin* [1959]. Göttingen: Musterschmidt 1964, S. 53.

46 Vgl. ebd., S. 78–91.

47 WHO: Psychosomatic Disorders: Thirteenth Report of the WHO Expert Committee on Mental Health. In: *World Health Organization Technical Report Series* 275 (1964), S. 3–27, hier S. 8.

48 Vgl. Thomas H. Holmes / Richard H. Rahe: The Social Readjustment Rating Scale. In: *Journal of Psychosomatic Research* 11,2 (1967), S. 213–218.

49 Vgl. Kury: *Der überforderte Mensch*, S. 177–265.

50 Vgl. nur Helmuth Bach: Herz-Kreislaufstörungen unter psycho-somatischen Gesichtspunkten. Eine Literaturübersicht. In: *Zeitschrift für Psycho-somatische Medizin* 1,1 (1954–55), S. 89–95.

sie war das Stresskonzept nicht zuletzt deshalb attraktiv, weil es zwischen dem Sozialen, Psychischen und Biologischen eine Brücke zu schlagen vermochte.[51] Biochemische Botenstoffe, Hormone, sollten erklären, wie soziale und psychische Prozesse materielle Spuren im Körper hinterlassen konnten.[52] Die anfänglichen Vorbehalte Thure von Uexkülls zeigen aber, dass die Stressforschung mit ihrer stark pathogenetischen Ausrichtung ein Problem für die zunehmend an Komplexität und Nicht-Linearität interessierte Psychosomatik darstellte, die in Deutschland ebenfalls durch Viktor von Weizsäcker und Alexander Mitscherlich gefördert wurde. „Heute ist es üblich geworden", hieß es 1963 in von Uexkülls programmatischer Schrift *Grundfragen der psychosomatischen Medizin* mit Blick auf die gesundheitlichen Folgen von Krieg, Not und Internierung,

> bei allen möglichen Gelegenheiten von „*stress*" zu sprechen und damit eine Erklärung zu geben. *Stress* bedeutet soviel wie „Belastung" und die dadurch bewirkte Gegenreaktion des Organismus. Niemand würde zögern, die Erlebnisse während der Lagerzeit als seelischen *stress* zu bezeichnen, ebenso wie man ja auch als selbstverständlich voraussetzt, daß Kriegs- und Notzeiten für die betroffenen Menschen eine seelische Belastung, einen „*stress*" darstellen. Aber das menschliche Leben ist nicht mit so einfachen Formeln zu fassen.[53]

Da jeder Organismus unterschiedlich auf Umweltreize reagiere, könne es keinen allgemeingültigen Katalog von Stressfaktoren geben. Mitunter wirke Stress sogar gesundheitsförderlich:

> Wenn wir einem Menschen sagen, daß Kriegs- und Notzeiten, aber auch andere Ereignisse, die nach unserem Dafürhalten eine Belastung, einen „*stress*" bedeuten, die Menschen nicht nur krankmachen, sondern im

51 Das viel beachtete biopsychosoziale Krankheitsmodell des US-amerikanischen Psychiaters George L. Engel brachte dann auf den Begriff, was Psychosomatik und Stressforschung vorgedacht hatten. (George L. Engel: The Need for a New Medical Modell: A Challenge for Biomedicine. In: *Science* 196,4286 (1977), S. 129–136.)

52 Vgl. Lea Haller: Stress, Cortison und Homöostase. Künstliche Nebennierenrindenhormone und physiologisches Gleichgewicht, 1936–1960. In: *NTM* 18,2 (2010), S. 169–195.

53 Thure von Uexküll: *Grundfragen der psychosomatischen Medizin*. Hamburg: Rowohlt 1963, S. 74.

Gegenteil auch vor Krankheit schützen können, hört man häufig den Einwand, das würde dem gesunden Menschenverstand widersprechen.[54]

In vielen Fällen lasse sich aber genau dies beobachten: Ereignisse und Situationen, die zunächst herausfordernd wirkten, stärkten mittel- und langfristig die Gesundheit. Mit jeder Störung bestehe für den Organismus die Chance, wie von Uexküll mit ausdrücklichem Verweis auf die kybernetische Forschung argumentierte,[55] seine systemische Verarbeitungskapazität zu erweitern. Die Stressforschung müsse anerkennen, „daß eine Steigerung unserer normalen Schutz- und Abwehrleistungen, wie wir sie z. B. im Training oder durch Abhärtung künstlich herbeiführen, die Gesundheit nicht schädigt, sondern fördert".[56] Indem man sich Belastungen gezielt aussetze, anstatt sie zu meiden, könnten Krankheiten vorgebeugt werden.
Das der Stressforschung zugrunde liegende Konzept der Regulation erlaubte es jedoch auch, Widerstandsressourcen und Schutzfaktoren mit in die Betrachtung einzubeziehen. Es überrascht daher nur wenig, dass von Uexküll schon bald den Stressbegriff, der zwischenzeitlich einer breiten Öffentlichkeit bekannt gemacht worden war,[57] anerkennend aufgriff. Zusammen mit Wolfgang Wesiack erachtete er 1979 Stress nunmehr als „ein Grundphänomen des Lebens".[58] Im tätigen Lebensvollzug ließen sich Störungen nicht vermeiden, weshalb Stress als solcher keinen Gegenstand von Prävention bilden könne. Stress zu negieren hieße, das Leben selbst zu verneinen. Dennoch bestehe für den Einzelnen die Möglichkeit, im „komplexen Geschehen, mit dem der Organismus eines jeden Individuums dessen Auseinandersetzung mit der Umgebung begleitet",[59] das eigene Anpassungs- und Verarbeitungsvermögen zu erweitern, um so in Zukunft besser vor

54 Thure von Uexküll: *Grundfragen der psychosomatischen Medizin*, S. 75

55 Vgl. ebd., S. 243–274.

56 Ebd., S. 238–239.

57 Vgl. nur das Begleitbuch zur sechsteiligen ZDF-Fernsehserie von Frederic Vester: *Phänomen Streß. Wo liegt sein Ursprung, warum ist er lebenswichtig, wodurch ist er entartet?* München: dtv 1976.

58 Thure von Uexküll / Wolfgang Wesiack: Psychosomatische Medizin und das Problem einer Theorie der Heilkunde. In: Thure von Uexküll (Hrsg.): *Lehrbuch der Psychosomatischen Medizin*. München: Urban & Schwarzenberg 1979, S. 7–21, hier S. 10.

59 Ebd.

gesundheitlichen Gefahren gewappnet zu sein. Das Verhältnis von Reiz und Reaktion beschrieben die Autoren hierbei als grundsätzlich zirkulär; denn „es hängt ja einerseits von der Disposition des Individuums ab, ob und welche Vorgänge der Umgebung zu Stressoren werden und welche nicht – andererseits sind es die Stressoren, welche die Disposition des Individuums verändern".[60] Ein nicht-lineares Rückkopplungsgeschehen zwischen Organismus und Umwelt entscheide demnach über Gesundheit und Krankheit. Damit war die Stressforschung nun endgültig im Begriff, den pathogenetischen Bezugsrahmen zu verlassen.

3. Die salutogenetische Wende

Die Regulationswissenschaft der Kybernetik lieferte den konzeptionellen Schlüssel für das Regulationsproblem des Stresses.[61] Angestoßen durch Entwicklungen in Medizin und Biologie, Informations- und Kommunikationstheorie, Maschinen- und Automatenwissenschaft nahm nach dem Zweiten Weltkrieg das transdisziplinäre Projekt einer Kybernetisierung der Wissenschaften Form an.[62] Jede sich selbst regulierende Einheit, vom Atom bis zur Erde, konnte nunmehr als ein dynamisches System betrachtet werden, das der allgemeinen Tendenz zur Entropie entgegenwirkt, indem es anfallende Störungen flexibel verarbeitet und fortwährend neue Komplexität durch Umwandlung von Energie und Materie aufbaut.[63]

In dem Maße, wie kybernetische bzw. systemtheoretische Denkfiguren Einzug in die Stressforschung hielten, was angesichts der

60 Ebd., S. 11.

61 Vgl. Sabine Höhler: Resilienz: Mensch – Umwelt – System. Eine Geschichte der Stressbewältigung von der Erholung zur Selbstoptimierung. In: *Zeithistorische Forschungen* 11,3 (2014), S. 425–443; dies. / Lea Haller / Heiko Stoff: Stress – Konjunkturen eines Konzepts. In: *Zeithistorische Forschungen* 11,3 (2014), S. 359–381.

62 Zu den programmatischen Beiträgen auf den von der Josiah Macy Jr. Foundation für Public Health geförderten Konferenzen siehe Claus Pias (Hrsg.): *Cybernetics/Kybernetik. The Macy-Conferences 1946–1953.* 2 Bde. Zürich / Berlin: Diaphanes 2003–2004. Für die hiermit einhergehende Veränderung des Bilds vom Menschen vgl. Michael Hagner / Erich Hörl (Hrsg.): *Die Transformation des Humanen. Beiträge zur Kulturgeschichte der Kybernetik.* Frankfurt am Main: Suhrkamp 2008.

63 Vgl. Claus Pias: Störung als Normalfall. In: *Zeitschrift für Kulturwissenschaften* 5,1 (2011), S. 27–43; Dieter Mersch: *Ordo ab chao – Order from Noise.* Zürich: Diaphanes 2013.

Tatsache, dass beide zentral das Problem der Regulation thematisierten, nur nahelag, gewann eine salutogenetische Betrachtungsweise an Gewicht. Entscheidend war somit weniger, dass nunmehr auch sozialpsychologische Stressfaktoren untersucht wurden. Das eigentliche Novum der 1970er Jahre lag vielmehr im Aufstieg eines relationalen, nicht-linearen Erklärungsansatzes, der Stück für Stück aus der pathogenetischen Betrachtungsweise hinausführte. Stress verdanke sich nicht einem linearen Ursache-Wirkungs-Geschehen, sondern resultiere aus der wechselseitigen Resonanzbeziehung zwischen System und Umwelt.

Eine wichtige Etappe auf dem Weg zum Salutogenesegedanken markiert das maßgeblich vom US-amerikanischen Psychologen Richard S. Lazarus seit den 1960er Jahren entwickelte Transaktionale Stressmodell. Den im Fach vorherrschenden Behaviorismus gelte es zu überwinden, indem man die Black Box der menschlichen Kognition öffne und so den systemischen Verarbeitungsprozess, der zwischen Input (Reiz) und Output (Reaktion) vermittle, sichtbar mache. Ein mehrstufiger Bewertungs- und Bewältigungsprozess entscheide, so die Grundidee, ob aus einem bloßen Stimulus ein pathogener Stressor werde.[64] Lazarus bezog sich hierbei auf die Kybernetik, da diese das Individuum nicht als „a passive being responding to inputs from the environment, as implied in stimulus-response or linear thinking“[65] betrachte. Vielmehr zeige das nicht-lineare Systemdenken, dass „[t]o some extent we actively select the environments to which we respond, and we attend selectively to this or that aspect of the environment depending on our personal agendas“.[66] Ein objektivistisches, lineares Stresskonzept sei daher entschieden zurückzuweisen: „Stress is not simply 'out there' in the environment“, vielmehr habe man auf „the adjustive *commerce* between the person and the environment, rather than on either alone“ zu achten.[67]

64 Vgl. Richard S. Lazarus: *Psychological Stress and the Coping Process.* New York: McGraw-Hill 1966; ders. / Susan Folkman: *Stress, Appraisal, and Coping.* New York: Springer 1984.

65 Richard S. Lazarus: *Emotion and Adaptation.* New York: Oxford UP 1991, S. 204.

66 Ebd.

67 Richard S. Lazarus: *Patterns of Adjustment.* New York: McGraw-Hill 1976, S. 47.

Die Entwicklungspsychologin Emmy Werner nutzte das Transaktionale Stressmodell, um zu erklären, warum es einigen Menschen gelinge, schwierige Lebensereignisse und Umweltbedingungen zu bewältigen, wohingegen andere an ihnen zerbrechen. Eine Betrachtung von krank machenden *Risikofaktoren* allein – ein zur damaligen Zeit äußerst beliebter Erklärungsansatz[68] – sei unzureichend, da ebenfalls gesundheitserhaltende *Schutzfaktoren* existierten. Zusammen mit ihrem Team führte Werner seit Mitte der 1950er Jahre eine Langzeitstudie auf der hawaiianischen Insel Kauai durch, welche aufgrund der multi-ethnischen Zusammensetzung der 28.000 Köpfe starken Einwohnerschaft als besonders interessant galt. Das Quasi-Labor der Insel bot die Möglichkeit, unter vergleichsweise kontrollierten Bedingungen die Kinder eines gesamten Jahrgangs über mehrere Jahrzehnte hinweg bezüglich ihrer körperlichen, psychischen und sozialen Entwicklung zu beobachten. Bestand das vorrangige Erkenntnisinteresse der ersten Studie von 1971 in den negativen Auswirkungen perinatalen Stresses und ungünstiger häuslicher Bedingungen, lag das Augenmerk der 1982, 1992 und 2001 veröffentlichten Folgestudien auf jener Gruppe, die sich trotz widrigster Umstände gesund entwickelt hatte.[69] Die, wenn man so möchte, epidemiologische Anomalie der unversehrt

68 Das im Rahmen der Framingham-Herz-Studie seit den 1950er Jahren entwickelte Risikofaktorenmodell interessierte sich für die vielfältigen Krankheitseinflüsse, denen Personen und Gruppen ausgesetzt sind. Aufgrund der komplexen Ätiologie kardiovaskulärer Erkrankungen werde ein multifaktorieller Erklärungsansatz benötigt, der ohne Kardinalursache auskomme. Jedoch hatte das Modell deutlich Schlagseite: Der Risikofaktorenansatz war nahezu vollständig an Defiziten orientiert. Gesundheitliche Ressourcen ließen sich allenfalls *ex negativo* erschließen, eine systematische Betrachtung blieb ihnen vorenthalten. Der Organismus wurde letztlich – wie schon in der Bakteriologie – als eine passive Wirkfläche für pathogene Einflüsse konzipiert. (Vgl. umfassend dazu William G. Rothstein: *Public Health and the Risk Factor. A History of an Uneven Medical Revolution*. Rochester: Rochester UP 2003.)

69 Vgl. Emmy E. Werner / Jessie M. Biermann / Fern E. French: *The Children of Kauai. A Longitudinal Study from the Prenatal Period to Age Ten*. Honolulu: University of Hawaii Press 1971; Emmy E. Werner / Ruth S. Smith: *Vulnerable but Invincible. A Longitudinal Study of Resilient Children and Youth*. New York: McGraw-Hill 1982; dies.: *Overcoming the Odds. High Risk Children from Birth to Adulthood*. Ithaca / London: Cornell UP 1992; dies.: *Journeys from Childhood to Midlife. Risk, Resilience, and Recovery*. Ithaca / London: Cornell UP 2001.

gebliebenen Kinder von Kauai verlangte nach einer Erklärung. Wo lagen, fragte Werner, „the roots of their resilience"?[70]
Der aus der Werkstoffkunde des 19. Jahrhunderts stammende Resilienzbegriff meinte zunächst die graduelle Fähigkeit eines Materials, aus einem belastenden Spannungszustand, der von außen herbeigeführt wurde, in den ursprünglichen Normalzustand zurückzukehren. Insofern hing *resilire* (dt.: zurückspringen, abprallen) eng mit *stringere* (dt.: anspannen) zusammen, aus dem der Stressbegriff hervorging.[71] Werner und ihr Team, die Resilienz häufig als „stress resistance"[72] umschrieben, waren aber nicht die Einzigen, die sich zu dieser Zeit des Begriffs bedienten: Einige Jahre vor ihnen führte bereits der Psychologe Jack Block das Konzept der Ego-Resilienz ein,[73] gegen Mitte der 1970er Jahre tauchte der Terminus dann im ökologischen Diskurs auf, bevor er schließlich auf sicherheitspolitische Themen und Probleme angewandt wurde.[74] Das, was die resilienten Kinder von Kauai mit belastbaren Werkstoffen, Ökosystemen und Infrastrukturen gemein hatten, war, dass sie aufgrund ihrer Fähigkeit, Stressoren zu verarbeiten und Stress abzubauen, bis zu einem gewissen Grad vor Zusammenbruch gefeit waren. Die kindliche Entwicklung sei nicht bloße Reaktion auf Umweltreize, sondern ein „ongoing attempt to organize his or her world".[75] Durch einige Dutzend Schlüsselvariablen, die zentrale psychologische Kenngrößen umfassten, versuchte Werner „the making of resiliency"[76] zu erklären. Jedoch blieb hierbei die genaue Wechselwirkung zwischen Risiko- und Schutzfaktoren bzw. Vulnerabilität und Widerstandskraft

70 Werner / Smith: *Vulnerable but Invincible*, S. 3.

71 Für Hinweise zur Begriffsgeschichte siehe Höhler: Resilienz; Wolfgang Bonß: Karriere und sozialwissenschaftliche Potenziale des Resilienzbegriffs. In: Martin Endreß / Andrea Maurer (Hrsg.): *Resilienz im Sozialen. Theoretische und empirische Analysen*. Wiesbaden: Springer 2015, S. 15–31.

72 Werner / Smith: *Vulnerable but Invincible*, S. 7.

73 Vgl. Jack Block: *The Challenge of Response Sets. Unconfounding Meaning, Acquiescence, and Social Desirability in the MMPI*. New York: Appleton-Century-Crofts 1965, insb. S. 110–112.

74 Vgl. Jeremy Walker / Melinda Cooper: From Systems Ecology to the Political Economy of Crisis Adaptation. In: *Security Dialogue* 42,2 (2011), S. 143–160.

75 Werner / Smith: *Vulnerable but Invincible*, S. 5.

76 Ebd., S. 128.

unklar. Es fehlte ein theoretisches Modell von den Mechanismen der Gesundheitsentstehung, das über eine bloße Auflistung von Faktoren hinauszugehen erlaubte.

Aaron Antonovsky, amerikanisch-israelischer Medizinsoziologe, versuchte diese Erklärungslücke mit seiner Theorie der Salutogenese zu schließen. Waren seine frühen Arbeiten noch weitestgehend dem Risikofaktorenansatz verpflichtet,[77] übten die Studien *Health, Stress and Coping* aus dem Jahr 1979 sowie *Unraveling the Mystery of Health* von 1987 eine Fundamentalkritik am pathogenetischen Ansatz.[78] Angesichts der vielfach belegten Tatsache, dass sich bestimmte Individuen, die widrigsten Umständen ausgesetzt waren, bester Gesundheit erfreuten, bleibe die Medizin merkwürdig sprachlos. Nicht jeder reagiere gleich auf belastende Ereignisse und Situationen – ein Punkt, den ungefähr zeitgleich auch die Psychologin Suzanne Kobasa mit ihrem Konzept der *hardiness* betonte.[79] Empirischer Ausgangspunkt der Kritik war die von Antonovsky während der 1970er Jahre in Israel durchgeführte Studie zur Anpassung von Frauen an das Klimakterium.[80] Wie sich herausstellte, verfügten einige der Studienteilnehmerinnen über eine unerwartet gute Gesundheit, obwohl sie in jungen Jahren in einem Konzentrationslager interniert gewesen waren. Abermals geriet das Risikofaktorenmodell, das zwar jeden Krankheitsfaktor zu integrieren vermochte, aber über keinen Begriff von Gesundheitsressourcen verfügte, in Erklärungsnöte.

77 Vgl. Aaron Antonovsky: Social Class and the Major Cardiovascular Diseases. In: *Journal of Chronic Disease* 21,1 (1968), S. 65–106. Jedoch fand sich bereits in einem früheren Text die folgende, über den Risikofaktorenansatz hinausweisende Formulierung: „*Environmental presses* upon the individual – noxious agents, deprivation, stress – interact with the *resistance resources* available to him, such as natural susceptibilities and immunities, a generalized capacity for resilience, preventive health behavior and other values, economic resources, or social and psychological supports." (Aaron Antonovsky: Social Class and Illness. A Reconsideration. In: *Sociological Inquiry* 37,2 (1967), S. 311–322, hier S. 322 (Herv. i. Orig.).)

78 Vgl. Aaron Antonovsky: *Health, Stress and Coping. New Perspectives on Mental and Physical Well-Being.* San Francisco: Jossey-Bass 1979; ders.: *Unraveling the Mystery of Health. How People Manage Stress and Stay Well.* San Francisco: Jossey-Bass 1987.

79 Vgl. Suzanne C. Kobasa: Stressful Life Events, Personality, and Health. Inquiry into Hardiness. In: *Journal of Personality and Social Psychology* 37,1 (1979), S. 1–11.

80 Vgl. Antonovsky: *Unraveling the Mystery of Health*, S. XI.

Nach Antonovsky fingen die Probleme bereits damit an, dass die Medizin nur eine einzige Gesundheit kenne, die scheinbar keiner weiteren Explikation bedarf, wohingegen zahlreiche Krankheiten existierten, die ausführlicher zu untersuchen seien.[81] Zudem lasse die scharfe, kategoriale Trennung zwischen gesund vs. krank keinen Platz für graduelle Übergänge. Das, was sich zwischen Gesundheits- und Krankheitspol abspiele, falle durch das medizinische Beobachtungsraster. Wolle man dieser systematisch erzeugten Blindheit entgehen, müsse von einem Kontinuum zwischen Gesundheit und Krankheit ausgegangen werden, was sogleich die Frage aufwarf, welche Mechanismen dafür verantwortlich seien, dass wir uns in beide Richtungen bewegen können. Nicht die vielfach erforschte *Pathogenese*, sondern die noch weitestgehend unbekannte *Salutogenese* bedürfe der Erklärung.

Antonovskys Aufmerksamkeit galt hierbei den vielfältigen *Adaptationsmechanismen*, die es einem Organismus erlaubten, sich in seine beständig wandelnde Umwelt flexibel einzupassen. Über die relative Gesundheit einer Person entscheide ihre Fähigkeit, herausfordernde Ereignisse und Situationen erfolgreich zu bewältigen. Wie bereits Lazarus kritisierte auch Antonovsky in diesem Zusammenhang eine objektivistische Auffassung von Stress:

> [W]hether a given phenomenon, a given experience, a given stimulus is a stressor or not depends both on the meaning of the stimulus to the person and on the repertoire of readily available, automatic homoeostasis-restoring mechanisms available.[82]

Als transaktionale Resonanzphänomene könnten Stressoren weder allein der Umwelt noch dem System zugeschlagen werden, vielmehr verdankten sie sich der Wechselwirkung zwischen beiden Seiten. Sobald ein Spannungszustand eintrete, was bis zu einem gewissen Grad unvermeidbar sei, entscheide das nun einsetzende Stressmanagement über die gesundheitlichen Folgen:

81 Vgl. dazu und im Folgenden Antonovsky: *Health, Stress and Coping*, S. 38–69.
82 Ebd., S. 72.

> In response to a stressor, the organism responds with a state of tension. This state can have pathological, neutral, or salutary consequences. Which outcome results depends on the adequacy and efficiency of tension management. Poor tension management leads to the stress syndrome and movement toward dis-ease on the continuum. Good tension management pushes one toward health ease.[83]

Auch wenn Stressoren den Organismus zunächst belasteten, könnten sie einen salutogenen Prozess anstoßen, der am Ende seine Widerstandskraft stärke.

Im Anschluss an die kybernetische Steuerungswissenschaft betrachtete Antonovsky menschliche Wesen als komplexe Systeme, die nicht zuletzt durch ihre Lernfähigkeit gekennzeichnet seien.[84] Welche Reaktion ein bestimmter Reiz auslöse, lasse sich nicht allgemein bestimmen, weil die individuelle Entwicklungsgeschichte über die genaue Verknüpfung von In- und Output entscheide. Den lernfähigen Komplex kognitiv-affektiver Reizverarbeitung, der aus den Generalisierten Widerstandsressourcen (GRRs) eines Organismus resultiere, bezeichnete Antonovsky als *Sense of Coherence* (SOC).[85] Der Kohärenzsinn setze sich aus den Komponenten der *comprehensibility*, der *manageability* und der *meaningfulness* zusammen. Von ihnen hänge ab, ob sich ein stimmiges Welterleben einstelle oder nicht.[86] Während ein schwacher Kohärenzsinn zu einer Erfahrung der Welt als chaotisch, überfordernd und bedeutungslos führe, erscheine dieselbe Welt für eine Person mit einem starken Kohärenzsinn als geordnet, handhabbar und sinnvoll.

Die Ausbildung des Kohärenzsinns in der Ontogenese weise ein charakteristisches Verlaufsmuster auf. Zu Beginn sei der Organismus noch fragil und vulnerabel. In nur sehr geringen Ausmaß könne er Störungen abfedern. Nachdem er aber eine Reihe herausfordernder

83 Ebd., S. 70–71.

84 Vgl. Antonovsky: *Unraveling the Mystery of Health*, S. 12.

85 Zu den GRRs vgl. Antonovsky: *Health, Stress and Coping*, S. 102–122.

86 Eine komprimierte Darstellung findet sich in Antonovsky: *Unraveling the Mystery of Health*, S. 16–22. Für den Versuch, das Konzept des Kohärenzgefühls auf ganze Familiensysteme zu übertragen, siehe Aaron Antonovsky / Talma Sourani: Family Sense of Coherence and Family Adaptation. In: Aaron Antonovsky (Hrsg.): *The Sociology of Health and Health Care in Israel*. New Brunswick / London: Transaction 1990, S. 167–180.

Ereignisse und Situationen gemeistert habe, steige seine Widerstandskraft. Antonovsky kritisierte in diesem Zusammenhang den vergleichsweise statischen Homöostasebegriff,[87] auch wenn er ihn gelegentlich selbst verwendete, um stattdessen von einem dynamischen Fließgleichgewicht auszugehen.[88] Nicht die Rückkehr zum Ausgangszustand, sondern ein nach vorn gerichteter Entwicklungs- und Stabilisierungsprozess, der stets auf neue Gleichgewichtsniveaus zusteuere, bilde den salutogenetischen Grundvorgang.
In dem von Antonovsky beschriebenen Prozess kognitiv-affektiver Immunisierung ist der Kohärenzsinn zugleich abhängige wie unabhängige Variable:

> The higher one is on the continuum, the more likely is it that one will have the kind of life experiences that are conductive to a strong SOC; the lower one is, the more likely is it that the life experiences one undergoes will be conductive to a weak SOC.[89]

Scheitere eine Person wiederholt dabei, Stressoren zu verarbeiten und den mitunter angefallenen Stress abzubauen, resultiere eine dauerhafte Verletzbarkeit: „The 'loser' continues to lose, and life becomes more and more chaotic, unmanageable, and meaningless."[90] Aus diesem Grund betrachtete Antonovsky Kindheit, Jugend und das frühe Erwachsenenalter als kritische Phasen, in denen sich die Grundposition, die eine Person auf dem Gesundheits-Krankheits-Kontinuum einnehme, bestimme. Im weiteren Lebensverlauf sei der Kohärenzsinn vergleichsweise stabil, auch wenn es in Krisenzeiten zu partiellen Verschiebungen kommen könne.[91] Folglich tue der Einzelne gut daran, sich frühzeitig gegen Stress zu immunisieren, indem er seine Verarbeitungskapazität im Modus dosierter Irritation stärke.

87 Vgl. Antonovsky: *Unraveling the Mystery of Health*, S. 12.

88 Bereits Ludwig von Bertalanffy hat mit systemtheoretischen Mitteln eine Kritik an statisch-mechanistischen Gleichgewichtsmodellen formuliert und in diesem Zuge argumentiert, dass die von Cannon beschriebene Homöostase lediglich einen Sonderfall körperlicher Selbstregulation darstelle. (Ludwig von Bertalanffy: *Biophysik des Fließgleichgewichts. Einführung in die Physik offener Systeme und ihre Anwendung in der Biologie*. Braunschweig: Vieweg 1953.)

89 Antonovsky: *Unraveling the Mystery of Health*, S. 28.

90 Ebd., S. 122.

91 Vgl. ebd., S. 125.

4. Das resiliente Selbst

Hans Blumenberg hat den Erfolg des Stresskonzepts auf dessen große Deutungsoffenheit zurückgeführt. In seiner Aphorismensammlung *Die Sorge geht über den Fluß* schrieb er 1987 auf Selye anspielend:

> Im fernen Kanada erfindet einer aus sechs Buchstaben einen handlichen Ausdruck, mit dem er die Weltbelastung benennt, die uns alle drückt und doch offenkundig noch nicht erdrückt hat. Keiner weiß genau, was das bedeutet: ‚Stress'. Und doch beginnt jeder sogleich, sich und seinen Zustand daraufhin zu untersuchen, ob es *das* sei, was ihm die volle Lust an der Welt und allem anderen nimmt. Im Unbestimmten stellt jeder sich die Diagnose, ist jeder sich sein weißer Gott.[92]

Hierbei entging Blumenberg aber, dass innerhalb der internationalen Fachdebatte ein folgenreicher Perspektivenwechsel bereits in vollem Gange war: Den *stresses and strains* des Alltags wurde ein gegenläufiges Widerstandsprinzip zur Seite gestellt. Wenn *Stress* nach Blumenberg der Name für die allgemeine Weltbelastung ist, dann bezeichnet *Resilienz* die Fähigkeit, dem Außendruck standzuhalten.

Um das eigene Verarbeitungsvermögen zu erweitern, habe man sich aber gelegentlich Störungen auszusetzen. Selye drückte dies 1975 so aus: Der Einzelne solle den anfallenden „Stress as a Positive Force to Achieve a Rewarding Life Style" nutzen, anstatt ihn einfach zu bekämpfen.[93] Die einer Gratwanderung gleichende Aufgabe bestehe darin, Stress ohne Disstress zu erleben. Zu diesem Zweck wurden verstärkt seit den 1980er Jahren Techniken verbreitet, die es ermöglichen sollten, gezielt auf psychische Regulationsprozesse einzuwirken, um so die systemische Widerstandskraft zu stärken.[94] Neben Entspannungs-, Atmungs-, Meditations- und Achtsamkeitsübungen, die sich nach erfolgter Unterweisung vom

92 Hans Blumenberg: *Die Sorge geht über den Fluß*. Frankfurt am Main: Suhrkamp 1987 S. 89.

93 Vgl. Hans Selye: *Stress without Distress. How to Use Stress as a Positive Force to Achieve a Rewarding Life Style*. New York: New American Library 1975.

94 Vgl. dazu auch Byung-Chul Han: *Psychopolitik. Neoliberalismus und die neuen Machttechniken*. Frankfurt am Main: Fischer 2014. Jedoch zeigt meine Analyse, dass die zum Einsatz gelangenden Psychotechniken – zumindest in Teilen – dem

Einzelnen in Eigenregie durchführen ließen, befanden sich darunter auch kognitive Bewältigungstrainings, pädagogisch und psychologisch angeleitete Resilienzförderungsprogramme sowie Dialog- und Kommunikationsübungen.[95]

Zu den inzwischen klassischen Verfahren in diesem Bereich zählt das von Donald Meichenbaum in den 1970/80er Jahren entwickelte *Stressimpfungstraining* (SIT).[96] Ausgehend vom Transaktionalen Stressmodell empfahl der US-amerikanische Psychologe und Mitbegründer der kognitiven Verhaltenstherapie, die ratsuchende Person in einem geschützten Rahmen mit herausfordernden Erlebnissen zu konfrontieren, sodass ein psychischer Immunisierungseffekt erzielt werde:

> Analog zur medizinischen Impfung wird das Ziel des SIT darin gesehen, „psychologische Antikörper" oder Bewältigungsstrategien aufzubauen und die Widerstandsfähigkeit des Klienten gegenüber Streß zu vergrößern. Dies geschieht durch die Darbietung von Streßstimuli, die einerseits stark genug sind, um Bewältigungsstrategien zu stimulieren, andererseits zu schwach sind, um diese zu hemmen.[97]

Immunitätsparadigma folgen, sodass ich im Unterschied zu Han eher die Kontinuität zu den älteren Formen biopolitischen Regierens und nicht den Bruch mit diesen betonen möchte.

95 Vgl. für zwei jüngere Quellen etwa Sam Goldstein / Robert B. Brooks (Hrsg.): *Handbook of Resilience in Children*. New York: Springer 2005; Alexa Franke / Maibritt Witte: *Manual zur Gesundheitsförderung auf Basis der Salutogenese*. Bern: Huber 2009.

96 Vgl. Donald Meichenbaum: *Intervention bei Streß. Anwendung und Wirkung des Streßimpfungstrainings* [1985]. Bern: Hans Huber 1991. Auch wenn Meichenbaum noch nicht das Resilienzkonzept verwendete, bestand eine starke Nähe zu diesem (vgl. dazu auch die Zusammenstellung bei Roswitha Müller-Schenkenbring: *Psychisch immun. Mit Resilienz das psychische Immunsystem stärken*. Norderstedt: BoD 2015).

97 Meichenbaum: *Intervention bei Streß*, S. 28. Diese Idee war aber nicht vollkommen neu: Wichtige Strömungen moderner Literatur suchen ihrem Publikum im Medium der Fiktion irritierende Erfahrungen und Affekte ‚einzuimpfen', die im realen Leben vor dem Krisenpotenzial ebendieser Erfahrungen und Affekte schützen sollen (vgl. dazu Cornelia Zumbusch: *Die Immunität der Klassik*. Berlin: Suhrkamp 2012; Johannes Türk: *Die Immunität der Literatur*. Frankfurt am Main: Fischer 2011). Auch empfahl bereits Gerald Caplan in seinem Standardwerk *Principles of Preventive Psychiatry* eine – noch in Anführungszeichen gesetzte – ‚*emotional inoculation*' für bestimmte Risikogruppen: „In small-group or individual discussions, the specialist then draws their attention to the details of the impending

Das Trainingsprogramm sieht zunächst vor, in einer Informationsphase die für den Klienten typischerweise mit Stress verbundenen Ereignisse und Situationen zu identifizieren. Eine besondere Aufmerksamkeit erfahren hierbei die Gedanken, die dem psychischen Belastungszustand unmittelbar vorausgehen und ihn begleiten. Auf dieser Grundlage habe der Trainer seinem Klienten eine plausible Erklärung für dessen individuelle Stressreaktion zu vermitteln. In der anschließenden Übungsphase seien Bewältigungsstrategien zu erlernen. Neben kognitiven Techniken, die auf eine Veränderung des inneren Dialogs abzielen, gelangen auch Körperübungen und Rollenspiele zum Einsatz. Mit der Anwendungsphase, dem sogenannten Expositionstraining, in welcher der Klient das Erlernte in realen Alltagssituationen auf seine Brauchbarkeit hin erproben und gegebenenfalls modifizieren soll, endet das Programm.[98] Das Stressimpfungstraining gehört heutzutage zu den Standardverfahren der beratenden Psychologie; es wird unter anderem eingesetzt in der psychotherapeutischen Behandlung, der Gesundheitsförderung, der Polizei-, Feuerwehr- und Krankenpflegerausbildung sowie im Hochleistungssport.
Was in Verfahren wie diesem trainiert wird, ist die graduelle Fähigkeit der Psyche, belastende Störungen und Spannungen auszugleichen. Der Mediziner Theodor D. Petzold, der 2004 in Bad Gandersheim das Zentrum für Salutogenese gegründet hat, veranschaulicht die Grundidee seines Übungsbuchs mit folgendem Sprachbild:

> Wenn wir das Leben als Strom betrachten, in dem wir schwimmen und an schwierigen Stellen immer wieder einmal unterzugehen oder zu stranden drohen, so ist es das Ziel der salutogenetischen Ausrichtung, gut schwimmen zu lernen.[99]

hazards and attempts to evoke ahead of time a vivid anticipation of the experience, with its associated feelings of anxiety, tension, depression, and deprivation. He then helps them begin to envisage possible ways of solving the problems, including mastery of their negative feelings. When the experience itself arrives, the hazards will be attenuated because they have been made familiar by being anticipated, and the individuals will already have been set on the path of healthy coping responses." (Gerald Caplan: *Principles of Preventive Psychiatry.* New York / London: Basic 1964, S. 84.)

98 Vgl. Meichenbaum: *Intervention bei Streß*, S. 34–87.

99 Theodor D. Petzold: *Praxisbuch Salutogenese. Warum Gesundheit ansteckend ist.* München: südwest 2010, S. 16.

Insofern stellt sich die heutige Situation in gewisser Weise spiegelbildlich zu jener dar, die Sigmund Freud 1930 in seiner Abhandlung *Das Unbehagen in der Kultur* noch vor Augen hatte. Das von seinem Freund Romain Rolland in einem Brief geschildete „ozeanische Gefühl“, das möglicherweise nicht nur „Quelle der religiösen Energie“ sei, sondern auch dem Einzelnen „Kunde von seinem Zusammenhang mit der Umwelt“ gebe, werde im Zuge der Ontogenese Stück für Stück kanalisiert, bis sich schließlich ein konturiertes Ich herausbilde, das über „klare und scharfe Grenzlinien“ verfüge.[100] „Der Säugling“, so Freuds Überlegung, „sondert noch nicht sein Ich von einer Außenwelt als Quelle der auf ihn einströmenden Empfindungen. Er lernt es allmählich auf verschiedene Anregungen hin.“[101] Ähnliches gelte für die menschliche Kulturentwicklung insgesamt. Mit zunehmendem Zivilisationsniveau werden die Grenzen, in denen der Einzelne dem Prinzip individuellen Lustgewinns folgen könne, immer enger gesteckt. Auch wenn sich das Realitätsprinzip als rational erweise, führe es zu einer Begrenzung individueller Freiheitsspielräume und letztlich zur Ausbildung rigider Selbstzwänge. „Der Urmensch hatte es in der Tat darin besser“, heißt es veranschaulichend, „da er keine Triebeinschränkungen kannte. Zum Ausgleich war seine Sicherheit, solches Glück lange zu genießen, eine sehr geringe.“[102] Im Gegensatz hierzu habe der ‚Kulturmensch‘ „für ein Stück Glücksmöglichkeit ein Stück Sicherheit eingetauscht“.[103]

Die Tragödie der Kultur, wie sie Freud beschrieben hat, lässt sich zwar auch heutzutage noch beobachten, dennoch scheint der in ihrem Zentrum waltende Konflikt etwas von seiner Schärfe verloren zu haben. Dies bedeutet aber nicht, wie Alain Ehrenberg argumentiert,[104] dass die gegenwärtige Situation minder dramatisch sei. Nur speise sich das heutige Leiden an der Gesellschaft weniger aus rigiden Zwangsstrukturen, die dem Einzelnen ein starres, schuldbeladenes Über-Ich auferlegten. Vielmehr sei das vielfach artikulierte Unbehagen

100 Zit. n. Sigmund Freud: Das Unbehagen in der Kultur [1930]. In: Ders.: *Gesammelte Werke*, Bd. 14, hrsg. v. Anna Freud. London: Imago 1948, S. 419–506, hier S. 422–423.

101 Ebd., S. 424.

102 Ebd., S. 474.

103 Ebd.

104 Vgl. Alain Ehrenberg: *Das erschöpfte Selbst. Depression und Gesellschaft in der Gegenwart*. Frankfurt am Main / New York: Campus 2004.

in der Spätmoderne Resultat einer tiefgreifenden Entgrenzung und Verflüssigung der sozialen Verhältnisse, wodurch es dem Einzelnen erschwert werde, eine stabile Ich-Identität auszubilden. Die Kehrseite der Befreiung aus traditionalen Bindungen und Abhängigkeiten sieht Ehrenberg in einer strukturell bedingten Überforderung des Individuums, das an den internalisierten Leistungserwartungen (Ich-Ideal), die mit der Freisetzung einhergingen, leide: „Wenn die Neurose das Drama der Schuld ist, so ist die Depression die Tragödie der Unzulänglichkeit."[105] In eine ähnliche Richtung weist auch Richard Sennetts Analyse der Kultur des neuen Kapitalismus. Im neoliberalen Produktionsregime bildeten, paradoxerweise, Instabilität und Dynamisierung das Ordnungsparadigma.[106] Die Folge der allseitigen Flexibilisierung sei – so der Titel der englischen Originalausgabe seines Buches – *The Corrosion of Character*.

Zeitdiagnosen dieser Art greifen jedoch ein Stück weit zu kurz, wie meine Rekonstruktion der miteinander verflochtenen Stress- und Resilienzforschung gezeigt haben sollte. Anstatt allein die problematischen Aspekte der Gegenwart in den Blick zu nehmen, sind auch die Lösungen, die eine Epoche für die bei sich selbst wahrgenommenen Probleme entwickelt, zu berücksichtigen. Wenn sich das Unbehagen in der Spätmoderne als *Stress* bemerkbar macht, dann wird *Resilienz* zu einer plausiblen Antwort. Denn im Unterschied zum „erschöpften Selbst" (Ehrenberg) zeigt das resiliente Selbst, dass das Lebensmodell des „flexiblen Menschen" (Sennett) gelingen kann. Dies vermag aber nicht nur zuversichtlich zu stimmen. Bedenkt man, dass sich die aktuelle Konjunktur des Resilienzgedankens nicht zuletzt auch den ungelösten Strukturproblemen der Gegenwartsgesellschaft verdankt, wird ein differenzierteres Urteil nötig sein.

105 Ebd., S. 12

106 Vgl. Richard Sennett: *Der flexible Mensch. Die Kultur des neuen Kapitalismus.* Berlin: BvT 2006.

Abbildungsverzeichnis

Niklaus Ingold: Fitness als Glück?

Abb. 1–5: Filmkollektiv Zürich. https://www.filmkollektiv.ch/pagina.php?0,90,1,0,68 (Zugriff am 03.01.2018).

Dieses Buch wurde im Rahmen des Konstanzia Fellowships
der Universität Konstanz gefördert.

Bibliografische Information der Deutschen Nationalbibliothek
Die Deutsche Nationalbibliothek verzeichnet diese
Publikation in der Deutschen Nationalbibliografie;
detaillierte bibliografische Daten sind im Internet
über http://dnb.d-nb.de abrufbar.

Umschlaggestaltung: Marija Skara
Lektorat & Satz: Neofelis Verlag (fs / ae)
Druck: PRESSEL Digitaler Produktionsdruck, Remshalden
Gedruckt auf FSC-zertifiziertem Papier.
ISBN (Print): 978-3-95808-041-6
ISBN (PDF): 978-3-95808-104-8